| 光明社科文库 |

# 广东文化形象传播战略研究

李　静◎著

光明日报出版社

**图书在版编目（CIP）数据**

广东文化形象传播战略研究 / 李静著 . -- 北京：
光明日报出版社，2022.12

ISBN 978 - 7 - 5194 - 7033 - 3

Ⅰ.①广… Ⅱ.①李… Ⅲ.①文化传播—研究—广东
Ⅳ.①G127.61

中国版本图书馆 CIP 数据核字（2022）第 251264 号

**广东文化形象传播战略研究**
GUANGDONG WENHUA XINGXIANG CHUANBO ZHANLÜE YANJIU

著　　者：李　静

责任编辑：郭玫君　　　　　　　责任校对：房　蓉　乔宇佳
封面设计：中联华文　　　　　　责任印制：曹　净

出版发行：光明日报出版社

地　　址：北京市西城区永安路 106 号，100050

电　　话：010 - 63169890（咨询），010 - 63131930（邮购）

传　　真：010 - 63131930

网　　址：http：//book.gmw.cn

E - mail：gmrbcbs@ gmw.cn

法律顾问：北京市兰台律师事务所龚柳方律师

印　　刷：三河市华东印刷有限公司

装　　订：三河市华东印刷有限公司

本书如有破损、缺页、装订错误，请与本社联系调换，电话：010 - 63131930

开　　本：170mm×240mm

字　　数：198 千字　　　　　　印　　张：16

版　　次：2024 年 1 月第 1 版　　印　　次：2024 年 1 月第 1 次印刷

书　　号：ISBN 978 - 7 - 5194 - 7033 - 3

定　　价：95.00 元

# 目　录
## CONTENTS

# 第一章 导 论

## 第一节 文化形象传播研究

### 一、文化形象传播

#### （一）地域文化

截至目前，无论从业界视角还是学界视角，关于地域文化都尚未给出明确的定义。地域文化是中华民族的宝贵财富。地域文化的发展是地域经济社会发展不可忽视的重要组成部分，中华大地上各具特色的地域文化已经成为地域经济社会全面发展不可或缺的重要推动力量。一方面，地域文化为地域经济发展提供精神动力、智力支持和文化氛围；另一方面，地域文化通过与地域经济社会相互融合，产生巨大的经济效益和社会效益，直接推动社会生产力发展。伴随着知识经济的兴起和经济社会一体化进程的不断加快，地域文化已经成为增强地域经济竞争能力和推动社会快速发展的重要力量。目前，地域文化研究向纵深发展，人们的关注视角逐步由物质形态文化层面延伸至精神文化层面，对不同地域的语言文化、宗教文化、民俗风情、人文地理等进行了理性的认识和探讨。尤为突出的是在古籍整理和研究、历史人物和历史事件研究、文化艺术研究、民风民俗研究及地域文化综合性研究等方面取得了大量有价值的成果，为地域文化的传承和发展奠定了坚实的基础。①

关于地域文化的研究已经涉及很多方面，如农林景观、城市生态公园、纪录片、电影与旅游管理。但是迄今，在对地域文化的理解上，人类学观点仍占据重要地位。学术界大都认为，地域文化"是一门研究人类文化空间组合的地理人文学科，与文化地理学大同小异"。有人则把地域文化概括为一种"文化传统"，认为"地域文化"主要是指在一定的地理空间形成的，并经过长期积累包括观念、风俗在内的，具有自我特色的诸多文化元素的总和。② 还有人则把地域文化等同于特定区域的人文精神的体现，说"地域文化应当是以地域为基础，以历史为主线，以景物为载体，以现实为表象，在社会进程中发挥作用的人文精神"，等等。这些关于地域文化的解释或多或少反映了文化的人类学意义。另外，地域文化可以指特定区域的生态、民俗、传统、习惯等，即文化在一定的地域范围内与环境相融合，被打上了地域的烙印，从而具备了独特性。③

通过分析，本文认为，所谓"地域文化"是指在一定空间范围内特定人群的行为模式和思维模式，而不同地域内人们的行为模式和思维模式不同，由此导致了地域文化的差异性。

（二）文化形象

在理解文化形象的内涵之前，首先要分别理解什么是文化，什么是

---

① 张凤琦.“地域文化”概念及其研究路径探析［J］.浙江社会科学，2008（04）：63-66，50，127.

② 朱万曙.地域文化与中国文学——以徽州文化为例［J］.中国人民大学学报，2014，28（04）：25-32.

③ 付振宇.基于地域文化的文创产品创新设计［J］.包装工程，2019，40（20）：215-218，222.

形象。

世界上首次将"文"与"化"联系起来，并有明确的"文化"概念和含义的源头可追溯至《易经》。《易经》贲卦象传中载："刚柔交错，天文也；文明以止，人文也。观乎天文，以察时变，观乎人文，以化成天下。"说明了治国者观测天文情况可以知道时序的变化，观察人文的情况可以教化天下民众知礼正行。这里"人文"与"化成天下"紧密相连，突出了"以文化民"的思想。文化在形成过程中受到地域特色、人文精神、经济发展等因素的影响，逐步丰富和发展其概念和内涵。1952 年，美国著名文化学者阿尔弗雷德·克洛依伯（Alfred Kroeber）与克莱德·克拉克洪（Clyde Kluckhohn）在《文化：概念和定义的批判分析》一书中，列举了 161 种文化定义，这足以证明"文化"内涵的丰富性与复杂性。从社会发展的角度来说，文化是人类在不断认识自我、改造自我的过程中，所创造并获得人们共同认可和使用的，以文字为主、以图像为辅的符号和以语言为主，以音韵、音符为辅的声音构成的体系总和。简单来说，文化就是语言和文字的总称。

从心理学的角度来看，"形象"是指人们通过视觉、听觉、触觉、味觉等各种感觉器官在大脑中形成的关于某种事物的整体印象。可见，形象的产生离不开三大元素：一是语言文字组成的符号系统，二是思维反映、抽取、提炼、转化的整体过程，三是具体实物形成和发展的全部表征。从这三种元素可概括形象的两个主要含义，一个是指思维中形成的事物外部形态或外观表象，是具体形象，如人的外貌举止、事物的形状颜色等在思维中的现实反映。《吕氏春秋·顺说》记载："善说者若巧士，因人之力以自为力，因其来而与来，因其往而与往。不设形象，与生与长，而言之与响；与盛与衰，以之所归。"其中的形象就是指具体的人或事物。另一个是指思维中对所观察、提取、转化成的精神风貌和性格特征，是抽象形象，如林黛玉、阿Q等人物形象。东晋干宝《搜神记》卷十，"汉蔡茂字子礼，河内怀人也。初在广汉，梦坐大殿，极上有禾三穗，茂取之，得其中穗，辄复失之。以问主簿郭贺，贺曰：'大殿者，官府之形象也。'"这里的形象是象征的意思，是对具体的抽象。

文化形象是由"文化"与"形象"两个词语组成的词组，在这一词组中，文化是形象的基础，形象是文化的外显。把文化形象当作一个总体概念来看，就是将文化的理念和个性特质，通过抽象思维进行统一的设计、塑造、整合，形成一种具象传达，引发公众产生一致的认同感和价值观，从而创造最佳文化环境的一种形象传播之道。通俗地说，文化形象可以理解为人们通过听觉、视觉、嗅觉等主观感知在大脑中形成的关于文化的整体印象。文化形象所反映的对象，包括物质文明和精神文明，更包括人们的生活方式及其反映的思维方式、价值取向、理想人格、国民品性、精神风貌、审美情趣等精神成果的总和。

（三）地域文化形象

结合地域文化与文化形象的概念含义可以看出，所谓地域文化形象，是研究地域的文化成果与物质成果，并通过媒介进行塑造，而从众心理会导致公众对地域文化的看法趋于一致。① 另有观点认为，地域文化形象是该地区最有特点和代表性的文化，通过特定的物质与精神形态所给予人们的主观印象。② 随着地域文化的逐渐凸显，中华文化在世界舞台上的影响力也不断提高，可以说是国家各组成部分相互作用的必然结果，而每一部分都有其特色。比如新疆的饮食以馕为主，受地理位置的影响，哈密瓜、

---

① 梁文锐，吕宗行，谷佩莹. 新全媒体时代：视觉传播地域文化形象的构建 [J]. 公关世界，2021（13）：52-53.
② 管宁. 整合元素　提炼内涵　强化传播——福建文化形象塑造的方式与途径 [J]. 福建论坛（人文社会科学版），2009（12）：111-114.

葡萄干等成为他们的代表性水果；福建省的沙县小吃，已推广到全国其他很多地区，影响力也在不断扩大；河南省的胡辣汤、油条、烩面等，已发展成本省及其周边省份都知晓和喜爱的小吃；等等。这些都是每一个省份独特的文化印记，成为游客游玩攻略中的必选项。总之，借助一定的媒介所彰显的文化特色，以及被人们认知的符号可以概括为地域文化形象。这些文化形象，其实也是某一地域文化的产物，通过不同的标志和符号直接或间接影响着人们的心理结构，改造个人或群体的感性认知和理性认知，形成显著的文化形象，并随着时间的推移慢慢积淀下来，变成比较稳固的社会记忆。这种社会记忆表现为人们对某一地域文化的认同、拒绝、赞赏或贬抑等不同的态度。

每一个时期的地域文化都有所不同，受时代背景、经济发展状况、政治因素（是否战乱）等影响，都是独一无二的。地域文化形象是地域文化的集中外在体现，除了受相同因素的影响外，还受传播媒介、传播主体及其主观态度等多种内外在因素的制约。所以，地域文化形象的传播是一项长期的传播工程。本书以广东文化形象为主线，深入探究广东文化形象的塑造、传播等过程。

## 二、地域文化形象的特征

当今社会，特别是发达地区，往往是由大量子系统共同构成的集合体。这些地区的文化形象也由诸多要素构成，通常是综合的、复杂的、有特色的。因此，社会中地域文化形象传播应具备如下特征。

### （一）综合性

地域文化形象的形成会受到很多内外因素的影响，存在较强的复杂性，这种复杂性又表现一种综合特征。文化形象是从宏观的角度看问题，从更加全面的角度阐释问题。一方面，文化形象由物质和精神两个层面的要素互相融合而实现，前者包含建筑、道路、设施等，后者包含一个社会的价值观念、精神风貌、政府政策等。另一方面，在全球化趋势日益增强的今天，本土和外来两种文化间的相互冲击改变了文化形象存在的现实环境，本土文化不得不承受外来文化的冲击，甚至要与之长期共存，文化交流与融洽成为当前文化形象建立与传播的常态。各地保持"取其精华，去其糟粕"的原则，从更加完整的角度阐述地域文化，塑造并逐步完善多元性地域文化形象。

（二）整体性

地域文化形象由诸多要素构成，社会大众可从各个视角对其进行了解与评价，获得自身的特定认知。其中，在文化形象的构建过程中，依托多种媒介和不同传播方式是比较常见的；在文化形象的评价过程中，从经济、文化与精神等多个角度选取文化评价指标是比较合理的。需要注意的是，社会大众从对文化形象的构建和评价基础上，最终形成对特定文化的总体印象，因而文化形象传播的最主要目的也是让社会大众建立起对特定文化的整体认知。这种整体性文化形象的建立与完善，通常需要多方协作才能实现。

（三）独特性

由于各地的历史发展进程、风俗习惯、发展理念与战略规划等或多或少地存在差异，因而不同地域的文化形象表现出一定的差异性，也正是因为这种差异性，才使得不同地域的文化形象具备自身的独特性。无论是哪个地域，其形成的文化形象都能够显著区别于其他地域文化形象，具备独一无二的标志性，这是地域文化形象最本质的特征。这种独特性也是地域文化形象具备较强竞争力的体现，只有建立起与其他地域相互区别的文化形象，该地域才能展现自身的特色，从而不断提升该地域的竞争力、影响力。

（四）稳定性

文化形象受地域范围、地域历史因素等影响，存在于特定地域范围的社会大众心中，并且这种形象一旦形成就不会轻易改变，会表现出较强的稳定性。这种稳定性具体表现在两个方面：一方面，地域范围内的建筑规划、公共设施、自然景观等物质环境通常需要比较长的周期进行建设和维持，在短时间内无法有较大幅度的变化，这是决定文化形象具有稳定性特征的重要原因之一；另一方面，社会大众对某个地域形成整体文化形象要经过比较漫长的周期，在经历感知、综合、评价、接受各种文化信息等一系列复杂的心理认知过程后，某地域文化形象才逐渐形成，而且在较长一段时间里难以改变，这是文化形象具有稳定性特征的另一个重要原因。

（五）可塑性

地域文化形象会受到时代背景等多种因素的影响，在内保持相对稳定的同时，其外在元素、特点并非完全不变。因此，对地域文化形象稳定性的理解应从其自身与时俱进的变化和发展的角度切入，认识到地域文化形象是动态的、可塑的。任何一个地域都是一个开放、有序的动态系统，该系统内部包含资源、人才、信息等诸多元素，这些元素在系统内外部不断交换、变化、融合，随着时间的流逝，社会大众对该地域文化的印象就会逐渐改变，慢慢积累成一种新的文化形象雏形；而当系统内部的这种动态发展累积到一定程度时，就会最终形成一种对该地域文化的全新整体认知，即一种全新的地域文化形象。

## 第二节 地域文化形象传播战略研究的意义与价值

文化与形象常常互为表里，文化具有内隐的属性，而形象具有外显的特征。把文化凝聚成一种形象,也就是把内在的属性具象化,形成外在的特征。地域文化是该地域物质文明和精神文明的综合,往往代表着本地地域文化价值的核心内涵。不同地域具有不同的历史脉络和文化渊源,一个地区如果能树立定位恰当的、良好的文化形象,对内可以增强城市的凝聚力,带动相关文化产业的发展,对外可以增强城市的吸引力,提高竞争力和知名度,助力城市社会的全面进步与经济的全面发展。地域文化形象还是该地域的无形资产,树立地域文化形象将使该地域的文化特色和优势被人们认同,在人们心中留下良好的印象,带来一连串连锁效应,促进该地域自身价值和自身实力的提高。①

在任何地域,文化与经济间总是存在着紧密的联系,二者相互影响、渗透。良好地域文化形象的传播,能够提升本地社会经济发展的水平。人们感知良好的文化形象,就会进行积极的口碑传播,逐渐形成良好的口碑塑形效应,吸引更多的人到该地区来,促进该地区经济投资、文化旅游等方面的发展。同时,良好的地域文化形象能够使人们自觉地追求更高层次的文化,带动社会发展走上新的文明台阶,让文化与经济社会发展进入良性循环。可见,将文化形象传播与地域经济社会发展有效结合,可以使经济社会在不断发展的过程中吸纳地域文化的特色与品位,形成本地的独特文化形象,助推当地特色产业发展,增强地域文化行业的市场竞争力,扩大经济规模,提升发展实力。

良好地域文化形象的传播,能够展现地域整体的精神面貌。文化形象包含物质和精神两个层面,但不管以何种方式、从哪个层面展现文化形象,首先要把握文化自身所具有的内涵和深度。地域文化形象所凝聚的是某个地域长期存在的物质文明和精神文明的综合性灵魂,其中包含了具有

---

① 梁文锐,吕宗行,谷佩莹. 新全媒时代:视觉传播地域文化形象的构建 [J]. 公关世界,2021 (13):52-53.

地域特色、内容丰富多样的文化内涵。优秀文化就如同一盏明灯一样，指引着社会大众正确地思考问题、处理问题，并以恰当的方式进行生产生活。因而，若建立起的文化形象是积极向上的，就更容易培养出在这片土地上生活的人们对家乡故土的热爱和留恋之情，培育出他们的文化认同感和文化自信，从而吸引更多积极向上的人参与到家乡建设中，自觉为推动家乡发展贡献自己的力量。

良好地域文化形象的传播，能够体现地域的独特文化。文化形象的建立与传播需要将其所具有的独特魅力展现出来。通常来说，文化形象体现的是某个地区的特色，展示的是该地域特色文化。这种地域的特色与其他地域的特色存在显著的区别，具有独一无二的特征，人们一见到这种文化形象就会联想到这个地区，形成独特而深刻的印象和记忆。广东文化形象也应建立在自身的历史传统和文化特色之上。只有在尊重这些传统与特色的基础上，不断吸收其他文化的精华与优点，实现广东文化形象的自我完善、优化和美化，才能使其自身葆有较强的创新能力和持久的自身魅力。

## 第三节　地域文化形象传播研究的基本理论

### 一、广东文化形象的基本构成

采用系统论方法进行地域文化形象结构的研究是学术界普遍认同的理论方法之一。通常来说，地域文化形象可概括为理念、行为、视觉三个维度。根据这个观点，广东文化形象作为一种很具代表性的地域文化形象，可以具体概括为以下组成部分。

一是理念系统。该系统包含地域的文化价值观、文化精神追求、地区文化定位、文化保护与思想传承、法治观念、道德意识、文化倾向、审美情趣等众多元素，这些元素是地域文化形象的根本所在，既直接决定了当地文化机构与其他行业组织在属性与特征上的差异性，又决定了不同地域文化之间在形象与个性上的差异性。

二是行为系统，有别于其他社会组织的行为特征，我们称为"文化形象的行为系统"。文化行为在大多数情况下具有公共性质、非商业化性质，以社会大众的利益为其行动的导向和出发点。一个地区的地域文化是否已被人们认同和接受，充分体现为该地是否具有良好的文化行为，而社会大众感受文化的行为方式是大众感受文化形象最为直观、最为外显的一种方式。因此，文化行为中的任何具体表现都将成为社会大众对于文化形象的评价标准。

三是视觉系统。视觉形象是人们认知地域文化的主要途径之一，这种方式生动、形象、灵活，具有较高的吸引力。例如一些文化地标性建筑群或办公场地、办公用品、人员着装、出行工具、出版刊物等，都是比较具体的文化形象载体，是一种标志性符号。这些载体能够及时准确地传达出文化在社会发展进程中的角色思想和行为特点，从而使社会大众能够更加便捷地获取文化的相关信息，促进大众对于文化活动的支持和响应。在现实层面，这三个维度落实到地域文化形象的表征和内涵中，则分别对应精神、行为、物质三个方面。因此，地域文化形象应从精神、行为、物质三个方面进行综合展现和剖析。

## 二、广东文化形象塑造的基础理论模型

地域文化形象的塑造主体是政府和人民，同时受到各种信息处理技术的影响。当前，广东文化形象传播的主体与受众之间仍然存在着不小的差距，广大受众对广东文化形象的理解度、接纳度、认同感和自信感不高。基于该事实，本研究对社会大众、组织机构以及人际传播等多方信息进行

整合，着重探讨提升广东文化形象传播成效的对策。从根本上讲，文化形象可以被理解为一种由形象的接受者对某种文化所形成的感性感觉和理性认知。美国著名的传播学者乔治·格伯纳（George Gerbner）曾提出了一种传播模式，即"感知—生产—感知"的信息传递链，该模式描述了由信息感知，到信息生产，再到信息感知的过程①，利用该模式能够较好地解释广东文化形象的传播过程。在该模式下，文化形象传播过程被认为是一个开放的系统；在传播全过程中，各种文化信息、文化资源都与外界发生着联系，同时对复杂事件和信息进行有效选择和传送。格伯纳还认为，在一个社会系统中，若假设 E 是存在于该社会中的新闻或事实，M 是当地的大众媒介，SE 表示大众媒介所传播的内容，M2 表示媒介的受众，那么可以对信息传播模式进行表达，进而用于分析"事实与媒介的报道之间（E与 SE 之间）的一致性如何"以及"受众（M2）对媒体报道内容（SE）的理解是何种程度"。结合广东文化形象传播过程的自身特点，本研究拟运用实证分析方法，对广东文化形象传播进行分析。将该传播模式进行如下修改：对物质、行为、精神三类文化形象的差异，特别是三者间的差异程度和成因进行综合分析；从理念、行为、视觉、报道与受众感知的不同层面，提出缩小这些差异的方法，达到提升广东文化形象传播效率和效果的目的。

### 三、广东文化形象塑造的循环架构

广东文化形象传播的过程不是一帆风顺呈直线上升趋势发展的，而是要经过不断探索，在这个过程中回旋前进，不断适应时代的趋势。广东省相关传播部门、社会大众（广东居民、游客、企业投资者等）及其传播的

---

① 梁文锐，吕宗行，谷佩莹. 新全媒时代：视觉传播地域文化形象的构建［J］. 公关世界，2021（13）：52-53.

内容与途径都在这种螺旋式发展的过程中不断发生变化。斯图尔特·霍尔（Stuart Hall）在 1997 年《表征——文化表象与意指实践》中曾提出"文化循环"理论，认为文化循环 由"表征""认同""生产""消费"和"规则"五个环节构成，在整个循环过程中不存在绝对的起点，可以从任何一个环节开始，同时"循环中的每个环节都与下一个环节相连并在下一环节重现。所以，如果我们从循环中的表征环节开始研究，表征就成为下一个环节，即如何形成认同这一环节中的一个要素"①。因此，在所有社会构成元素中，文化是社会实践的沉积和显现，在政治、经济发展中通过五个环节的相互影响和联结，塑造一种循环模型，使文化活动或文化制品具有实践性和开放性的意义。这种文化循环的过程，使文化形象的构建和传播表现出循环式特征。在广东经济社会快速发展的基础上，这一地域中的传统文化与新兴文化不间断地交替、交互、交融，其间或者是传统文化拒绝、接受新兴文化，或者是新兴文化否定、跟随传统文化，但最终的碰撞、交流磨合出一种全新文化，这种文化兼具传统文化与新兴文化的优势和特点，并能助推经济社会的进一步发展。当这种全新文化随着广东经济社会进一步发展，并积淀到一定程度成为另一 种传统文化时，它又将与外来的、更加新兴的文化再度交替、交互、交融。这种不同文化不断融合的过程，是一种螺旋式上升的动态过程。文化形象是文化的现实表象，文化从起点到发展的演进过程是一个不断被重新吸收或融合的过程，新的文化产生并促使新的文化形象形成。这种螺旋式上升的文化动态发展过程，将导致在实践传播中所形成的文化形象也处于不断螺旋式上升的循环过程之中。

---

① 保罗·杜盖伊，斯图尔特·霍尔，琳达·简斯，等. 做文化研究：索尼随身听的故事 [M]. 霍炜，译. 北京：商务印书馆，2005：178.

## 第四节　本书的结构与主要内容

文化形象和文化形象传播是什么？文化形象传播具有怎样的特征？研究文化形象传播战略具有何种意义和价值？广东文化形象传播受什么驱动？这种形象的构建经历了怎样的过程？广东文化形象传播的主体、方式和特点又是怎样的？广东文化形象传播过程中面临着哪些问题？如何从媒介、渠道、内容、人际与组织等不同层面把握广东文化形象传播？这些都是研究地域文化形象传播问题的学者们试图解答的问题。

本书从传播学的基本理论和文化形象整合、地域文化形象传播整合与战略规划、广东文化形象的发展与转变过程三个方面的独特视角出发，探讨了广东文化形象的表现、演变和传播框架，力图提出一个解释上述关于地域文化形象传播问题的新的理论范式，以及解决该问题的方案。本书将基于创造一种最佳文化环境的理想，从文化形象的生成、塑造和循环三个方面对广东文化形象传播进行分析，结合文化形象综合性、整体性、独特性、稳定性和可塑性等特征，寻找一条地域文化形象传播的科学合理道路。

本书在对广东文化形象传播现状调查分析的基础上，从控制、内容、媒介、受众和效果等方面总结和概括了广东文化形象传播中存在的问题，并从传播主体、文本传播、渠道选择、内容传播、人际传播、组织传播等维度，以定量与定性相结合的方式，分析大众传播和人际组织传播视角下的广东文化形象，总结归纳地域文化形象的传播规律与基本理论。最后，根据广东文化形象传播的分析结果，提出整合与规划广东文化形象的一系列方略与对策，实现理论与实践的结合。

　　本书独辟蹊径的研究视角，完善了关于地域文化形象塑造、传播等理论的研究，同时对文化学、传播学以及旅游管理等学科领域进行文化形象传播的相关探索研究具有一定的指导意义。特别是对于广东文化管理来说，本书提出的塑造良好的地域文化形象、使用适当的文化形象传播途径、运用相应的数字技术等内容，对于推广广东地域文化形象，传播广东地域文化具有重要意义，为广东省实施文化强省战略提供了依据。

# 第二章 广东文化形象分析

## 第一节 广东文化概述

### 一、广东的由来

广东之名并非自古有之，而是经过漫长的岁月洗礼后逐步发展形成的。广东的历史由来主要分为以下六个时期。

一是先秦时期。《汉书·地理志》载："自交趾至会稽七八千里，百越杂处，各有种姓。""越"是长江中下游以南沿海地区的部落统称，包括吴越、闽越、扬越、南越、西瓯、骆越等多个分支，也统称百越。而其中"南越"是现广东的所属地。因"越"字通"粤"，又被称为南粤。

二是秦朝时期。公元前214年，秦朝统一岭南，在岭南地区设"桂林郡、象郡、南海郡"。据《汉书》记载，今广东省的大部分地区属于南海郡。

三是两汉至三国时期。汉高祖二年（公元前205年），赵佗发动桂林郡、象郡战争，兼并了岭南地区。公元前204年，赵佗正式建立南越国（南粤国），定国都于番禺。公元前112年夏季，汉武帝刘彻发动对南越国的战争，并于公元前 111 年冬季灭南越国，而后将其划分为 9 个郡。

四是两晋南北朝时期。两晋时期，广东腹地属于广州，粤北属于荆州，雷州半岛属于交州。由于北方战乱，大批北方士族和百姓纷纷逃往南方，便有了大批移民。南北朝时期，设立的州、郡、县多集中在粤中、粤西、粤北地区，粤东地区相对较少。隋朝初期，设立广州、循州，隋炀帝时，废州为郡，改为郡、县两级，广东地区分为 10 郡、74 县。

五是唐宋时期。唐朝贞观时期，废郡为州，将全国分为 10 道，岭南地区属于岭南道。唐高宗时期将岭南 45 州分为广州、桂州、容州、邕州、交州 5 个都督府，又称岭南五管，655 年以后，5 个都督府皆属于广州，潮州、汕头一带在唐朝中期曾属于福建。862 年，将岭南道分为岭南东道和岭南西道，这也是两广地区分为东、西的开始。五代十国时期，岭南地区属于南汉割据政权。宋朝开始在岭南设立广南路，宋太宗时分为广南东路和广南西路，这也是广东、广西名称的来历。

六是元明清时期。元朝将今广东地区分为广东道和海北海南道，明朝将广东道改为广东布政使司，改海北海南道归属广东，广东也成为明朝的 13 个布政使司之一。清朝将地方行政分为省、道、府、县 4 级，正式使用广东省这个名称。后来，广东地域范围发生过多次变化，但"广东"这个省名一直保留至今。

## 二、广东文化的发展时期

基于对广东历史由来的辨析，从时间上可推导广东文化发展主要经历了三个阶段。其一是古代时期（先秦百越—鸦片战争前），主要是以岭南文化的成形和发展为主；其二是近代时期（1840 年鸦片战争—1949 年中华人民共和国成立），融入了广东革命历史文化；其三是现代时期（中华人民共和国成立至今），融入了广东建设和改革文化的内容元素。处在不同时期的广东文化有所不同，既相互区别又有所关联，主要是以岭南文化为主脉和基石，以广东革命、建设和改革时期文化为补充和发展，最终形成了新时代的广东文化。

（一）第一阶段：古代

受到广东自古以来的历史区域划分复杂多变等因素的影响，广东文化的表现形式也纷繁复杂。目前各界普遍认为广东文化的源头是岭南文化，该文化是中华文化的重要组成部分。岭南文化与广东文化有着以下联系。

1. 岭南文化是广东本土文化的起源

岭南，指五岭之南的广东、广西地区，为古蛮荒之地。唐代是岭南地区文化开发的一个重要时期，主要是由来自以中原为中心的北方文人所推动。① 岭南文化体现了岭南人的全部物质生产和精神活动，渗透到经济、文学、艺术和生活等多个领域。其表现形式多种多样，从独具一格的岭南画派、岭南建筑、粤剧等地方特色鲜明的艺术种类，到求真务实、兼容并包、开拓进取的"岭南精神"，无不体现着岭南文化的文化价值和丰富内涵。岭南文化发展的实质就是它不断进行完善与创新。② 兼收并蓄、特色鲜明的岭南文化，是中华民族文化中充满生机活力的地域文化。③

岭南文化是早在中原文化进入岭南地区之前就已经存在的文化，作为岭南地区本土的文化，在此之前已经独立发展了十万余年。在很早以前，中华民族祖先之一的"马坝人"在岭南地区繁衍生息，但由于越城岭、都庞岭、萌渚岭、骑田岭、大庾岭的隔阻，他们在秦代以前很少与中原地区往来，这也使得早期的岭南与中原基本处于相互隔绝的状态。这些原住民

---

① 罗媛元，赵维江. 岭南地域文化环境中的唐诗意象创造 [J]. 暨南学报（哲学社会科学版），2008（05）：90-95，155.

② 高广宇. 岭南文化对提升自主品牌形象力的研究 [J]. 文艺争鸣，2015（03）：193-196.

③ 黄添英. 岭南民俗文化活动多样化发展的研究 [J]. 文化产业，2021（19）：48-49.

"马坝人"在这种独特的自然地理环境下创造了岭南文化———一种具有很强原生态的本根文化，其主体就是岭南地区的土著文化，也被称为越族文化。因此，岭南文化在发展源流上有自身独特的源头。在经历了数万年的石器时代之后，岭南地区的发展正式进入了青铜时代，也就是后来的百越文化时期。在该时期，整个社会生产力获得了极大的提升，岭南文化与岭南地区周边的其他越族文化开展了密切的交流，进一步吸收了吴越、闽越、滇越等文化中的先进元素，并从中间接地吸收中原文化的相关元素，逐渐发展成一种兼具整体性和特色性的融合性文化。根据李权时等所著、广东人民出版社出版的《岭南文化》一书的观点，在百越文化时期，岭南文化的多元发展格局已初具轮廓。这种多样性主要体现在物质文化、器物文化和观念文化三个层面：在物质层面，岭南文化在原有的捕鱼、狩猎文化基础上，已经拥有了农业社会的基本耕作文化元素，并开始形成了农业与手工业并存的局面；在器物层面，岭南文化拥有了青铜器、石器、陶器等器物文化，同时发展了玉石、青铜、金银、丝织业、竹木等相关工艺；在观念层面，岭南文化已经形成了早期的宗教形式，产生了自身的道德风尚、民俗以及相应的艺术观念。特别需要指出的是，在岭南地区原始公社瓦解时，以珠江三角洲为中心的岭南文化进入了新的发展时期，与中原地区黄河、长江流域的文化有很大不同。早期本土的岭南文化独立于中原文化而自成自长，形成了与中原文化截然不同的特色，这些不同特色在某种程度上也一直延续至今，成为岭南文化的基因。黄河流域拥有秦晋文化、齐鲁文化等文化形态，而长江流域产生了荆楚文化、吴越文化等文化形态，再加上珠江流域的岭南文化，这些文化均是独立发展的个体，共同构成了中华民族的早期文明。

2. 岭南文化与中原文化的交汇与融合

随着中国历史进入秦汉的大一统时代，独立发展的岭南文化与中原文化之间，逐渐出现了更多的交集，两种文化的交汇、冲突、认同与整合，是按照传播学文化循环规律不断演变的具体实践。不同文化之间的差异之所以存在，主要原因有两个方面：一是文化所处的生态环境本身存在差异，二是文化之间存在着隔离。而文化差异具有时代差异和非时代差异两种不同的特性，其中，时代差异主要指的是各地区民族在发展上具有不平衡性，从而导致了他们自身的发展水平存在差异，这种差异可以被理解为先进和落后之间的差异。

首先，岭南与中原早在神话时代就开始了文化的交往与交流，但岭南文化与中原文化二者之间的差异是显著的。① 在物质文化层面，岭南地区进入农业文明的时间比中原地区晚了一千多年，中原文化在距今两三万年前的旧石器时代晚期就已经进入农业文明时期，而岭南地区一直到六千年前的西樵山文化时期才开始出现农业文明；在制度文化层面，秦代起中原文化就已经发展到了实行郡县制度的封建社会，而当时岭南地区各地的越族部落仍处于部落文明；在精神文化层面，中原的秦晋地区、齐鲁地区分别出现了乐器、文学等精神文化现象，但此时的岭南地区甚至没有出现文字。通过从物质、制度与精神三个层面进行对比可以发现，岭南文化与中原文化在发展水平上极不平衡，岭南文化很长一段时间里都处于"弱势"的发展地位，而中原文化处于"强势"地位。根据传播学基本原理，当两种文化之间存在传播与交流时，强势文化必然会对弱势文化进行大量输出。

其次，不同文化之间的差异常常导致地区之间的冲突和战争。战争虽然是残酷的，但不可否认，战争对社会变革和文化传播起到了重要的推动作用。在古代很长一段时间里，岭南文化与中原文化之间处于隔绝状态，

---

① 闫德亮. 神话视域下的中原与岭南文化交流考论［J］. 信阳师范学院学报（哲学社会科学版），2011，31（03）：65-71.

在秦朝统一岭南并设郡后，中原文化在岭南地区正式传播开来。中原文化的传入，让原来属于奴隶制文化的岭南文化逐渐朝着全新的封建文化方向发展。在此后大一统的政治体制下，中原文化逐渐以其强势的姿态推动了岭南文化与中原文化的融合进程，这也使得岭南文化的形态发生了巨大改变，从以往的原生文化形态发展成与中原文化整合后的再生文化形态。

总的来看，岭南文化在秦代以后发生了自身文化形态的根本性转变，到汉代的时候，这种转变已基本完成，到唐代的时候，汉族逐渐取代本土的越族成为岭南文化的主体，这也使得原有的岭南文化发展成以汉文化为核心的一种新文化。这种新文化在唐代以后逐渐发展成熟，岭南文化与汉文化实现了完全意义上的融合。

3. 不同区域文化的兼容与传播

国家与国家之间不是独立存在的，区域之间也是如此，它们各自的特征也并不是独立存在的，在全球化、信息技术、运输等因素的影响下，各区域之间会存在一定的交流与融合。世界各类文明发展演进历史已经证明，水运对于文明发展起到了重要作用，不仅为贸易提供了航道，也为文化交流与传播提供了必要的通道。自古以来，岭南地区同时具备封闭性与开放性两种特征。岭南的地理位置独特，虽然地处中国内地，却偏于南部边陲。受到逶迤五岭的阻隔，岭南地区在很长一段时间内与中原的交流很少。然而，在陆上交通不便的情况下，岭南地区有着靠海的优势，很早就开辟了对外交往的水路交通。随着社会的持续发展，岭南地区拥有了水陆两种交通方式，这两种运输方式的快速发展，为岭南地区的经济文化发展带来了更多的机遇，也为岭南文化对外交流与传播提供了便利。中原文化与岭南文化相互借鉴、补充，岭南文化弥补了中原文化所欠缺的海外文化基因。

据"试论徐闻、合浦港的兴衰"（杨少祥，1985）考证，两广地区在春秋战国时期就已经有陶器销往阿拉伯和东南亚地区，并经阿拉伯和东南亚再转销到世界其他地区。秦汉大一统以后，中国通过岭南地区对外文化交流规模进一步扩大，在汉武帝的推动下，岭南到海外的许多新通道被打通，从而开辟了著名的"海上丝绸之路"，该航路也被称为"武帝航线"，其发祥地在岭南地区，起点在当今的广州。班固的《汉书·地理志》以及其他史籍均记载了"海上丝绸之路"昔日的繁荣景象。唐代以后，陆上的丝绸古道逐渐衰落，但起于岭南地区的"海上丝绸之路"一直延续，所开辟的航路也不断拓展，延伸至东非、欧洲等地，并在明、清两代延至美洲的墨西哥、秘鲁等地，从而逐渐形成了以广州为起点的全球性"海上丝绸之路"，奠定了广州作为中国对外贸易和商品往来窗口的重要地位。通过"海上丝绸之路"，东西方的文化实现了相互影响、互通有无、双向传播，中华文化面向海外传播了器物文化，包括丝织品、瓷器等，其中以四大发明为代表的中华文化对近代西方文明的发展起到了巨大推动作用，而西方文化中的近现代文化与技术先后经由"海上丝绸之路"传入中国，这也对中国近代以来的社会变革与经济发展起到了极大的推动作用。在此过程中，以广州为中心的岭南地区在中外两种文化的交流所起到的作用是不可忽视的，发挥了交流通道和桥梁纽带的作用，岭南文化也因此形成了自身独特的海外文化基因。

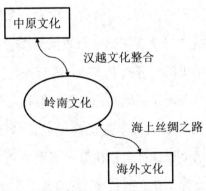

**图1　岭南文化与其他文化的历史渊源**

自秦汉以来，广州在中国对外经济往来与文化交流中占据着重要地位，即使在实施"海禁"政策的明清两代，广州仍然被列为"经济特区"，还是正常与世界其他地区开展对外交往。随着"海上丝绸之路"的兴起与繁盛，岭南地区的商品经济也获得了极大发展。在明清两代，国内的浙商、徽商、晋商、闽商等各个地区的著名商帮均到岭南的广州做生意，俗称"走广"。一时间，广州成为东西南北各地商人聚集的中心，而珠江三角洲地区逐渐发展为商品流通贸易的中心区。岭南地区由于具有特殊的地理位置和生态环境，拥有对外文化交流的便利条件，因而相对于国内其他地区，能够更快、更多、更广、更深地接触到海外文化，也更易接受海外文化，因此拥有了明显的海外文化基因。海外文化基因的不断累积与增殖，使得广东地区发展为海内外各类文化交汇的地区，从而带动了中华传统文化结构的变革与调整。

### 4. 在传承与创新中形成的广东文化形象

广东文化形象不能简单地根据行政区域来划分。一般来说，行政区域的划分主要是为了适应国家分级管理的需要，以便设立相应的政府机构及其管辖范围，其中不仅涉及行政上的管理层级，也涉及行政区域内的人口、资源配置等问题。从文化学角度来看，广东文化形象的构建不仅包括行政区划内制度文化层面的内容，也含有文化融合和历史发展等层面的因素，因而不能单纯依据"广东省"这一行政区划概念来进行概括，而要与外来文化影响、广东历史沿革等因素相结合进行提炼。

行政区域并不完全等同于区域文化范围，但特定区域确实产生了与之对应的文化。例如，在有着大片草地的高原地区，往往易于产生草原文化；在有着大河流经的平原地区，往往易于产生平原文化；在靠海的沿海地区，往往易于产生海洋文化。从这个意义上讲，岭南文化的名称起源于岭南地区的区域概念，也有特定的区域范围，主要是指五岭之南的文化，包括在广东、广西、海南和部分越南北部地区生活的人民所创造的文化，具体是广东文化、桂系文化和海南文化三大块。随着广东从岭南中独立出来成为单独的行政区划后，广东文化也因此产生，分为广府文化、潮汕文化、客家文化、雷州文化、高凉文化等，其中广府文化、潮汕文化、客家文化不仅构成了广东文化的主体，更构成了岭南地区汉文化的主体。

广东文化是在不断传承与创新中发展形成的。一方面，广东文化既具有中原传统文化的古韵，又具有浓郁岭南地方特色，它是广东本土文化与岭南区域文化、中原传统文化不断渗透融合所孕育的产物。岭南文化是广东文化形成的根基，这是广东文化的本质及其传统精华之所在，即使广东文化日渐从岭南文化的母体中蜕变、成长，也始终不能丢弃岭南文化的本原。如果摒弃岭南文化，就丢掉了广东文化的真正价值，是其他任何地方的所得都不可弥补的。

另一方面，广东文化虽然起源于岭南文化，但在经济发展、语言特性、风俗习惯等方面，与桂系文化、海南文化有着很大不同。这些广东文化中的传统基因，展现了广东独特的民情、风貌、哲理和道德规范。随着时代的发展，广东文化的元素、内涵、形态和精神也越来越丰富，在保留传承岭南文化传统特色的同时，不断增添新的文化元素，丰满自身的文化形象。

（二）第二阶段：近代

近代以前的很长一段时间内，中国在世界舞台上一直扮演着重要角色，发挥着举足轻重的作用。但清代中期以后，中西方的地位因为第一次工业革命发生了重大逆转，英美等西方国家迅速发展成超级大国，日本等亚洲国家凭借向西方国家学习来的经验而迅速崛起，以资本主义制度为基础的国际秩序正在替代以往的国际秩序。在新旧两种秩序的激烈冲突下，广州因为自身的特殊位置，在"闭关锁国"的政策下仍然保持着对外开放的状态，这也使得广东文化自诞生之日起就处在东西方文化冲突的风口浪尖上。

进入近代以后，广东文化的发展形成过程伴随着近代中国的大部分重要历史事件，主要包括鸦片战争、抗英运动、太平天国、维新变法、民主革命、国共合作与北伐战争等，也正因经历了这些历史事件，广东文化的内涵及其影响已远远超出本省的范围。因为鸦片战争失败，中国社会从此进入了百余年的半封建半殖民地状态，中华民族与帝国主义、封建主义的矛盾，成了中国社会的主要矛盾，这也使得反帝反封建、振兴中华成了当时文化的主旋律。在这种背景下，广东文化形象也逐渐完成了自身的转变与飞跃，由古代传统的形象变成了近代求变的形象，从改良的文化形象变成了革命的文化形象，从专制的文化形象变成了民主的文化形象。要理解这种转变的过程，必须突破广东省域的视角，从近代中国社会的剧变背景进行分析，从整体社会变迁上进行全局把握，认清广东文化形象所经历的"早期探索—变法改良—民主革命"转变过程十分曲折。在学习西方的过程中，广东处于古今、中西、新旧等各种冲突的前沿和中心，而产生于该省的地域文化，也处于西方文化和封建文化的共同压力之下。在这种情形下，广东文化的产生与发展及其所选择的发展道路均是历史发展的必然结果。正如史学家陈旭麓所说的，若近代中国不引进西方的方式，就难以实现开拓创新。

纵观广东文化近代发展历程，大致经历了以下三个发展阶段。

1. 学习阶段

较早提出学习西方的有识之士是林则徐，他被认为是中国近代"睁眼看世界的第一人"。他于广东省执行政务期间，最著名的政绩就是虎门销烟运动，对促进民众觉醒起到了推动作用。另外，通过与其他国家的沟通交往，他获益匪浅、大开眼界，并深刻意识到重新认识世界的必要性。为此，林则徐派人大量翻译外国书报，学习西方国家经验。在他的激励下，魏源、徐继畲相继著述了《海国图志》《瀛环志略》等著作。另外，他们提出的"师夷长技以制夷"是中国近代启蒙运动的开端，而这种启蒙对广东文化产生了深远的影响。自此以后，广东省成为远赴西方留学人数最多的省份，也因此培育了大量的思想家、科学家，这些接受了西方思想的进步人士在中国政治舞台、文化舞台上发挥着引领作用，成为此后中国社会改良派、革命派的核心人物。

2. 变革学风阶段

鸦片战争后，西方列强用自己的"坚船利炮"将其政治、经济、军事文化输送到我国，而这些外来文化的入侵，进一步加剧了国内的民族矛盾、社会危机和文化冲突。在这种背景下，广东省出现了新思想的萌芽，最早主张变革学风的代表人物是"岭南两大儒"朱次琦和陈澧，他们首次提出"经世致用"的治学理念，对广东近代思想家产生了深远的影响。最为典型的是维新派的康有为和梁启超等核心人物，在这些思想的影响下创造一批批先进的文化成果，促使广东省文化界日益凸现"西学东渐"的模样。

3. 变革社会阶段

在进入近代以后，广东文化已由以往拥有众多文化圈层的岭南文化，逐渐发展成包含精英文化和大众文化在内的全新文化。虽然精英文化和大众文化在很多方面存在差异，但两种文化均在国家和民族危机四起的时代背景下，积极探索走出困境的方法。其中，太平天国运动领袖洪秀全、洪仁环等，通过同西方传教士的接触，形成了农民阶层的大众文化，创立了拜上帝教，试图以此鼎新中国当时沉闷、压抑已久的社会思想。作为精英阶层的广东文化人，沿袭着"引进—消化—吸收—创新"的路径，成为推动经济社会改革发展的全新动力。特别是林则徐、魏源等有识之士提出的

"师夷长技以制夷"的思想，树立了五大洲、四大洋的全新世界史观，传播了近代西方自然科学知识、文化样式、社会制度、风土人情等，拓宽了国人视野，开辟了近代中国向西方学习的时代新风气，推动了近代广东文化的转型。

清政府在中日甲午战争中战败，彻底宣告了早期改良主义思潮的失败，将变法维新思想和资产阶级革命思想推向了历史舞台。无论是以康有为、梁启超为首的资产阶级维新派，还是以孙中山、黄兴为首的资产阶级革命派，他们都共同意识到中国学习西方不能停留于表面，而是要学习能够彻底改造中国的深层次制度文化，这种文化涉及政治、法律、经济等各个领域。其中，首先应当学习的是如何改革近代中国的政治制度，但由于康、梁等维新派并没有彻底反对封建文化，导致其发展存在先天不足，维新变法最终以失败告终。此时，推动中国政治制度变革的重任落到以孙中山为代表的资产阶级革命派的身上，他们主张通过武装起义推翻封建专制，并实践了这种想法，发动了黄花岗起义等一系列革命活动。具体来看，孙中山领导的民族资产阶级革命主要体现在三个方面。第一，通过建立同盟会，集合全国范围的民主革命力量，成立了统一领导的革命政党，各界人士才被聚集在一起，为着共同的目标而奋斗。第二，通过与变法维新派展开大论战，积极传播民主共和思想。孙中山及其同盟会为宣传自己的思想，开创了机关报《民报》，他们在对思想、制度等文化的观点上与改良派展开了大论战，实现了深层次的民主文化启蒙，这为推动中国社会由封建文化向民主文化的转型与发展创造了有利的舆论条件。第三，通过发动武装起义，彻底终结封建帝制在中国的统治。在武昌起义爆发后，清王朝迅速瓦解，"中华民国"建立，并通过了《"中华民国"临时约法》。至此，中国社会基本上实现了由封建文化向民主文化的转变，广东文化也在这种宏大的政治革命背景下，从封闭式的古代文化转型为开放式的近代文化。

（三）第三阶段：现代

改革开放以后，广东文化迎来了第一次新的飞跃，即由社会主义计划经济文化逐渐向社会主义市场经济文化转变。在新的市场经济环境下，广东文化中的大众文化形象不断加强。从文化传播学的角度来看，广东文化的这次转型与近代的第一次转型并不是完全割裂的，而是存在着紧密的内在关联。国际上，两次飞跃均面临着十分严峻的国际形势，在当时的中西方文化较量中，西方文化处于强势地位，而广东文化处于弱势地位；在国内，两次转型都面临着同样复杂的形势，两次转型的共同之处表现在：第一次转型期间出现了"革命派"与"改良派"之间的争辩与斗争，在二十世纪七八十年代则存在着"真理派"与"凡是派"的相互较量。对比发现，两次转型也存在着一些不同之处：广东文化的首次转型，主要是从旧的封建文化转变为新的民主文化，转变是通过一场革命实现的，其过程是两个敌对阵营相互搏杀；广东文化的再次转型，则是由计划经济环境下的文化转变为市场经济环境下的文化，实现该转变是通过一场改革，其内容是在社会主义制度下对两种不同经济运行机制的抉择。通过探究二者之间的联系可以发现，后一次的转型是建立在前一次转型之上的，其结果是实现了中国经济体制转轨，间接导致了文化模式转型，从而推动了整个社会结构的转换。与第一次转型相比，第二次转型在广度与深度上都要远甚于第一次，因此也可以称之为一场伟大的革命。具体来看，广东文化的第二次转型主要表现在以下三个方面。

1. 大众文化兴起

大众文化是一种以大众为主要消费对象，以娱乐为主要功能，并辅之以现代传播手段和经营、生产方式的文化。① 广东大众文化的兴起，与广东拥有对外开放的机会是分不开的。广东对外开放主要表现在广东省毗邻港澳且在海外有大批华侨，因而具有接触港澳文化和华侨文化的先天优势，这也是党和国家制定"广东先行一步"部署安排的重要原因，而港澳文化、华侨文化的渗透和交融也成为广东文化的重要特点。当改革开放再次打开国门的时候，首先输入的就是邻近的港澳文化。这种文化的传播，极大地推动了广东大众文化的兴起与传播。从源头上看，港澳文化与广东文化有着相同的源头，即在历史传统上均可以追溯到岭南文化，二者均属于岭南文化的一部分。不仅如此，这两种文化长期有着密切的关系，主要表现在三个方面：一是具有地缘关系，二者在地理上是毗邻的；二是具有言缘关系，港澳地区与广东地区所说的方言均属于粤语方言；三是具有业缘关系，二者在生产、生活上具有极大相关性和相似性。因此，改革开放以后港澳文化输入广东省地区，并不能将其视为外来文化对本土文化的征服；广东文化也积极地吸收了港澳文化的先进部分，这种吸收也不存在屈辱的色彩。两种文化是同质的，而并不是异质的；这两种文化的交融，对于进一步促进广东文化由计划经济的形态转变为社会主义市场经济形态是极为有利的。

　　2. 华侨文化回归

　　华侨文化与广东本地有着千丝万缕的联系，华侨文化是指华侨保留着家乡原有的语言、习俗、道德伦理和价值观念等文化思想，又在侨居地异地文化的影响下，创造的跨文化、跨地域的复合文化。比如，从樟林古港红头船到汕头埠轮船，潮汕华侨在长期艰苦奋斗的海外生活中形成了自己独特的行为方式和思维模式，培育了爱国爱乡、精诚团结、守信重义、刻

---

① 李文鸿，吕思泓，王天翔. 大众文化视野下的功夫影视与武术发展 [J]. 武术研究，2021，6（07）：4-8.

苦耐劳、坚韧不拔、顽强拼搏的潮人精神，这也是潮汕华侨文化的基本内涵。[①] 在广东文化实现第二次转型的过程中，与之密切相关的华侨文化也在其中发挥了重要作用。广东有大量侨胞广泛分布于各界各地，其人数占全国海外侨胞总数的三分之二。在华人华侨群体中，他们所拥有的文化既保留了中国传统文化的基本习俗，又融合了当地的其他文化，因而同时具备了中西两种文化的特质；这种文化虽然在海外，但其根脉仍然在广东。从历史传统的溯源来看，这种文化仍然属于岭南文化的分支之一，因而是当代广东文化发展中可利用的重要资源。应当看到，近代广东文化实现了首次飞跃，广东省的华侨为此贡献了不可忽视的力量，因此孙中山将华侨称为"革命之母"。在改革开放的过程中，广大华侨同样为广东省整个社会的变革做出了重要贡献。在广东省社会建设中，他们是变革先锋；在广东省经济发展中，他们是建设支柱；在广东文化发展中，他们是创新之源。原籍广东的华侨华人、港澳同胞投入了巨大的心力到广东省各方面的建设之中，他们积极参与投资创业、基础设施建设、教育事业发展、金融服务、公益事业等方面，形成了华侨商业文化、华侨建筑文化、华侨教育文化、华侨金融文化、华侨慈善文化等。在改革开放的早期，最先进入广东省的外来文化就是由华侨推动的；由于华侨文化的带动，其他的海外文化陆陆续续进入广东地区，为广东带来了先进的管理制度、文化和思想观念，从而使广东在全国率先发展。因此，广东文化的二次转型与华侨文化有着密不可分的关联。

3. 文化体制改革

文化体制改革在全国范围内的实施始于党的十四大之后，是伴随着社会主义市场经济体制的确立，而后逐渐展开了这项改革工作。在文化体制

---

① 翁扬菁. 潮汕地区华侨文化创意产业发展路径探索 [J]. 产业与科技论坛，2021，20 (15)：21-23.

改革以后，"文化产业"逐渐形成并获得了持续发展，广东在文化体制改革实践方面也走在了全国最前列。1992年春，邓小平发表南方谈话，广东各界在思想上获得了极大解放，从而带动了广东文化的巨大发展，从此由文化建设走上了文化事业和文化产业融合发展的道路。

广东省提出了"以文养文""走向市场"的发展方针，其主要目的在于将属于事业单位性质的文化单位推向市场，使之获得自我的发展与成长。这场改革最先从政府文化部门的简政放权开始，此后推行到电影院、影剧场、书店等文化单位，使之成为独立核算的经营主体，让这些单位实现自主经营、自负盈亏。在改革的探索性尝试获得初步成功以后，文化体制改革逐渐由重点城市扩大到全省范围，为此，广东在全省范围内出台了文化体制改革的相关具体方案，例如，鼓励粤剧院、话剧院、歌舞剧院、乐团等文艺表演机构或团体按合同支付劳动报酬，并给予这些团体更多的管理与艺术表演权限。一些文化单位在这些改革方案的支持下，逐渐走上了市场化的发展道路，成为既有活力，又有实力和竞争力的市场主体，大致实现了"以文养文""走向市场"的基本构想。邓小平南方谈话的发表，给广东省文化体制改革带来了强劲的动力，这也使得广东文化在很短的时间内实现了"市场化""产业化"等目标。就在邓小平南方谈话的次年，广东各类与文化相关的党政机关单位共同举办了一次学术研讨会，明确提出了广东文化进一步的发展目标，即要使"经济广东"向"文化广东"的方向发展。"文化广东"的核心思想是彻底转变文化建设的发展方式，真正实现广东文化的"产业兴文"与"文化产业"目标，即由以往政府投资主导文化建设，逐渐转向以发挥文化自身优势为出发点，推动文化的自我发展。在"文化广东"战略的实施下，广东省文化产业获得了极大发展，文化市场规模不断扩大，呈现繁荣的发展景象，广东省文化产业机构、从业人员和产值均有极大的提升，而且民办文化产业发展势头已远远超过公办文化产业。

从广东文化形象第二次转型过程来看，其发展脉络与过程都是十分清晰的，在此过程中，广东文化形象逐渐由社会主义计划经济文化转变为社会主义市场经济文化（图2）。有一点值得关注的是，正是在市场经济环境下，大众文化获得了极大的发展。

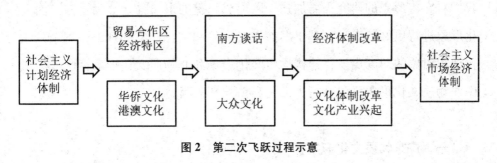

图2　第二次飞跃过程示意

## 第二节　广东文化形象构建

文化形象是公众对某一区域内政治、经济、文化、生态等各方面状况的综合认知和整体评价，是在地区发展过程中一定自然和人文历史条件下形成的文化内容、特点、优势等综合外在表征。现阶段，文化对政治、经济、生态等方面的影响日益加强，文化形象作为软实力的重要内容，已越来越被地域文化建设所重视。在广东省制定的《广东省建设文化强省规划纲要（2011—2020）》里，就明确提出"培育提高全社会文化素养，提升广东文化形象"的重要目标，塑造并传播与广东经济社会发展相适应的文化形象，充分凸显和发扬本区域的文化优势和特点，对于广东建设文化强省，实现文化大发展大繁荣，具有重要而深远的意义。① 总体来说，广东文化形象的塑造是一项巨大的系统工程，最根本的是要厘清广东文化形象的具体概念和内涵，然后基于主要内容再创设适合这一文化形象传播的体制机制。

基于分析发现，现有资料对广东文化形象的描述并不是很明确，提示我们对文化形象的研究仍需加强，以形成完整的形象描述。为了对广东文化形象进行更好的表述，基于书前文对形象和文化形象的理解，本节从文化认识对象的角度出发，建构物质文化形象和非物质文化形象两大类，其中非物质文化形象又包括行为文化和精神文化两类。

**一、广东物质文化形象**

物质文化，是指人类利用各种工具创造的有形的产品所体现的多元文化；与非物质文化相对应，它与经济社会活动的组织方式直接相关，通常会借助经济社会中与物质形态相关的实体、实物显示出来。实体、实物主要包括生产类和生活类，具体指饮食、服装、建筑、交通、工具、工艺品等。物质文化形象是最直观、最通俗的外在表征形象，其主要依托视觉系统理论规范下的实际表达，主要涵盖了饮食文化、建筑文化、生产文化三个方面。

（一）广东饮食文化形象——博杂精巧的形象

广东饮食文化是集味觉享受、视觉感受和听觉冲击于一体，以饮品和食品为主要内容的生活价值和规范的集合体，如全国著名的四大菜系之一的粤菜、知名凉茶王老吉等具有标识性特点的文化品牌，就是其主要代表。这种文化注重体验性，只有在亲身体验中才能获得真正的感知，而这

---

① 中共韶关市委，韶关市人民政府. 韶关市贯彻《广东省建设文化强省规划纲要（2011—2020 年）》实施意见［N］. 韶关日报，2010-10-15（A02）.

种感知正是广东饮食文化吸引力的源泉，在很大程度上影响了广东饮食文化形象的形成和发展。以下我们将从旅游者对广东饮食文化感知的视角入手，对广东所塑造的饮食文化形象进行调查分析。

本次调查以广东省的香江野生动物园和陈家祠两个人群比较聚集的景点为调查地点，调查时间为 2021 年 4 月到 5 月；本次调查共发放问卷 600 份，实际回收的有效问卷数量为 411 份，问卷的有效回收率为 68.5%。问卷的调查样本地域来源比较广泛，分布于全国 29 个省、自治区、直辖市、特别行政区，还包含一些国外受访者；在这些接受调查的人群中，绝大部分受访者是广东居民，比重达 74.5%，其中男性的比重为 49.4%，女性的比重为 50.6%，年龄大多介于 19~30 岁；受访者的学历大多为高中及以上学历，受访者的职业以企业员工为主，其收入集中在以 3501~4000 元/月为主，在无收入的群体中，绝大部分是学生，其比重达 90.1%。采用 SPSS 等方法对以上问卷结果进行深度分析，关于广东饮食文化形象状况调查结论归纳为以下四个方面。

1. 在整体广东文化形象中，购物优先，饮食其次

地域文化形象是特定区域范围内的人们对该地域文化的整体感知、看法和总体评价，也反映了人们对该地域文化环境的认同程度，可以说，文化形象是地域形象的重要组成部分。本次问卷调查主要是从"吃、住、行、游、购、娱"六大旅游要素展开，以了解旅游者对广东文化形象的感知及其总体印象。调查表明，在受访者的认知中，影响广东文化形象最突出的元素是购物，选择该项的受访者比重达 42.6%；其次是饮食，受访者比重达 17.5%；其他依次是景点、交通、娱乐和住宿，选择这些选项的人数比重分别为 17.3%、10.0%、7.5%、4.9%，除此之外，还有 0.2%的受访者并没有明确表达自己的选择偏好。通过调查可以发现，旅游者对广东文化形象的认知还是以购物和美食为主。

2. 旅游者对广东传统美食和饮食习俗表现偏爱

粤菜的菜色与种类都十分丰富，其口味也独具一格，具有独特的岭南风味，其选料、品种都十分精致和多样。在众多传统美食之中，尤以老火靓汤、茶市点心和糖水等较为出众。通过本次调查也发现，最受欢迎的广东传统美食是"老火靓汤"，选择该项的受访者比重达 34.3%，其次是"茶市点心"，选择该项的受访者比重达 33.3%；受欢迎程度排在这两种美食之后的其他美食分别是水果、糖水、糕饼、凉茶和广式月饼，选择这些美食的受访者人数比重分别为 8.0%、5.8%、5.8%、4.4%、1.7%。此外，还有部分受访者选择"其他"项，比重为 6.1%，极少数的受访者没有选择任何选择，比重为 0.5%。在对广东饮食习俗进行调查的结果中，我们也可以发现，受访者对老火靓汤和早午晚茶市这两种广东代表性美食表现了极大的兴趣，选择这两项的人数比重分别达到了 40.9% 和 35.5%，在此之后的是广东代表性饮品凉茶和糖水，其比重均为 7.8%，除此之外，还有 7.1% 的受访者选择了"其他"项，有 1.0% 的受访者没有明确表达选择倾向。

为更好地解释调查结果，我们对这两项问卷调查结果数据进行了卡方检验（表1）。结果发现，三种方法的相伴概率都是 0.000，远小于 0.05 或 0.01，说明无法否定不相关的假设。因此可以认定，在受访者看来，传统美食和饮食习俗两个事物存在显著的相关性。也就是说，传统美食与饮食习俗之间相互关联。

表 1  传统美食与饮食习俗卡方检验

| | Value<br>（检验统计量值） | DOF<br>（自由度） | PAC（2-sided）<br>（双侧近似概率） |
|---|---|---|---|
| Pearson chi-square | 210107 | 4 | 0 |
| Likelihood Ratio | 179979 | 4 | 0 |

| | Value<br>（检验统计量值） | DOF<br>（自由度） | PAC（2-sided）<br>（双侧近似概率） |
|---|---|---|---|
| Linear-by-Linear Association | 40063 | 1 | 0 |
| N of Valid Cases | 411 | | |

通过以上调查可以得出以下结果：（1）在受访者心里，传统美食及其相关的饮食习俗具有较高的认可度，受到了多数受访者的喜爱。（2）在受访者看来，传统美食和饮食习俗存在着比较高的关联性，但在传统美食对包含习俗偏好具体影响的过程中，两者之间的关系又呈现相反的结果，或者说这两者存在着相互影响的情况，仅凭现有的调查结果还无法对此给予明确的结论，这值得在后续研究中进一步求证。（3）调查结果证明，在饮食文化形象形成与发展的过程中，物质文化形象和非物质文化形象两种不同的文化形象存在着密不可分的关联性。

3. 受访者对用餐环境和服务要求较高，实际的满意度较低

餐馆是受访者感受广东饮食文化最为直接、重要的场所。通过调查可以发现，有37.2%的受访者将餐馆的用餐环境作为其就餐优先考虑的因素，有22.1%的受访者表示就餐主要考虑餐馆提供的服务。在环境和服务两项之后，选择人数比较多的选项分别是价格、餐饮品牌、设施设备和地理位置，选择这些选项的受访者人数比重分别为19.2%、6.8%、5.6%、3.6%。此外，还有3.4%的受访者选择了"其他"项，有1.9%的受访者没有选择任何选项。

我们进一步分析了受访者将餐馆作为就餐首要考虑因素的原因，通过对用餐选择与平均月收入这两项调查数据进行交互分析可发现，对于不同收入阶层的受访者，其收入由低到高依次可以分为八个等级，这八个等级的受访者将用餐环境作为首选的人数比重分别为21.8%、35.0%、38.6%、

39.1%、40.5%、46.3%、46.2%和36%；这八个等级的受访者将餐馆服务作为首选的人数比重分别为32.1%、35.0%、19.3%、18.8%、13.5%、19.4%、26.9%和24.0%。可以看出，在不同收入群体的受访者人数分布中，这两项的选择率都是相对比较高的（表2）。

表2  用餐选择与月收入的交互分析

| 类别 | 无收入 | 1～2000 | 2001～3000 | 3001～3500 | 3501～4000 | 4001～5000 | 5001～6000 | 6001元以上 |
|---|---|---|---|---|---|---|---|---|
| 缺失数 | 2.6% | 5.1% | 5.3% | 1.6% | | 1.5% | | |
| 价格 | 19.2% | 15.0% | 24.5% | 15.6% | 23.0% | 20.9% | 7.7% | 16.0% |
| 用餐环境 | 21.8% | 35.0% | 38.6% | 39.1% | 40.5% | 46.3% | 46.2% | 36.0% |
| 服务 | 32.1% | 35.0% | 19.3% | 18.8% | 13.5% | 19.4% | 26.9% | 24.0% |
| 设施设备 | 7.7% | 10.0% | 1.8% | 7.8% | 8.1% | 1.5% | 3.8% | 4.0% |
| 餐饮品牌 | 7.7% | | | 7.8% | 10.8% | 6.0% | 7.7% | 12.0% |
| 地理位置 | 2.6% | | 7.0% | 7.8% | 1.4% | 1.5% | 3.8% | 4.0% |
| 其他 | 6.4% | | 3.5% | 1.6% | 2.7% | 3.0% | 3.8% | 4.0% |

与此同时，我们为进一步分析收入对用餐选择产生了何种影响，除了进行交互分析外，还对结果进行了卡方检验（表3）。卡方检验的结果表明，相伴概率的值是要远高于0.05的，这说明收入与用餐选择没有显著的相关性。

表3  用餐选择与月收入的卡方检验

| | Value（检验统计量值） | DOF（自由度） | PAC（2-sided）（双侧近似概率） |
|---|---|---|---|
| Pearson chi-square | 52823.000 | 49.000 | 0.329 |
| Likelihood Ratio | 61401.000 | 49.000 | 0.110 |

| | Value（检验统计量值） | DOF（自由度） | PAC（2-sided）（双侧近似概率） |
|---|---|---|---|
| Linear-by-Linear Association | 0.148 | 1.000 | 0.700 |
| N of Valid Cases | 411.000 | | |

　　据此，我们可以得出以下结论：（1）收入条件对受访者是否将用餐环境和服务作为就餐的优先考虑因素没有显著的影响，也就是说受访者的经济条件对受访者的就餐选择没有明显影响。（2）以往被考虑最多的价格因素对当前受访者的就餐选择已经不再起决定性作用。由于人民的生活水平日益提高，社会大众对"吃"也越来越讲究，更加注重吃的环境、服务和品味，而并非食物是否廉价。（3）若要吸引大量消费者前来就餐，餐馆在自身的经营战略选择上应做出相应的调查，应当实行差异化和集聚化的战略。

　　为进一步把握影响受访者对餐馆满意度的相关因素以及各个因素具体的满意度，我们从用餐环境、质量服务、设备设施与价格水平四个方面对受访者进行了满意度调查，调查测量的工具为李克特五级量表，根据满意度的程度分为"非常满意、满意、一般、不满意和非常不满意"五个不同的满意度等级（表4），依次对其进行赋值，所赋的值分别为2分、1分、0分、-1分和-2分。通过对量表进行初步的信度检验发现，其克朗巴哈值为0.8042，具有较好的信度。

表4　餐馆各因素满意度测量表

| 项目 | 用餐环境 | 服务质量 | 设施设备 | 价格水平 |
|---|---|---|---|---|
| 非常满意 | 25 | 21 | 28 | 10 |
| 满意 | 200 | 169 | 209 | 80 |
| 一般 | 161 | 176 | 146 | 246 |

| 项目 | 用餐环境 | 服务质量 | 设施设备 | 价格水平 |
|---|---|---|---|---|
| 不满意 | 12 | 32 | 17 | 50 |
| 非常不满意 | 4 | 4 | 1 | 16 |
| 缺失数 | 9 | 9 | 10 | 9 |
| 总得分 | 230 | 171 | 246 | 18 |

我们对发放和回收的 411 份有效问卷调查数据进行了统计，统计结果显示：（1）与受访者期望价格相比，广东餐馆给出的价格是偏高的，受访者对这项因素的满意度最低，这说明在人们心中传统的"物美价廉"理念仍然根深蒂固，这从另一方面表明广东餐馆应当加强饮食产品的价格管理，使广大消费者能够从心理上接受餐馆的定价。（2）广东餐馆的设施、环境、服务等都能够较好地满足受访者的就餐需求，甚至要高于一些受访者的预期。（3）总体来看，受访者对广东餐馆的满意度是比较高的。

4. 广东饮食的多元化特征在受访者感知中表现明显

广东饮食文化具有很强的多元性，贯通古今，融汇中西，能够很好地融合各方特长。多元性的表现不仅仅体现在物质文化形象这一方面，也体现在非物质文化形象方面。从调查问卷的统计数据可以看出，受访者对于广东饮食文化形象组成要素的感受是较为均衡的，但略微偏向物质文化形象方面，有 20% 的受访者更加注重的是菜肴饮食的特色，有 19% 的受访者倾向于选择美食街、美食城等，有 18% 的受访者选择到各个地方品尝美食，11% 的人群选择了饮食服务。综上所述，受访者更注重通过自身实际的体验来感受广东饮食文化形象。在对于广东菜肴特色的感受方面，有 30% 的受访者更加看重味道的爽滑，对于菜品菜肴的创新与多样性这些要求较为均衡。在对于广东饮食文化的非物质文化形象方面，主要是通过受访者对饮食观念的感知体现，事实上广东饮食文化更多注重于营养、创新、精致等方面特性，在受访过程中受访者的感知基本上较为统一。因此，这也充分说明了不管是在广东饮食文化的物质文化形象方面，还是在非物质文化形象方面，受访者对于该文化的多元性特征已经建立起较为稳定的心理感知（表5）。

**表5　旅游者对广东饮食观念感知**

|  | Frequency | Percent | Valid Percent | Cumulative Percent |
|---|---|---|---|---|
| 未答 | 7 | 1.7 | 1.7 | 1.7 |
| 讲究营养 | 47 | 11.5 | 11.4 | 13.1 |
| 讲究卫生 | 85 | 20.7 | 20.8 | 33.8 |
| 讲究创新 | 58 | 14.1 | 14.1 | 47.9 |
| 讲究精致 | 72 | 17.5 | 17.5 | 65.5 |
| 讲究实际 | 65 | 15.8 | 15.8 | 81.3 |
| 无所不吃 | 77 | 18.7 | 18.7 | 100 |
| 合计 | 411 | 100 | 100 | |

广东饮食文化发展的多元性特点充分体现在饮食旅游文化的多样性中，而不同年龄层次的受访者反映了多样性特征。调查数据显示（表6），对于18岁及以下的受访者，他们注重的是能够在广东当地品尝到更多新颖的海内外美食，而19~45岁年龄段的受访者更加偏向于广东饮食文化的风俗特色，更高年龄组的受访者则更加关注是否能够吃到正宗的广东菜。根据对收集数据的分析可知，18岁以内的受访者更加注重亲身体验感，注重实际印象是否能够满足自身的好奇心，更加追求特立独行。近年来，年轻人更加注重内在修养和素质的提升，而年长者仍旧保持传统、保守的风格，接受新鲜事物的能力和心态相对较低。不同年龄阶段的人们呈现不同的需求与喜好，各年龄阶段的消费意愿以及消费行为也表现了一定的差异。从另一个角度来说，这说明广东饮食文化的多元性，但是也说明了在

发展中应注意以下三个方面的问题：（1）在广东省饮食文化形象的发展塑造中，应充分考虑市场细分的多元性，开发中更应注重产品的针对性。（2）广东饮食文化形象是当地重要的文化形象之一，因而加强对该类形象的宣传与推广，应注重对当地的人口因素进行分析，以确保在文化多元化过程中能够突出重点。（3）在饮食产品进行销售的过程中，需要根据不同受访者的年龄开展针对性的销售，提供与之相符合的产品，并引导和刺激消费、激发需求。

表6 不同年龄旅游者对饮食关注差异分析

| 类别 | 年龄 | | | | |
|---|---|---|---|---|---|
| | 18 岁及以下 | 19~30 岁 | 31~45 岁 | 46~60 岁 | 61 岁以上 |
| 未答 | 2.00% | 4.30% | | | |
| 能吃正宗粤菜 | 16.30% | 21.70% | 21.30% | 32.00% | 60.00% |
| 能品尝海内外美食 | 44.90% | 24.80% | 20.60% | 18.00% | 10.00% |
| 能吃到自己的家乡菜 | 12.20% | 11.80% | 12.80% | 22.00% | 20.00% |
| 能体验广州饮食风俗 | 18.40% | 34.80% | 36.20% | 28.00% | 10.00% |
| 其他 | 6.10% | 6.80% | 5.00% | | |

综合来看，受访者关于广东饮食文化形象的认知与感受，为广东饮食文化形象资源的开发与利用提供了有利的理论基础与现实参考。同时，文化形象自身所具有的现实价值与社会意义得到了政府部门一定程度上的重视，尤其是在城市建设、农业发展、环保等相关领域取得了较为显著的效益。事实上，广东饮食文化形象作为物质文化与非物质文化相结合的产物，在其发展与利用中应着重注意两个方面的问题。其一，在宣传中，广东省政府应加大宣传与推广的力度。调查数据显示，只有很少一部分受访者获取了广东饮食文化形象信息，这说明政府应在饮食文化形象建设与传播的过程中，加大开发和宣传的力度，以建立起与广东省实际发展状况相

符的饮食文化形象。(2)饮食生产企业应该加强自身品牌建设和发展自身的特色。统计数据显示,广东省当前拥有超过3万家餐馆,其中特色广式菜肴以及茶市点心的品种就有上万种。但品种及选择多样,有时候也并不是一件好事,因为选择太多会导致消费者出现选择阻碍,这就需要在多元性的基础上突出品牌特色。一方面,广东饮食在发展过程中应充分结合受访者的喜好;另一方面,应将饮食消费与购物相结合,充分发挥广东"购物天堂"的优势,以此提升广东饮食文化形象的知名度,从而创造更好的经济收益。

(二)广东建筑文化形象——双向多元形象

建筑是一个地区最为显著的标志。埃菲尔铁塔就是最好的例子,当提及巴黎最著名的建筑时,人们大多会首先想到埃菲尔铁塔。地标性建筑是每一个城市的名片,建筑所代表的文化也是最有力的文化。建筑文化是指依循时代变迁和当地经济社会发展的规律,利用建筑独特的语言,彰显在一定地理条件下的文化价值和审美价值,具有象征性和形式美,体现民族性和时代感的文化形象。一个地域的文化往往依赖其外显的建筑形象,将本地域内的主体功能、发展定位、历史文脉、宗教信仰、理想情操、价值观念等文化因素渗透到建筑物中,让建筑物形神兼备,使人们在欣赏建筑这幅立体绘画同时,感受来自文化的滋养。特别是文化赋值较高的标志性建筑,对提高本地域知名度和影响力有着不可估量的重要作用。地标性建筑既具有强烈的视觉冲击力,又具有巨大魅力,从中体现该区域人民的精神面貌、厚重历史和辉煌明天。因此,地域文化在地标性建筑上能得到最快速、最有效的宣传推广。随着社会经济迅猛发展,广东建筑文化,融合了传统岭南文化与现代产业发展的元素,结合了中西两种文化元素,呈现出官居华丽绚烂与民居俭朴淡雅、群体规整布局与个体灵活多变的双向特点。以下介绍几种有代表性的建筑。

1. 潮汕建筑

潮州文化被誉为广东"中原古典文化的橱窗",受中国儒家文化、风水理论、星象观和地方约定俗成的熏陶和影响,潮汕古建形制蕴含深厚的历史文化底蕴。[①] 在地理与人文环境的双重作用下,形成了独特的建筑文化风格,凸显了潮汕地区民众对于和谐美好环境的追求,以及当地居民朴实勤劳的性格特点。潮汕建筑的风格的形成主要受以下因素的影响:一是受儒家思想强烈的宗族等级观念熏陶和影响,千里南迁的古先民保留着唐宋世家聚族而居的传统,在潮汕继续沿用围合式居住方式,整个宗族按照尊卑次序统一安排在有序空间内,次要建筑围绕主体建筑,相连成片,成为一个外部封闭而内部敞开的建筑群体,形成群体聚居、密集分布的特征;二是由于潮汕地区人文鼎盛,当地居住的大多是平民百姓,潮汕建筑很少受到官式建筑形制的约束,所以建筑规模往往非常宏伟壮丽,具有实用性、精巧性的特征;三是受自然环境的影响,有专门供大规模人群聚居的集屋式军事化民居,以灰、土、沙、石、木等材料筑成的永久性建筑,外墙厚实,可抗击台风和暴雨的侵袭,基本是封闭的,门窗均向内开,通过两三个寨门与外部联系,既可防盗寇,又有利于防风防水,具有一定的防御性、耐用性;四是潮汕古先民对风水、堪舆等特别崇尚,并且宗教、宗族、宗亲的影响力巨大,建筑十分注重因地制宜,法天而建,追求天、地、人三者和谐统一,具有独特的风水特征;五是潮汕地区结合和汲取了不同地方特色建筑的风格,如中原地区的庄园风格、北方的四合院格局、本地的园林造型等,这些风格都很好地融入当地建筑中,结合当地的地理环境与气候特征、文化观念等因素,进行了自我改良,其中最具代表性的四点金式园林建筑,就具有包容性的特征。

---

[①] 黄旭銮,李茂强,黄旭英.百鸟朝凤:潮汕文化之古民居建制精粹 [J].建筑设计管理,2020,37 (05):85-92.

从建筑结构上看，潮汕民居建筑类型众多，基本的形式是"下山虎"与"四点金"。"下山虎"在潮汕当地也称"爬狮""下双虎"，是三合院的样式，由三面房屋和一面墙壁组成，正屋为三开间居中，中央开间是"大客厅"，两侧各有一间"大房"；正屋前为天井，天井两侧各有一开间的"厢房"（俗称"伸手"）与"大房"连接；前为高墙，墙上开门，形成"一厅二房二伸手"的平面格局。还有一种"单跑狮"的样式，一般大门侧开，占去一侧的"伸手"位置，也有因用地限制把厢房建成单泄水屋顶的廊房形式。这种结构的民居在潮汕地区随处可见，构成潮汕"府第式"民居的最基本单位。

"四点金"是一种四合院形式，是一种多层次、对称、平衡、结构完整的平房式宅第。外围一般有围墙，围墙内打阳埕，凿水井；大门左右两侧有"壁肚"，进门即前厅，两边房间为前房，进而是空旷的天井，两边各有一房间，一间作为厨房，称为"八尺房"，另一间作为"草房"，一般称为"厝手房"；天井后边为大厅，两边各有一个"大房"。还有几种特殊的"四点金"：只有前后四个正房，没有"厝手房"及"八尺房"，而四厅齐向天井的，称"四称会"；前后房都带"八尺房"和"厝手房"的，则变八房为十室的称为"四喷水"；如果有"四点金"外围建一圈房屋，则谓之"四点金加厝包"。此外，还有"四马拖车""百鸟朝凤"等更加复杂化的"四点金"变种样式，旧时只有殷富显达的家庭才能建造。

从建筑装饰来看，潮汕民居从外到内极重装饰，而且追求豪华、典雅，其最大限度地对潮州的传统工艺美术如金漆木雕、工艺石雕、嵌瓷艺术、金属工艺以及书法、绘画艺术等进行整合。有些建筑为了达到装饰效果甚至不惜重金，这使得潮汕民居的外观十分富丽壮观，厅堂内更是金碧辉煌，所以自古就有"潮州厝，皇宫起""京华帝王府，潮汕百姓家"之说。其中，较具代表性的是潮汕木雕、嵌瓷。木雕是借助屋顶遮蔽，内向性精细作业，需细致保存，主要用以建筑装饰、神器装饰、家具装饰、案头装饰等，经精雕细琢后贴上纯金箔，显得金碧辉煌。它与金漆木雕、东阳木雕、黄杨木雕、龙眼木雕并誉于世。嵌瓷存在于屋檐之下和屋脊之上，是外向性精巧作业，不惧日晒雨淋，采用色彩鲜艳的釉彩陶瓷片，经剪取、敲制、打磨，镶嵌各种装饰图案或立体画屏，特别是结合灰塑一并做成各种动植物造型，甚至是一出戏里的某个场景。嵌瓷图形多样生动，比如屋檐下的石榴，屋脊上的兰花、狮子等，都寓意对生活美好的向往和愿景。这种技法于 2011 年被列入国家级非物质文化遗产名录。

2. 广府建筑

广府建筑与潮汕地区建筑群类似，其分布也是较为密集，多分布于"珠三角"及广东西南部地区。受广府文化既保守传统又开放兼容、务实重商、创新性强等因素的影响，广府建筑体现兼容性、适应性和创新性的特点。一是生态适应性强，充分结合当地地形、气候等自然环境特征进行建设。广府地区所处的纬度较低，又靠近海洋，因此其建筑风格受到潮湿、闷热的地理环境气候环境影响，多为外封闭、内敞开，朝南朝阳、通风透气，绿色植被居多；同时，因沿海地区受台风、海水等侵蚀，其建筑依河道、水塘而建，前渠后巷，跨水筑楼，排水系统和挡风墙等遮挡安全设施科学有效，与自然环境和谐一体，别有水乡韵味。二是突出务实重商。古时候广府移民众多，地少人多，需更注重合理利用建筑空间，一体两用，既可居住，又可作为商用，并且建筑主体精致小巧，建筑与建筑之间的间隔较小，其中以"骑楼"为典型代表，能满足店主商住两用的需求，一举多得。三是继承和创新并举。广府建筑融合了中西方文化，并不断在继承和创新中发展，早在 20 世纪 70 年代就形成了板式建筑带状外形的窗、高层的平顶加裙房构造、高楼低层相结合的加通花窗，这样的风格在当时引领了一时的风潮。还有岭南近代园林、民居等多种建筑都体现了一种包罗万象的建筑文化。广府民居较具特色的是西关大屋、骑楼以及碉楼。

说到广府民居，大家的第一个反应就是西关大屋，这是最具有代表性的建筑群。西关大屋是指清末在广州西关地区逐渐形成的具有两开间以上、三进深以上的大型民居建筑。典型西关大屋的平面形式为三间两廊：中间为主厅堂，采用左右对称的形式，每厅为一进；从中轴线开始依次为门廊、门厅（门官厅）、轿厅（茶厅）、正厅（大厅或神厅）、头房（长辈房）、天井、二厅（饭厅）、二房（尾房）；两旁偏房前部左边为书房及小院，右边为偏厅和客房，大屋子偏房的两侧还有巷，叫"青云巷"，又称"冷巷""火巷""水巷"等，具有交通、通风、采光等多种功能，客房顶为平台，供休憩之用；偏厅、客房后面为卧房、厨房等。通常门厅右侧为庭园，栽种花木，筑有假山鱼池。① 西关大屋装饰最有特色的部分为大门，一般分为三道，称"三件头"。临街最外的一道是四扇对开的屏风门，也叫矮脚吊扇门或花门。花门上部为木雕通花，镶着花玻璃或衬以钩花布帘，顶端两角通常还会对称地雕一串葡萄或松鼠之类的木雕作为装饰。屏风门可以遮挡街上行人的视线，同时不影响采光和通风，特别能体现广州人的生活取向——重视小家庭独立的生活空间和个人隐私。在闷热多雨的岭南地区，保证通风是第一要务。屏风门之后就是独具岭南特色的趟栊。趟为开，栊为合，趟栊就是可以滑行着拉开、合上的木门，其原理及功能和现代横拉式的防盗门差不多。趟栊之后的门才是真正的大门，一般非常厚重，用于防盗。西关大屋最多时曾达到 800 间，现存的已不足百间，其中保存较好的寥寥可数。在现在的西关，你更多感受到的是平民化的广州生活——狭窄而拥挤的道路，呈放射状伸向不知何处的小巷，出售在其他地方再也买不到的小商品的小店，被许多人家切割成不规则的一小间一小

---

① 陈珏，陶郅. 西关大屋地域适应性刍议［J］. 华中建筑，2016，34（08）：7-10.

间杂乱的旧屋。目前保存较好的西关大屋包括位于文昌北路耀华大街的西关大屋区，位于恩宁路多宝坊的泰华楼，坐落于龙津路逢源大街的小画舫斋，位于荔湾区泮溪酒家南侧的龙津西西关大屋建筑保护区（范围东起龙津西路，西至原西关上支涌，北起逢源沙地一巷，南至三连直街），宝华路南段两侧十五甫、十六甫的西关大屋，位于海珠区南华西街的大屋群（虽然西关大屋最早出自西关，但现在广州保存最完好的西关大屋不是在西关而是在海珠区，其中最集中的是南华西街。目前，南华西街是广州历史文化保护区），海珠区龙导新街大屋群。

骑楼式建筑最早盛行于南欧、地中海一带，后引入中国广州，成为这一大城市的商业化产物，其后更成为上海、武汉等城市"广东街"的标志。广州骑楼建筑产生于中西文化的碰撞与交流中，风格独特，地域特征明显，其装饰元素也具有一定的地域风格特色和传承历史文脉的时代价值。将骑楼街装饰元素活化运用到现代室内空间设计中，传承岭南建筑文化的同时，为融合地域特色的室内空间设计做出进一步的尝试。① 20世纪初，广州扩建马路，人们将西方古典建筑与广州传统建筑结构相结合，演变成有广州特色的骑楼式建筑风格。骑楼建筑立面多为三段式，从上到下分为楼顶、楼身、骑楼底三个部分：楼顶有山花和女儿墙，是重点装饰部分，通常雕塑着各种西式图案或商铺商号；中部有西式窗套、中式窗、阳台；骑楼底有支撑柱装饰，构成骑楼建筑的特色。骑楼是室内环境与室外环境的一种过渡，也是交通的缓冲空间。因广州气候炎热多雨，要求城市建筑有避雨遮阳的功能，骑楼楼房向外伸出遮盖着人行道的外廊，能相互连接形成一条长廊，既便于来往行人遮阳挡雨，商店也可敞开铺面陈列多种商品，以广招顾客，商业实用性非常突出。广州的骑楼式建筑以上下九

---

① 邢程，刘伟. 广州骑楼街装饰元素在室内设计中的融入——以上下九街为例 [J]. 设计，2021，34（13）：59-61.

路、一德路、第十甫、中山路、解放路、人民南路等地段最具代表性，而后来兴建的新亚酒店、新华酒店和爱群大厦等也成为骑楼式建筑物中的佼佼者。

雕楼是广府建筑的一个特殊类型。在岭南五邑，有一种乡土建筑很有特色，闻名全国，这就是碉楼。其中开平是五邑侨乡碉楼分布的中心区，现存 1833 座，堪称"中国碉楼之乡"。开平碉楼源于明朝后期，随着华侨文化的发展而鼎盛于 20 世纪初，是融中西建筑艺术于一体的华侨乡土建筑群体，被誉为"华侨文化的典范之作""令人震撼的建筑文艺长廊"。开平现存最早的碉楼是赤坎镇三门里关氏家族兴建于明嘉靖年间的"迓龙楼"，距今已有 400 多年的历史，是一座砖木结构单体建筑，楼高 11.4米，主体为带正脊的硬山顶，四角设落地式塔楼。这座楼的建筑造型与开平其他碉楼颇不相同，代表了开平碉楼的早期形态。目前我们所看到的碉楼，绝大部分兴建于清朝末年和"抗战"爆发之前，尤其是二十世纪的一二十年代是建筑的高潮。这正是大量五邑华侨经过几十年的艰苦奋斗，省吃俭用，有了一定的积蓄，回乡买地、建房、成家的大发展时期。这些"金山客"风风光光地衣锦还乡，都会带着数口大木箱或皮箱，张扬地走过村镇，引来人们围观。村民将这种装满金山客血汗成果和美好生活梦想的箱子叫作"金山箱"，它是财富的象征。但是，这些财富也引起了盗匪的歹心，他们自然将华侨和侨眷作为"猎取"的目标，民间俗语"一个脚印三个贼"就是华侨及其亲人们所处的险恶社会环境的真实写照。很多人因为自己的血汗钱引来杀身之祸，他们或全村集股，或几户出钱，或独家投资，兴建这种防御与居住功能兼具的乡土建筑。开平碉楼建筑风格多样，既有中国传统的硬山顶式、悬山顶式，也有国外不同时期的建筑形式和建筑风格，如希腊式、罗马式、拜占庭式、巴洛克式等，千姿百态，异彩纷呈。开平碉楼突出的文化艺术和历史价值日益被国内外所关注和认

同。2001 年 6 月，国务院公布开平碉楼为全国重点文物保护单位。2007 年
6 月，开平碉楼被联合国教科文组织评为世界文化遗产。

### 3. 客家建筑

客家建筑以民居为主，始建于唐宋，兴盛于明清。由于受到战乱的影
响，两广地区的群众饱受战火的洗礼，当地居民对于稳定性是非常渴望
的，所以"客居"这个观念在两广地区根深蒂固；同时，战乱造成了很多
人流离失所，形成了当地居民复杂的构成，在这种环境中人们对于资源较
为重视，从而形成了割据的状态，当地的建筑形式也因此有了多种多样的
呈现。安全性对于大多数居民而言是其首要选择，这使得客家建筑形成了
自身独特的特点，其中很大一部分是靠近山体建造，房屋建筑的墙体面较
为厚实；另有小部分的房屋会用一种特殊材质，如米浆等提高其架构的固
定性，同时使其具备较为优良的密封隔离性，使得房屋的防风效果得到了
很大的提升。客家建筑主要有客家排屋、客家围屋、福建土楼三种样式，
是源远流长、博大精深的客家文化的载体，闪耀着灿烂的光芒。

客家排层楼，基本上是以一个家族为整体，到新的落脚地聚族而居，
每处排屋，基本上是一个姓氏，由开基祖一直往下传，有着客家民系独特
的风格。排屋墙身厚、屋梁高，从结构上很讲究和谐对称，家家户户并排
建屋，左邻右舍墙瓦相连，屋前有风水鱼塘，中间有空旷的禾坪，四周种
植芭蕉，加上雕梁画栋，诗情画意，美不胜收。相对于碉楼的高耸入云，
不可触攀，排屋更贴近百姓生活，显得亲和自然。

客家围屋，又称"围龙屋""围屋""客家围"等，是客家民居中最
常见、保存最多的一种，始建于唐宋，兴盛于明清，结合了中原古朴遗风
以及南方文化的地域特色，是中国五大民居特色建筑之一。广东的惠州、
河源、梅州、韶关、深圳等地都能见到围屋的踪迹。客家人采用中原传统
建筑工艺中最先进的抬梁式与穿斗式相结合的技艺，选择丘陵地带或斜坡

地段建造围龙屋，主体结构为"一进三厅两厢一围"。他们的居住地大多在偏远、边远的山区，为防止盗贼的骚扰和当地人的排挤，建造了营垒式住宅，主要有砖瓦结构和特殊土坯两种结构形式。一间围龙屋就是一座客家人的巨大堡垒。屋内分别建有多间卧室、厨房、大小厅堂及水井、猪圈、鸡窝、厕所、仓库等生活设施，形成一个自给自足、自得其乐的社会小群体。

福建土楼属于集体性建筑，从历史学及建筑学的研究来看，土楼的建筑方式是出于族群安全而采取的一种自卫式的居住样式。在外有倭寇入侵、内有年年内战的情势之下，举族迁移的客家人不远千里来到他乡，选择了这种既有利于家族团聚，又能防御战争的建筑方式。同一个祖先的子孙们在一幢土楼里形成一个独立的社会，所以御外凝内大概是对土楼最恰当的归纳。土楼分布于福建和广东两省，包括龙岩市境内的永定土楼，漳州市境内的南靖土楼、华安土楼、平和土楼、诏安土楼、云霄土楼、漳浦土楼以及泉州土楼等。福建土楼产生于宋元，成熟于明末，清代和民国时期达到鼎盛。土楼以石为基，以生土为主要原料，分层交错夯筑，配上竹木做墙骨牵拉，丁字交叉处则用木定型锚固。

（三）广东生产文化形象——创新发展的形象

生产文化是人类创造的独有的以生产活动反映的各种内容和形式的文化系统，随着生产水平的不断提高，生产种类的不断增加，生产技术的不断精湛，生产文化也在不断丰富发展。广东从古至今，生产能力巨大，在技术、经济领域有许多重大成果突破，形成独具特色的产业文化，融汇成广东生产文化形象。从产业性质来分，广东生产文化形象可分为三个大类：

1. 广东农业文化形象——精耕细作的形象

广东省统计局《2020广东农村统计年鉴》数据显示，在广东的珠江三角洲、东翼、西翼和北部山区还散布着 15 万多个自然村落,生活着近900 万户农业经营户和 3200 多万乡村人口。无论是农、林、牧、渔业总产值还是水果、蔬菜、畜禽、水产品等农产品产量,广东都位居全国前列。广东农业以精耕细作为底色。根据国务院的统一部署,广东省于 2007 年全面启动广东省第二次全国土地调查工作,历时 3 年。根据广东省统计局第二次全国土地调查工作的数据显示,2009 年全省耕地 253.22 万公顷(3798.33 万亩),比第一次全国土地调查时(1996 年 10 月 31 日)325.44万公顷(4881.67 万亩)减少 72.22 万公顷(1083.34 万亩)。全省人均耕地呈下降趋势。1999 年广东种植面积有 4800 多万亩,但到了 2003 年只有3000 多万亩。广东省统计局第三次全国土地调查工作的数据显示,截止到2008 年,广东的人均耕地比 1980 年的 1.27 亩减少了 2/3,以常住人口计算,人均仅占有耕地面积 0.37 亩,仅为全国平均数的 1/4。山多地少、人口众多的省情使广东农民养成了精耕细作的传统。珠三角桑基鱼塘、潮汕“种田如绣花”的岭南农耕文化也因此享誉全国。在此基础上的广东农业文化内容非常丰富,这里我们主要在物质层面集中讨论广东农业的实体实物,包括农作物品种、农业生产工具,还有农业文学艺术作品、农业自然生态景观等。这一切与农业生产相关的物质实体构成了广东农业文化的主要内容。

农作物文化主要包括具有热带农业特色的稻文化,以热带水果和经济作物为主的岭南热带作物文化,以香料资源和珍珠资源为主的采集渔猎文化,以及岭南土著的纺织文化。其中,以稻文化为例,可将距今四五千年前的韶关曲江石峡文化墓葬中发现的炭化稻作为其广东境内明确发现有水稻遗存的最早溯源,对长江中下游地区饮食文化传播至华南地区是很好的佐证。距今 4400 年前的茶岭遗址检测到的水稻植硅体,是目前珠江三角洲地区出土单位明确、年代最早的栽培稻实物遗存,意味着茶岭先民可能已经开始种植以粳稻为主的栽培稻，原始农业已经出现。在距今约四五千年前的韶关曲江石峡文化墓葬中，专业人员曾挖掘出均已炭化的团状稻谷和米粒，后经科研人员鉴定，此稻为人工栽培的籼稻，这可以说是广东境内明确发现有水稻遗存的最早溯源，对长江中下游地区饮食文化传播至华南地区是很好的佐证。①。又如岭南热带作物文化，主要体现在天然橡胶、甘蔗、剑麻、木薯、香蕉、荔枝、龙眼、菠萝、南药等种植面积和产量在全国占有较大比重的热带作物上，这些独特的岭南作物以及加工制造的成品，是广东农业文化形象的主要内容之一。

农业生产工具文化主要包括对岭南农业工具的制作材料、造型、使用功能、动力和机构等方面不断创造、发明并改进和改良，以适合本地地理、地质、气候条件等生态环境、农业产区生产要求和当地物产条件。岭南农具以耕、耙、耖为主的大田种植农业工具体系和沿海渔业工具、山地林业工具等专门类农业工具体系为主。大田农具具有南方水田农具的精细化分工作业的特点，包括田地耕整农具、播种农具、浇水施肥农具、除草农具、收割农具、运输农具、打场农具、加工农具等。专门类农具具有沿海地区粗放式合作作业的特色，还具备山区精准性、个性作业的特征。渔具包括刺网、围网、拖网、地拉网、张网、敷网、抄网、掩罩、陷阱、钓具、耙刺等，山地农具包括起垄机、钩机、挖机、趟地机、收割机等。

农业文学艺术作品或反映农村生活、反思农村政策，或描绘乡土文化、地方风俗，欧阳山、秦牧、萧殷、陈残云、陈国凯等均推出过一系列优秀作品。欧阳山的《高干大》是中国现代文学史上第一部反映农村合作化改革和建设的长篇小说，吴有恒的《山乡风云录》、陈残云的《香飘四季》等在不同时期代表了广东文学的艺术高峰。改革开放40多年间，广东文学催生了一系列优秀作品，真实、敏锐、全面、深刻地反映中国农村

① 卫斯. 中国史前稻作文化的宏观透视［J］. 农业考古，1995，12（01）：15-17.

改革开放的历史进程，成为真实形象地观照南粤大地改革开放和社会变革历史进程的文化载体。其中，余松岩的《虹霓》描绘出一幅"珠三角"农村的新风俗画，展示了富有时代气息的改革开放的生活；吕雷、赵洪的《大江沉重》把县、乡镇和农村的变革发展结合起来描绘，呈现了社会主义新农村的特色，是一曲荡气回肠的时代英雄颂歌；程贤章的《神仙、老虎、狗》以改革开放为背景，深刻描写客家乡村的众生相，表现了浓郁的客家风情；展锋的《终结于2005》讲述农村城市化改革、土地收归国有、农民改为城市居民的故事。这些优秀作品，为人民立言，为时代放歌，体现了可敬的创作智慧和可贵的使命意识。

农业自然生态景观也是广东农业发展的一大特色。近年来，广东开展美丽家园、美丽田园、美丽河湖、美丽园区、美丽廊道"五美"行动，推动全域乡村实现干净整洁。数据显示，全省行政村实现集中供水全覆盖，农村自来水普及率达92.5%，农村无害化卫生户厕普及率达99%，行政村实现生活垃圾收运处置体系全覆盖，通客车率和农村公路列养率均达100%，道路基本实现硬底化……乡村人居环境越来越好，乡村面貌发生了历史性变化，"多美融合"不断推进，"美美与共"得以实现。各地特色产业建设推动着"美丽乡村"高质量发展，英德麻竹笋、始兴杨梅、钱排三华李、高州荔枝、徐闻菠萝……一批批"商品"逐渐成为"名品"，形成了为大众熟知的地域新名片，各地"美丽乡村"大力建设特色产业，奠定美丽经济的坚实基础。

2. 广东工业文化形象——先进不均的形象

改革开放先行一步，广东的经济取得令人惊叹的飞速发展，是我国工业发展的排头兵，具有良好的产业基础和较为完善的工业体系，其工业体量优势显著。暨南大学工业经济研究所"广东省工业产业竞争力研究"课题组所作的《广东省工业产业竞争力研究总报告》显示：1952年，全省工业总产值仅 15.70 亿元，占全国工业总产值的 4.5%；1978 年，全省工业总产值 206.56 亿元，占全国工业总产值的 4.9%，在全国各省区市排位中居第 7 位；2002 年，全省实现工业总产值 18909.91 亿元，相当于 1978 年的 91.55 倍，占全国工业总产值的 14.79%。2002 年，广东省规模以上工业企业数、资产合计、就业人数、全年工业总产值、工业增加值、产品销售收入、利润、利税总额八大指标均位列全国各省区市之首。据中商产业研究院发布的《广东省工业经济发展前景及投资机会研究报告》，2020 年广东省地区年生产总值超过 11 万亿元，经济总量占全国近 1/9，地区生产总值连续 32 年稳居全国 31 省（自治区、直辖市）第一，总体已达到中等发达国家水平。"十三五"期间（2016—2020 年），广东省规模以上工业增加值年均增长 5.3%，规模以上工业企业数量超 5.5 万家，营业收入约 15 万亿元，均居全国第一。工业尤其是制造业的快速发展带动了广东经济实力的增长、人均 GDP 增长、人均收入水平的提高。但前一阶段经济的增长主要是以固定资产投资和劳动密集型制造业出口来推动的，经济的增长方式是以规模扩张的外延式增长为主的，而这一增长方式的发展所带来的环境污染、能源和资源紧缺、劳动力成本上升等问题，慢慢地制约着广东省工业的发展，进而制约着总体经济的增长。

2021 年 12 月 22 日，从赛迪顾问广州分公司正式发布的《2021 广东省区（县）工业百强研究》来看，省内各区（县）间工业发展水平差距较大，但是总体上仍呈现齐头并进、共同跃升的良好局面。广东省工业经济区域分布中，"珠三角"核心区产业集聚发展明显，初步形成珠江东岸电子信息产业、珠江西岸装备制造业、广佛汽车产业等多个特色鲜明、市场竞争力较强的产业集聚区。2020 年，"珠三角"九市规模以上工业增加值占广东省比重 85.9%，其次是东翼四市占 5.1%，西翼三市和北部生态发展区五市占比均为 4.5%。粤东西北地区主要是以发展县域经济为主，12

个地级市下辖27个县，3个自治县，17个县级市，是推动广东乡村振兴、产城融合发展的重要载体。沿海经济带整体工业发展水平低于"珠三角"地区，东翼整体工业实力强于西翼，但西翼具有头部区县（如茂名、湛江两市部分区县）引领发展的良好态势。北部生态发展区其他地市各区（县）发展水平相对平衡，但工业发展水平普遍有待提升，尤其是部分苏区、老区、民族地区受限于地理条件与历史因素，发展基础薄弱，是广东省未来加快实现"共同富裕"亟待突破的区（县）节点。

3. 广东第三产业文化形象——转型优化的形象

自改革开放以来，广东第三产业发展迅速，成为国民经济增长的动力之一，同时是就业增长最快的产业。根据广东省统计局历年统计分析可知：广东第三产业自2006年首次突破万亿元大关以来，2010年突破两万亿，达20927.50亿元；2013年迈入三万亿门槛，为30503.44亿元；2014年达到33223.28亿元。与其他产业相比，广东第三产业具有更高的就业弹性，成为自20世纪90年代以来广东省吸纳就业的主渠道，为广东省实现产业结构调整、减轻社会就业压力做出了极大贡献。广东省总就业人数为5652.39万人，其中第一产业为1584.96万人，占28.0%，第二产业为2211.71万人，占39.1%，第三产业为1855.73，占32.8%。

但20世纪90年代后，第三产业发展与迅速发展的制造业相比明显滞后。从1990年到2003年，第三产业占GDP的比重从35.8%上升为38.4%，14年仅上升2.6个百分点；而同期以制造业为主的第二产业的增加值占GDP的比重从39.5%升到53.6%，增加了14.1个百分点。广东第三产业的增速在进入20世纪90年代后明显减慢，并被江苏、浙江超过。以1990年为界，1979—1990年，广东第三产业年均增速为15.9%，比浙江高3.4个百分点，比江苏高1.6个百分点；而1991—2003年，广东第三产业年均增速只有12.5%，落后浙江2.2个百分点，落后江苏1.7个百分点。

随着经济的发展，广东产业结构不断发生变化。除了第三产业总产值在改变外，第三产业的内部结构也在进一步优化，不但第三产业的一些传统产业在增长，如交通运输、仓储和邮政业，由 1978 年的 10.05 亿元增长到的 2008 年 1541.26 亿元，增幅达 154 倍，批发和零售业由 1978 年的 19.39 亿元增长到 2008 年的 3524.94 亿元，增幅达 176 倍；新兴的金融业和房地产业也得到迅猛的发展，金融业由 1978 年的 4.53 亿元增长到 2008 年的 2019.35 亿元，增幅达 445 倍，房地产业由 1978 年的 1.42 亿元增长到的 2008 年 1999.67 亿元，增幅为 1408 倍；新兴产业占第三产业的比重也由 1978 年的 13.5% 上升到 2008 年的 26.3%。2008—2014 年，广东第三产业占比从 44.4% 提升至 49.0%，年均提高 0.8 个百分点。第三产业占比的不断提升带来产业结构的持续优化。从上述的数据可以看出自改革开放以来，广东省第三产业的结构在慢慢优化，在原有的传统产业保持发展的同时，新兴产业也得到快速发展。

## 二、广东非物质文化形象

非物质文化是广大人民在长期的生产劳动、生活实践中形成的工艺技术、文化传统、风俗习惯、神话传说、信仰崇拜等的总称，是各种历史文化与自然地理环境等相适应而形成的集合形态，是民族文化特征的"活化石"和典型的地域标志。[①] 非物质文化的重点是"非物质性""非实物性"，因此界定起来相对比较复杂。根据联合国教科文组织的《保护非物质文化遗产公约》，"非物质文化遗产"主要是指被各社区、群体，有时是个人，视为其文化遗产组成部分的各种社会实践、观念表达、表现形式、

---

① 曹帅强，邓运员. 非物质文化遗产景观基因的挖掘及其意象特征——以湖南省为例
[J]. 经济地理，2014，34（11）：185-192.

知识、技能以及相关的工具、实物、手工艺品和文化场所。① 因此，非物质文化遗产的对象可以概括为以下五类：一是口头传诵和表现形式，包括作为非物质文化遗产媒介的语言；二是表演艺术；三是社会实践、仪式、节庆活动；四是有关自然界和宇宙的知识和实践；五是传统手工艺。这一定义虽然包含"遗产"二字，但其范围也可作为非物质文化的概念范围，主要包括行为文化形象和精神文化形象两类。

（一）广东行为文化形象

行为文化是文化层次理论结构要素之一，是人们在工作和生活中表现的特定行为方式和行为结果的积淀。这种行为方式是人们所作所为的具体表现，体现着人们的价值观念取向，受制度的约束和导向。② 简单来说，它是人的行为在城市文化中的体现，承载着城市特有的文化信息，是文化通过一定的主体行为体现出来，也叫行为识别体系。它包括区域社会秩序、人际关系、治安状况、管理模式等，比如地区政府行为状况、市民素质、各种文化交流活动等。③

1. 民俗文化活动——开放包容的形象

民俗作为一种常见的文化现象，是千百年来民众所创作的知识和认识系统，而区域民俗是指特定区域（如岭南、荆楚、关东）内由于人文地理而形成的具有共同特点的民俗事象。④ 广东民俗文化活动丰富多彩，形成开放包容的形象，与各产业的有机结合，促进了广东经济发展，提升了广

---

① 爱川纪子，高舒. 联合国教科文组织《保护非物质文化遗产公约》的成型——一场关于"社区参与"的叙事与观察（下）[J]. 中国非物质文化遗产，2020（02）：13-19.

② 张照行. 新时代国有企业行为文化建设路径研究——以中车石家庄车辆有限公司为例[J]. 河北企业，2019（02）：120-122.

③ 李植斌. 城市文化形象特征与建设[J]. 人文地理，2001（04）：25-27，61.

④ 卢跃飞. 当代区域民俗题材雕塑创作研究——以岭南民俗题材雕塑创作为例[J]. 今古文创，2021（31）：94-95.

东文化名气，塑造了优秀文化形象。

（1）传统民俗文化和旅游的融合

广东省拥有丰富的民俗文化，以这些民俗文化作为主要内容来举办文化活动，不仅能够吸引各地的游客前来参加，实现对本省民俗文化的宣传与推广，同时为当地旅游经济的发展带来人气，可以有效地带动当地的旅游产业发展。2019 年春节期间，广东省各地举办了丰富多彩的传统民俗文化活动，推动传统民俗文化和旅游融合，促进文化和旅游市场繁荣发展。

在广州，广东粤剧院举办一系列新春看戏的项目，推出了"新年睇大戏"春节品牌项目，例如该剧院演出了《喜剧贺新年》《鹊桥会》《五女拜寿》等剧目，给广州市的广大民众带来新年的戏剧盛宴，营造了喜庆热闹的氛围。在深圳，这座年轻的城市在春节期间的文化"年味"也十分浓厚。深圳市的锦绣中华民俗村、甘坑客家小镇、大鹏所城等地方，举办了春节大庙会、小凉帽"灯笼节"、新春庙会等活动，这些丰富的活动为深圳市民与游客提供了很好的去处。东莞市文化馆在春节期间举办了相关文艺汇演，这些演出节目是东莞市推动的"东莞文化年历"重大节日节庆活动的主要项目之一，这为东莞本地的市民提供了丰富的文化活动。此外，东莞松山湖管委会也在新春举办了"迎新春传非遗"的文化活动，该活动邀请了著名非遗传承人为东莞市民表演相关非遗文化活动，如"画糖画""传统剪纸""捏面人""编织中国结"等，这些活动不仅由非遗传承人主导推动，同时广大市民广泛参与其中，亲自制作新年礼物。茂名市也通过"传统民俗+非遗展示"的形式，在春节期间举办了丰富的文化活动供市民参与。例如，茂名滨海新区依据省级非物质文化遗产项目——高脚狮子舞，在广场区域面向广大市民举办了高脚狮子舞的演出活动，吸引了大量市民的关注和参与。此外，茂名市的茂南区文创街、电白区、化州市等地区，也分别以高州木偶戏、化州跳花棚等非遗项目进行了民俗文化的展示与演出活动。这些活动的连番开展，不仅为本地居民营造了节日的喧闹氛围，也使之接触了传统民俗文化，并吸引了外地游客前来观看。在粤西、粤北地区，不乏以民俗文化为核心的新春文化活动。例如，阳江就在本地举办了多个文旅节庆活动，包括醒狮表演、烟花晚会等；湛江则以本地特色的乡村旅游点吸引了旅客参观；云浮举办了系列的"过大年"活动，不仅吸引了市民前来观看，也为当地的文化旅游增添了新的气象。

（2）举办大型民俗文化节

近年来，在国际性、全国性与地方性的竞争压力下，全球各国各级政府纷纷借助独特、多样的节庆活动展现其独一无二的特殊性，提高自己城市的知名度。岭南民俗文化节是广东省影响最大的民俗文化节，其前身是广州民俗文化节和"波罗诞"千年庙会，这两个重大节庆的民俗活动经过整合和浓缩，从而形成了全新的岭南文化节。[①] 广东省已经连续举办六届以"欢乐岭南、幸福广东"为主题的岭南文化节，每次举办都是对岭南民俗文化的深度阐释，民俗文化项目涉及广府、客家、潮汕、雷州等岭南地区民俗文化，并且邀请广东省各地的重量级团队进行展示。其中，第一届岭南文化节以大型仿古祭海仪式作为开幕演出，共有 600 名男女参加，他们虔诚祈福，共同表达了民众风调雨顺、海不扬波的美好期盼与愿望；还表演了省内各地的"非遗"项目，包括陆丰的甲子英歌舞、湛江赤坎调顺网龙表演、醒狮表演、武术表演等，生动地展现岭南地区的民俗风采，展示了中华民族独特的龙舞文化，尤其是醒狮和武术等表演项目极大地吸引了民众的关注，使得各地的人们都前来烧香祈福。这届的民俗文化节共持续七天之久，庆典、赏花、看戏、美食、歌唱等诸多民俗项目，以及民艺体验等其他活动，受到了民众的广泛欢迎，吸引了大批民众参与。借助这

---

① 刘彩清，胡书玲，刘桔. 空间视角下节庆活动对地方文化形象塑造的影响——以贵州民族传统节日为例 [J]. 贵州民族研究，2018，39（05）：94-97.

些丰富多彩的民俗活动，岭南文化节变成了名副其实的"狂欢节"。第二届岭南文化节与该年度的老广州民间艺术节共同举办，有大规模端午龙舟文化活动，使文化节变成了夏日的端午龙舟文化汇。岭南文化节除了在广州举办，自 2012 年以来，还先后在广东省湛江、清远、佛山、中山等地举办。2010 年制定的《广东省建设文化强省规划纲要（2011—2020 年）》将岭南民俗文化节作为广东省重要文化品牌活动，丰富广大群众的文化生活。

历届岭南民俗文化节的举办为广东省各地的民俗文化传承者之间提供了相互学习的平台，同时加深了普通民众对广东文化形象的理解，从而提升了民俗艺术形式所彰显的文化形象在民众心目中地位，更加有效地促进了广东省民俗文化的传播，极大地增强了民众对广东省传统文化的自信。通常，岭南民俗文化节都是由广东省的省、市两级政府机构主导推动的，由本省的文化组织协办，共同探讨如何推动民间文化的传承与发展。岭南民俗文化节会主要是以文艺表演与研讨会为主，兼之多样的文化活动，增强了岭南民俗文化节的吸引力。以第六届岭南民俗文化节为例，这届岭南民俗文化节举办了精品工艺展、民俗文化进社区、非遗产项目展演、花灯灯谜会等诸多类型的活动，有效地展现和挖掘了广东省民间文化资源，并集中体现了岭南民俗文化的魅力，让越来越多的人更好地了解岭南民俗文化。

（3）非物质文化遗产保护与民俗文化活动的结合

广东省拥有众多非物质文化遗产，其中一些非物质文化遗产也可以称为广东省的民俗文化，将非遗保护与民俗文化活动进行有机结合，也是广东省开展民俗文化活动的独特之处。以在佛山市举办的"广东（佛山）非遗周暨佛山秋色民俗文化活动"为例，该活动以广东省国家级非物质文化遗产项目佛山秋色作为依托，自 2010 年开始，就在每年的金秋时节连续举办大型民俗文化活动。截至 2019 年，该活动已举办了 9 届，成为广东省重要的民俗文化活动之一。佛山秋色习俗主要是以喜庆丰收作为主题，形式比较多样，重点在于展现民俗工艺的精巧。其举办的活动大多以巡游表演与手工艺品相结合的方式开展，具有明显的行业特色和竞技性，不仅满足了广大群众的娱乐和欣赏需求，也展现了佛山市作为著名手工业城市所特有的民间习俗。2017 年，该活动邀请了国内外几十支表演队伍参加演出，并配备了多辆彩车进行巡游，演职人员的总人数达到了千人。通过举办该活动，广东居民尤其是佛山市的居民可欣赏到国内外众多优秀团队表演的节目，包括广东省周边省份表演队伍演出的节目，甚至是德国巴伐利亚的传统舞蹈。该活动集中展现了广东省的 38 个国家级和省级非遗代表项目，涉及传统的技艺、美术、医药与曲艺等多个领域，经过非遗项目传承人的亲自示范和演出，这些非遗项目得到淋漓尽致的展现。活动还设置了互动机制，面向广大民众开展"地图寻宝"活动，吸引和鼓励民众积极参与。

### 2. 文化交流活动——积极开放的形象

广东省是改革开放政策的最先试验区，经历了四十多年的改革、创新、发展，已经成为经济建设的强省，并凭借其自身雄厚的经济实力和独特的地理位置成为对外文化交流的重要阵地。广东省各级政府大力推动广东文化"走出去"的发展战略，实施和完成了许多规格高、影响力大的对外文化交流项目；在政策的推动下，广东省的文化产品及文化服务在全国甚至是在全世界中的竞争力都获得了显著提升。在 2011 年至 2015 年的五年时间里，广东省在与世界各地开展双向文化交流的过程中，共开展了 3300 余批、5.5 万多人次的文化交流活动。① 仅在 2015 年，广东省对外开

---

① 陈姝颖. 文化记忆与地方认同——以国家级非遗佛山"秋色"保护与传承为例 [J]. 佛山研究，2020（02）：26-29，61.

展双向文化交流的活动就达到了 1024 批、1.59 万人次，创下广东省对外文化交流的历史新高，并且持续居全国首位。广东省派出的文艺团队在世界各地开展文化交流活动的过程中，也起到了文化大使的作用，他们在国际舞台上唱出了广东省的"好声音"，讲述了广东省的"好故事"，传播了广东省的正能量，这对于树立和传播文化广东的新形象发挥了积极的作用。

2015 年 7 月，广东省出台了改革开放以来的首个专门针对对外和对港澳台文化工作的重要文件，进一步明确了广东省文化交流工作的短期与长远目标，有效地保障了广东省对外和对港澳台文化交流工作的开展，规范整个工作流程，保证工作快速有效地完成。为落实该文件的精神，广东省各地市积极出台了相应的文件，以进一步在广东省各地完善对外和对港澳台文化交流的工作制度，而且部分地市已取得了一定的成效。例如，广州市文广新局专门设立了文化交流合作处，这在组织上有效地保障了对外和对港澳台文化交流工作的领导管理、统筹协调。与此同时，广东省的主管部门要求广东省各地加强对外和对港澳台文化交流活动的归口管理，这在一定程度上增强了广东省各地市申报相关对外和对港澳台文化交流活动项目的意识与积极性。另外，广东省专门设立了负责开展对外和对港澳台文化交流工作的专办员、联络员制度，创建了协调对外文化交流工作开展的微信工作群。这些制度与人员的设置，对于及时发布相关信息和进行工作经验的交流，以及在此基础上营造紧密的工作氛围，都起到了重要作用。

近年来，广东省根据文化和旅游部的要求，以"欢乐春节、和谐世界"为主题，多次在春节期间开展了内容丰富的对外文化交流活动，以生动、形象的方式有力地向世界传播中华文化，在覆盖面、规模、层次和影响力等方面均获得了突破。在 2011 年至 2015 年，广东省共对外派出了170 多批、近 5000 人次的交流团队。以"欢乐春节"活动为载体，广东省将 20 多项典型且极具观赏性的广东省地方文化艺术项目推广到世界各地，并结合国外当地特色进行适当改良，以一种为容易接受的方式进行传播。这些文化艺术项目蕴含着广东精神与中国风格，在进行对外文化交流的过程中借由岭南文化有力地展现博大精深的中华文化。① 每当广东艺术团到达一个地方，"中国""广东"等关键词就会成为这个地方的热门词汇，所在国家和地区的政府领导人、使节及华人华侨也都会亲自接见演出人员，并观看艺术团的演出活动。以广东省到法国的海外省留尼汪及毛里求斯开展的文化交流活动为例，这项文化交流活动是大型综合性文化活动，已经连续坚持了 11 年之久，活动覆盖了留尼汪的好几个城市和毛里求斯的路易港区，成为当地在中国新年期间举办的规模最大的庆祝活动，甚至在当地已产生了类似国内"春晚"的效应，受到了当地民众的极大关注和欢迎。广东省对"欢乐春节"活动进行了长达 5 年的精心培育，使之逐渐成为广东文化走向世界的亮丽品牌。借助欢度春节的契机，广东省面向世界其他地区的人民全方位、多渠道、宽领域地展现了广东省的文化形象，同时向世界传播了优秀的中华文化，从而形成了一条适合于广东省的文化交流之路。在 2016 年春节期间，广东省共向全世界 11 个国家以及我国的港澳台地区开展了丰富多彩的文艺演出活动，向世界各地的人民全方位展示了广东文化形象和中华文化的风采，从而有效地提升了广东文化的国际影响力。

近年来，广东省文化主管部门结合国家的对外交流战略，积极与中央制定的文化交流战略进行配合，形成了央地合作的局面。根据文化传播战略部署，广东省除了开展"欢乐春节"活动以外，还积极主动与我国国家级的对外交流机构进行合作，成功实施和完成了一大批对外文化交流活动

---

① 宁根福，黄介农. 魔幻珠江 文化盛宴 惠民南粤 百姓节日—2016 粤港澳台魔术交流展演侧记 [J]. 杂技与魔术，2016 (04)：28-29.

项目；这些高规格、影响大的交流项目，对推动广东文化形象的对外传播起到了重要作用。例如，广东省在莫斯科中国文化中心成立和揭牌的时候，与该中心开展年度的合作，在该中心成立之初就组织 9 批共 184 人次的团队对俄罗斯进行访问，从而形成了多层次、全方位的对外文化交流局面，获得了良好的对外文化交流效应，同时向俄罗斯展现了中国特色的民俗文化。2015 年，广东省与柏林中国文化中心开展合作，年度内开展合作项目数量达到了 12 个，借助文艺演出、雕塑展、艺术展、现代舞等文化交流项目和当地的节庆活动，积极推广广东文化，促进广东与德国的文化交流，这也成了广东省依托国家级对外文化交流平台积极推动省文化项目走出去战略的成功典范。

广东省也积极与"一带一路"沿线的国家开展文化交流，依托本省已建立起来的文化品牌"广东文化周"，面向"一带一路"沿线地区的国家开展丰富多样的文化交流活动。2014 年 9 月，广东省在新加坡、马来西亚、缅甸、泰国等东盟国家举办"广东文化周"的相关活动，对推介广东省的文化发展优秀成果起到了重要作用。[①] 2015 年秋，广东省文化和旅游主管部门又到泰国、新加坡等国开展了粤剧的交流演出活动，共面向当地居民巡回演出 9 场，为他们带去了精彩的粤剧盛宴。与此同时，广东省文化和旅游主管部门与各国驻穗总领事馆开展了密切的沟通协调，面向相应国家的人民开展文化活动，2015 年开展的文化交流活动就达到了 30 项。例如，"珠三角"地区的广州、深圳、东莞、顺德等地与法国驻穗总领事馆开展合作，共同举办了名为"中法文化之春"的一系列大型活动，对中法文化双向交流起到了极大的推动作用。

在与港澳地区开展文化交流合作的过程中，各项合作工作也在稳步推进，广东省面向与港澳地区所开展的文化交流呈现了良好的发展势头。

---

① 张立敏. 南美洲的欢乐中国节 [J]. 中华文化画报, 2016 (03)：100-103.

粤、港、澳三地通过在重要的文化节日（如国际博物馆日、世界读书日、文化遗产日、香港艺术节、澳门国际艺术节等）开展相关活动，持续推动三地之间的文化交流与合作。为了高效地开展文化交流活动，三地还针对受众的个性化需求开展了丰富的品牌活动。例如，由于三地在文化上具有同源性，因而三地以此为主题，共同推出了各种舞蹈演出活动和文化成果的展出活动，包括大型舞蹈诗、现代舞、文物大展等。

广东省还面向港澳特区青少年有针对性地开展了文化交流活动，每年会定期举办文化旅行、文化艺术培训夏令营、艺术文化普及计划等合作项目，这些文化交流项目规模在几百至几千人次之间。以"粤港澳青年文化之旅"活动为例①，该活动是自 2009 年以来在文化和旅游部支持下举办的活动，到 2019 年已连续举办了 10 次，吸引了上千名港澳在校大学生参与。2019 年举办的"粤港澳青年文化之旅"活动主题是"侨乡文化，魅力江门"，举办地点在香港、澳门和江门三地。三地均有不同的文化，香港有国际化的都市文化，澳门有中西融合的文化，广东省江门有侨乡文化。其中，2019 年除了采取以往的文化参访形式进行文化交流外，还邀请学生们亲自体验了各地的文化，他们亲身感受了侨乡的古迹名胜、传统工艺、武术、曲艺、美食。

广东省除了与港澳地区进行文化交流合作外，还与我国台湾地区积极开展文化交流合作。由于许多台资企业在广东创办和运营，并且广东所拥有的客家文化、潮汕文化等特色文化与中国台湾文化存在着紧密的联系，因此广东省开展对台文化交流工作具有很大的潜力。随着广东省开放力度的不断增大以及自身经济实力的不断提升，近年来广东省与中国台湾所开展的文化交流活动日趋活跃，交流层次也持续提升。例如，2012 年广东省将"广东城市文化周"的活动带到了台北市，使得两岸的文化交流活动在

---

① 谢志强."广东文化周"的波兰之行［J］. 广东艺术，2002（04）：69-71.

中国台湾成功开展,这也是广东省文化和旅游主管部门首次独立组织的大型对台文化交流活动。广东省在此次活动中共派出 252 人赴台,所举办的活动受到了台北地区民众广泛欢迎。此外,中国台湾也面向广东省开展了相应的文化交流活动。例如,2013 年"台北文化周"在广州市顺利举办①,台北派出了由 208 人组成的演出参访团,举办多场演出、展览及交流座谈会等活动,获得了良好的举办成效。除了这些活动之外,广东省与中国台湾还举办了一系列活动,包括学生交流活动、客家山歌晚会、舞蹈交流研修夏令营、艺术交流计划、历史人物墨迹展等,为广东省对台文化交流合作打开了全新的局面。

3. 文化保护活动——真实真诚的形象

历史,是对过去的诉说,对历史的保护是对过去的尊重与缅怀,是对现代的一种警示。一直以来我国都在倡导文化保护,广东省也不例外。广东是在历史文化保护方面发展相对成熟的省份,而广州是广东省历史文化保护工作开展最早,也是发展最好的城市。早在 2002 年,广州市开启了历史文化保护的相关工作。在各界的推动下,广州市政府重新审视和启动了"广州历史建筑普查"工作,进一步修改和完善了广州市历史文化建筑与遗迹保护的相关条例与办法,使得民间文化保护工作获得了足够的重视和肯定。

在历史文化保护活动的影响下,许多广东本省的大学生纷纷在自己所在城市成立文化保护团队和组织。这使得广州的文化保护理念、经验、行动不断扩散到广东省的其他城市,主要包括佛山、肇庆、东莞、汕头、湛江、江门等,这些城市也持续掀起历史文化保护热潮。近年来,广东省的文化保护活动不断成熟,并朝向多元化的方向发展,这些活动包含了调查、工作坊、展览、分享会等众多形式。与此同时,参与历史文化保护社

---

① 粤港澳三地联合举办"粤港澳青年文化之旅"[J]. 客家文博,2012(02):7.

会群体构成越来越广泛，相关组织的成员结构日趋多样化，这些文化保护组织①大致可以分为三类：一是起源于学校内部的组织，大多是由学校的教师主导，学生参与组成的保护团队，建立在基础教育背景之下；二是以高等院校学生构成的团队，学生是主要的领导者与参与者；三是关注本地文化保护活动的社会团队，通常由从事各类职业的人员构成。在这些团队与组织的共同努力下，广东省文化保护实践取得了较好的成效。例如，2013年汕头一个文化保护组织发起了针对汕头老建筑桂园的保护行动②，获得了社会各界的广泛关注，这直接促使汕头市文化和旅游主管部门采取了相应的措施对桂园进行妥善保护。再如，2015年文化保护组织"新会本土文化"在微博平台上发出了对新会中心公园改造的反对呼声，成功发动社会各界共同促使政府暂停了对新会中心公园的改建。文化保护组织"古村之友"发动媒体、自媒体等多个方面的社会力量对梅州新区规划进行施压，迫使梅州放弃了新区规划项目，因此保护了数百座古村落。在广东开平，当地文化保护组织发起了"仓东计划"③，以保护当地的碉楼文化，同时也调动了当地村民参与社区建设的积极性。总体看来，广东省所开展的文化保护活动起到了以下重要作用。

其一，培养了社会民众认同感，唤醒了社会大众的文化保护意识，并使其积极参与信息交流反馈。

广东地方历史文化保护行动最初是为了能够唤起社会大众对广东省地方文化的认同感，从而使他们具备历史文化保护的意识。第三方组织参与

---

① 许晓云."台湾·广东周"之《孙中山与广东档案图片展览》在台北圆满展出 [J]. 广东档案, 2010, (05)：8-9.

② 陶惠娟. 社会组织参与城市历史文化遗产保护方式探究 [J]. 建筑·建材·装饰, 2021 (04)：125-126.

③ 吴文慧，陈睦锋，匡成钢，等. 汕头濠江区传统建筑文化保护探析 [J]. 韩山师范学院报, 2019, 40 (01)：51-57.

其中以后，这些社会组织与团队通过开展丰富的历史文化知识普及教育活动，在一定程度上增加了社会大众对文化保护专业知识的了解，使他们具备了基本的文化保护意识，而社会大众在积极参与文化保护行动的过程中，也逐渐树立起了自身在城市建设中的主人翁意识。古城和建筑也是一种社会现象，它能够从各个侧面反映城市某一发展阶段政治、经济、文化方面的变化。通常来说，这类文化保护活动在形式上比较简单，活动的准入门槛并不高，因而这类活动通常有比较高的公众参与度。具体来看，广东省文化保护的相关活动主要有三种形式。

第一类是展览、MV 拍摄等视觉观赏性较强的活动。例如江门市新会区曾为抢救冈州中学旧址，拍摄了微电影《冈州往事》，该影片以冈州中学被拆事件作为故事背景，引出了曾经发生在民国冈州中学的爱情往事，通过故事叙事与当代文化事件进行联系，反映了当代年轻人对广东省本土文化的积极关注。[1] 2016 年，文化保护组织"古村之友"发起了名为"过年回家看古村"的活动，以有奖征集的方式呼吁大学生群体通过摄影、摄像和设计网页等多样化的方式，主动挖掘与古村文化相关的题材，包括古村建筑或古村美食、非遗文化等，以此作为话题，将自己的故乡之美以当代的方式保留下来，并在网络媒体平台上广泛传播。

第二类是讲座、公众分享会等灵活的课外教育活动。[2] 例如潮州的"四点金古建筑兴趣小组"充分利用了读书活动的形式，对潮州古建筑知识进行了包装，以通俗易懂的方式重新介绍，并以自媒体形式面向社会大众进行展示，从而建立起了一个便于社会各界广泛参与的平台。此外，以

---

[1] 谭金花. 遗产保育视野下的乡村建筑保护与社区营造实践——以广东开平"仓东计划"为例 [C] //中国居民建筑学会. 第二十三届中国民居建筑学术年会论文集. 北京：中国建筑工业出版社 2018：260-264.

[2] 李诗奂. 广东粤语的发展及岭南文化的传承和保护 [J]. 学术评论，2012 (03)：103-108.

广东本土文化保护为主要宗旨的"广州湾青年会馆"开展了广州湾书墟的"壹书壹会"活动，该活动自 2014 年 8 月起转变为日常举办的常规活动。该活动有主讲嘉宾，并面向社会大众开展，为社会大众提供一个能够进行阅读分享和交流的良好平台与空间。

第三类是能够给予人们动态体验的城市导赏活动。既有由民间组织发起的针对当地文化的公益导赏活动，如旨在引导人们体验佛山当地文化的"发现大佛山"活动，带领参与者参观澜石明代的祠堂群落、寻找当地的古建筑群、寻访乐从沙窖古迹等①；也有由专门的文化营销策划机构开展的商业性导赏活动，例如由锦时夜行文化传播工作室所开展的相关活动，包括针对开平、潮汕、江门等地的地方文化开展的体验活动，帮助参与者深度考察和体验当地的美食文化、历史风貌。

近年来，随着社会大众对广东本土历史文化参与和保护意识的不断加强，参与文化保护活动的方式也由以往单纯的知识摄入与汲取，逐渐转变成意见主动的表达，出现了诸如"扫街"、口述史、设计工作坊等众多形式的活动。通过这些活动，第三方组织有了更多与公众接触的新机会，得以收集广大民众对本土文化保护的态度、观点及其偏好等重要信息，从而为公众表达自身的意见与建议提供了良好的渠道。通过这种双向的沟通交流渠道，社会大众得以突破自身的知识水平、信息渠道、社会身份等方面的限制，借助第三方组织发出自己对于本土文化保护的声音。

其二，在社会大众与政府之间建立起了针对文化保护的对话机制，社会大众参与文化保护的方式也由从前的"倡议式"参与方式，逐渐转变为积极的"督促式"参与方式。通过建立对话机制，社会大众与政府之间能够更加及时有效地沟通保护状况和建议，从而提高文化保护的有效性。

---

① 黄耀丽，李凡. 历史文化名城整体视觉形象及其空间结构研究——以佛山旧城改造为例 [J]. 城市规划，2005（08）：88-92.

通常来说，在政府针对当地历史文化保护政策进行决策与实施的过程中，社会大众能够参与到政府决策之中，主要体现在意见征询、监督反馈这两个环节，这也是大众与政府之间开展对话的主要途径。但在面对拆除某些历史建筑，或制定当地的历史文化保护规划过程中，虽然政府也会在其官方网站或重要媒体上对这些决策信息进行相应的公告、公示，并借助听证会、论证会等多种形式，收集社会各界对于政府重大决策的看法建议，但社会大众的参与积极性通常并不是特别高，在以往对于历史文化街区进行更新改造的过程中，我国各地通常缺乏有效的监督机制，针对更新改造行为的监督完全依赖社会大众的"自发性"与"自愿性"，这种监督效果的效率低。

而第三方组织的介入，为在政府与社会大众之间建立起良好的沟通与对话桥梁，提供了新的途径。第三方组织面向社会大众对政府的政策或规划进行解读、公开讨论，可以有效增加社会大众对政府政策或规划的了解，从而将官方的意图及其所要传递的信息及时、有效地传达给社会大众，广泛收集社会大众提出的意见与建议，并将信息通过各类渠道公之于众，让媒体、政府和社会大众积极关注与此相关的信息，进而让社会各界都积极、有效地参与其中。不断发展成熟的第三方组织在政府保护历史文化过程中发挥的监督作用越来越大，这些组织也逐渐由以往的"倡议式"参与方式，正朝向"督促式"参与方式积极转变，使那些以往被忽视的历史文化保护项目获得政府更多的关注。而在广东，随着各类环保组织和相关人士的关注和积极发声，对历史文化保护的开发及其相关决策施加了社会舆论的压力，从而监督地方政府在历史文化保护过程中充分考虑社会大众的历史文化保护需求和愿望。

4. 文化普及活动——正面生动的形象

文化形象的塑造，离不开文化实践，这种实践最直接、最广泛的行为就是宣传普及。一直以来，广东宣传思想文化战线都注重加强理想信念教育，培育和践行社会主义核心价值观，坚持弘扬以爱国主义为核心的民族精神和以改革创新为核心的时代精神，发扬敢闯敢试、敢为人先、埋头苦干的精神，激励干部群众勇当新时代的"拓荒牛"。文化普及工作要注意以下四个方面。

一是坚持刚性供给与多元需求相结合，深入开展马克思主义，特别是习近平新时代中国特色社会主义思想的学习教育。通过创新工作方法、传播方式和话语体系，实施精准化、对象化、分众化传播，抓好理论宣讲、百姓宣讲，以新时代文明实践中心（所、站）等为主阵地，形成百姓宣讲大网络，把思想理论宣讲工作的触角深入最基层。把坚持马克思主义同弘扬中华优秀传统文化有机结合，通过举办各种文化传播、社科普及活动，出版各类书籍和影音作品，把马克思主义的立场、观点、方法用于分析中华传统文化，在观念、制度、物质、风俗习惯四个层面巩固马克思主义意识形态指导地位，不断提高人民思想觉悟、道德水平、文明素养，不断铸就中华文化新辉煌。

二是坚持价值引领与实践养成相结合，持续深化社会主义核心价值观教育。通过加快推进文明行为立法，运用法治手段向社会传导正确价值取向，对社会关注度高的不文明行为进行规范和约束，不断提升公民文明素质和社会文明程度。深入开展公民道德建设工程，在全省各级广泛开展身边好人、道德模范、最美人物评选活动，选树最美医生、最美教师、最美志愿者、最美家庭等行业和社会先进典型；大力开展精神文明创建行动，在全省范围内深入推进出租汽车文明服务拓展、高速公路沿线环境优化、餐饮行业文明诚信服务、农贸市场综合治理、文明村镇创建提质、乡村文明实践志愿服务提升、基层公共文化服务提升、传承弘扬好家教好家风、网络文明促进等精神文明创建"九大行动"，把文明创建融入社会生活各方面，推动形成适应新时代要求的思想观念、精神面貌、文明风尚、行为规范，推进"五育并举"和"三全育人"相结合，加强爱国主义教育，深化中国特色社会主义和中国梦宣传教育，大力弘扬以爱国主义为核心的民族精神和以改革创新为核心的时代精神，把爱国主义教育融入宣传教育全过程各环节，把培育和践行社会主义核心价值观作为凝魂聚气、强基固本的基础工程扎实推进。

三是坚持满足文化需求与培育人民精神力量相结合，繁荣发展社会主义文化。广东得风气之先，多次引领中国革命、建设、改革的时代潮流，涌现大批革命烈士、英雄人物、先进劳模，无形之中，也为中国共产党人精神谱系留下了鲜明的南粤印记。比如，整个革命战争年代，海陆丰坚持红旗不倒，孕育出被学术界总结为"敢为人先、创新变革、坚定忠诚、百折不回、无私奉献、一心为民"的海陆丰精神；抗日战争时期，孤悬敌后的广东抗日军民，在中国共产党的领导下，从无到有，建立起了华南抗战主力部队之———广东人民抗日游击队东江纵队，铸就了"忠心向党、赤心为民、不畏艰险、不懈奋斗"的东纵精神；社会主义建设时期，"南粤红旗渠"的长冈坡渡槽建设者们敢想敢做，知难不退，靠着肩挑人扛、钢钎铁锤、人力车等土办法、土工具，仅花费 500 多万元，筑起一条全长 5200 米的"人工天河"，其精神被概括为"敢为人先、艰苦奋斗、善于担当、一心为民"的长岗坡精神。此外，还有改革开放时期主动向中央请缨，为改革开放探路的担当精神；涉险滩、破坚冰，攻坚克难的开拓精神；大胆地闯、大胆地试，敢为天下先的创新精神；敢于斗争、"杀出一条血路"的拼搏精神；不计得失、甘当"人民勤务员"的为民精神；等等。利用庆祝建党 100 周年的契机，加强红色革命文化宣传教育，更好传承红色基因，激发爱党爱国之情。立足新时代，继续弘扬新时代精神，大力宣传新时代改革者、创新者、创业者、建设者典范。

四是坚持讲好成就故事与彰显制度优势相结合，用老百姓身边可感可知的点滴变化，形成多媒体参与、立体化呈现的宣传声势。充分开展"南国书香节""文明三下乡""社会科学普及周""文化基层行"等多种活动，利用"广东百姓故事"微信公众号等新媒体，以"讲故事"的形式开展线上宣讲活动。还可以充分利用报纸、电视、广播、网络等媒体资源，广泛宣传报道，用人民群众的切身感受，反映新时代的伟大成就，教育引导广大干部群众特别是青少年坚定"四个自信"、做到"两个维护"。同时，大力推动粤剧、广东音乐、岭南美术、中医药、武术等"走出去"，成功举办"魅力中国——广东文化周""感知中国——广东文化世界行"等大型活动，有效扩大了中华优秀传统文化、岭南文化的国际影响力。我们积极开展主场外宣，圆满举办粤港澳大湾区媒体峰会、"21世纪海上丝绸之路"中国（广东）国际传播论坛、"读懂中国"广州国际会议等重大涉外活动，向世界讲好中国故事、广东故事。

（二）广东精神文化形象——先进大众的形象

地域精神是一个区域凝聚力、向心力的源泉，是本区域文化和文明的浓缩。地域精神反映民众的精神风貌，同时对民众的行为具有导向、激励、塑造、规范的作用。地域精神形象是地域文化形象塑造的灵魂，是该地域视觉形象和行为形象的"内核"和原动力，主要包括发展定位、内在精神、主流价值观、思维方式、人文风尚等。通过充分挖掘该地域的历史积淀和文化底蕴，可以很好地提炼地域精神，从而为地域文化形象塑造注入"血液"。

广东有着深厚的岭南文化积淀和革命文化的传统，这是今天进行文化强省建设极为宝贵的资源。广东人民独特的精神品质由岭南文化塑造而成，体现为"开放、务实、兼容、创新"的精神；在改革开放开启之后，广东的传统文化和革命文化，发挥了极为重要的作用，助力广东成为全国改革开放的排头兵，形成了"厚于德、诚于信、敏于行"的精神；在新时代文化强省建设中，充分弘扬这些优秀的历史文化传统和革命传统，与时代相结合，推陈出新，形成了"敢为人先、务实进取、开放兼容、敬业奉献"的精神，成为广东人民为社会主义现代化建设奋斗的时代精神力量。可见，无论在哪个时代，广东精神文化始终包含着一种走在前列、大众平和的形象感，也正是这种谐和万方、前沿动感的形象一直推动着广东成为全国政治、经济、文化的重要阵地。

1. 传统下的广东精神文化形象——开放、务实、兼容、创新的形象

岭南文化是广东文化最鲜明的底色和基石，主要包括三种。一是固有的本土文化。正如黄河流域、长江流域一样，珠江流域是中华民族文明的发祥地，这里地处亚热带五岭之南，依山傍海，河汊纵横，生活着古百越族先民，从早期的渔猎文明、稻作文明到后来的商贸文明，都离不开江海水运。喜流动，不保守，这些明显区别于内陆文明或河谷文明的特点最终孕育形成了南越文化本色。二是南迁的中原文化。秦汉以后，岭南统一于中华，修灵渠、开庾岭，岭南与中原的交流日益密切，先是屯军贬官，更有几次战乱的大量移民，强势而先进的中原华夏文明犹如"韩潮苏海"席卷珠江，进而构成岭南文化的主体，其中既包括后来形成的广府文化，也包括客家文化。自秦汉平定岭南之后，大批中原移民先后进入岭南，中原文化与当地南越、西瓯、百越文化不断碰撞、交流和融合，成为广府文化的渊源。"客家"是汉民族民系中的一支，故客家文化是以中原文化为母体的，它继承了中原汉族的文化基础，在辗转迁徙到岭南地区定居后艰苦创业、繁衍四方的历程中，吸收和融合了本土的文化而逐渐形成和发展起来。三是舶来的域外文化。秦汉以来，海上丝绸之路开通，岭南作为始发地甚至是唯一通商大港，一直是中外文化交流的平台，东西方的商业文化、科技文化、宗教文化、政治文化都从这里登陆引进，近代以来其势更

甚。外来文化给岭南文化注入新活力。从历史看，广东面临大海，一直是中外通商的重要港口，广东是海上丝绸之路的发祥地，与外界联系早，接触世界各地新事物、新思想多；从古代到现代，广东人移居海外的人数众多，据有关方面统计，我国在世界各地的几千万华人华侨中，祖籍广东的占一半以上，所以岭南文化中有丰厚的海洋文化基因。

正是因为海洋文化向外拓展的传统，塑造了广东求真、务实和兼容的人文品格；也正是移民文化多元融合的特点，造就了广东人的开放观念和阔达胸怀。在开放、务实、兼容的基础上，广东人有了勇于创新的底气。因为如果不开放，思维就打不开，无法形成全新认知和视角；不务实，就成了空谈，不能落到实地上；不兼容，就没有一种气度，不能容纳不同的事物、文化，无法实现自己的创新。

2. 新时期下的广东精神文化形象——厚于德、诚于信、敏于行的形象

广东省第十一次党代会报告指出，建设幸福广东必须突出文化引领。要以建设文化强省为目标，深化文化体制改革，加快完善公共文化服务体系，繁荣文化事业，壮大文化产业，积极动员和引导社会力量参与文化建设，充分保障和满足人民群众的精神文化需求。大力弘扬岭南优秀文化传统，发挥优秀传统文化在民众生活和社会治理中的积极作用，大力宣传和实践"厚于德、诚于信、敏于行"的新时期广东精神，这也是对岭南文化背景下广东精神的继承和发展。

"厚于德"来源于厚德载物，出自《周易》中的卦辞："天行健，君子以自强不息；地势坤，君子以厚德载物。"这种精神主要在于传承和弘扬优秀文化，是广东精神的来源和基础，也是精髓所在。厚德载物作为中华美德的一种概括，是指道德高尚者能承担重大任务，也是指有德行的君子应该以深厚的德行来容载世间的万物，这是广东近代以来的真实写照。实际上，"厚于德"体现在对新思想和新事物的开放包容上，体现在不同

族群的相互包容和接纳、和谐发展上，体现在乐善好施、乐于奉献上。

"诚于信"出自《逸周书》："成年不尝，信诚匡助，以辅殖财。"诚信就是从这里来的，诚是诚恳，信是言行一致。千百年来，诚信被中华民族视为自身的行为规范和道德修养；在广东改革开放和市场经济发展中，诚信发挥着重要的作用，体现了广东的时代精神。广东省委、省政府通过承诺"民生"、抓好"民生"，有诺必践，树立了诚信执政的良好形象，各地各部门也采取种种措施弘扬并践行"诚于信"，政府、社会、企业、个人都行动起来，各项诚信教育与实践正如火如荼地进行。例如，广东省委宣传部启动"广东十大诚信企业"评选活动，一大批企业踊跃报名，争做遵纪守法、诚信经营、承担社会责任、建设幸福广东的先进典型；"诚信广东大家谈"活动反响强烈，专家学者与公众热烈讨论如何扎实推进社会主义核心价值体系建设、加强公民道德建设和诚实守信宣传教育。

"敏于行"出自《论语·里仁》篇"君子欲讷于言而敏于行"，意思是君子的修养要尽力使自己做到话语谨慎，做事行动敏捷，这也是岭南文化最明显的特质。广东在海洋文化的影响下，受西方自然科学和商品经济的影响，逐渐形成了经世致用的价值取向和敏于行的精神，在思维上求真务实，善于把握发展先机，把先进的思想及时转化落实到行动上，注重实行；在行动上敢为人先，勇于探索，先行先试，以务实的作风和实干的精神创造了市场经济奇迹，为改革开放杀开了一条血路；在作风上灵活变通，每当面临重大历史转折、面临重要历史使命时，广东人总能及时把握和顺应时代潮流，解放思想、更新观念、解决难题。

3. 新时代的广东精神文化形象——敢为人先、务实进取、开放兼容、敬业奉献的形象

新时代的广东精神是岭南文化在改革思潮中的焕发。《广东省建设文化强省规划纲要（2011—2020 年）》指出，要大力培育以社会主义核心

价值体系为灵魂、以岭南优秀历史文化传统为底蕴、以现代文明素质为特征的新时期广东人文精神。大力弘扬广东人在改革开放和社会主义现代化建设中形成的敢为人先、务实进取、开放兼容、敬业奉献的精神品质，在全社会广泛开展"创新、创业、创造"教育，为新时期广东人精神增添新的元素。

敢为人先、开放兼容是广东精神文化形象中最独特品格。岭南文化中的重商传统使得广东人在激烈的商业竞争中，不能有保守狭隘的小农思想，而是要有更多竞争进取的精神，能够敏锐地把握市场信息，这更助推广东成为改革开放的排头兵、先行地、实验区，创造发展奇迹。中华人民共和国成立 70 年，特别是改革开放 40 多年来，广东谱写了经济总量、地方一般公共预算收入、外贸进出口总额、社会消费品零售总额等连续 30 多年全国第一的亮眼成绩。2018 年，习近平总书记在广东考察时强调："广东要弘扬敢闯敢试、敢为人先的改革精神，立足自身优势，创造更多经验，把改革开放的旗帜举得更高更稳。"广东作为中国几千年以来对外贸易的窗口与海上丝绸之路的起点，具备特殊的地缘优势，是中国与外国之接触最早、人民知晓外情最多的地方，这塑造了广东开放兼容的文化特质。这种文化特质让广东一次又一次成为历史舞台上的重要角色，不仅使得近现代革命斗争中涌现提出"师夷长技以制夷"的林则徐和魏源、推动维新变法的康有为和梁启超、确立"三民主义"并发动辛亥革命的孙中山等一大批最早开眼看世界、站在斗争前列、探索救国救民之路的仁人志士，也在漂洋过海闯世界、拼搏创业或沿着海上丝绸之路进行国际商贸过程中涌现兴办张裕葡萄酒公司的大埔籍华侨张振勋、开创中国留学教育先河的珠海籍华侨容闳、"中国航空之父"恩平籍华侨冯如等一大批著名华人华侨先驱，对中国近现代文明发展做出突出贡献。

求真务实、敬业奉献是广东精神文化形象中最坚实的内核。从历史上看，广东偏于一隅，权威与大众并进，民间累积的智慧和力量朴素诚恳，更具说服力。广东人更信任朴拙的常识而不是玄妙的理论，更信任现实的检验而不是言辞的狂想。人们更习惯于从自身出发，有一种自然自在、坦然诚恳的态度，更相信自己的眼睛而不是别人的嘴巴，这种求真务实的朴素价值观念，正好契合了改革开放时代"解放思想，实事求是"的思想路线，这种贯穿饮食起居、投资决策、自我认识、社会图景的真性情，推动广东人在改革开放的前沿阵地上，探索出了一系列的成功经验。所以才有了最早破除唯政治思维的障碍，提出尊重经济规律口号的勇气与胸怀，才有了广东在发展的道路上不拘一格，率先尝试贷款修路、收费还贷的价值与信念。正是这种求真务实的品格，促使广东人一直秉承敬业奉献的精神，涌现一大批敬业爱岗、无私奉献的"广东好人""最美奋斗者"。在2003年的非典疫情中，多少人奋战一线，倾心忘我，争当防疫抗疫排头兵；在亚运会、青运会等国际国内赛事中，多少人团结协作、共同努力、默契配合，留下体育辉煌成绩；在自己普通的岗位上兢兢业业，做出应尽努力的普通人，如因公殉职的向秀丽、麦贤得、彭加木等，都是广东精神的标杆和代表。

# 第三章　广东文化形象传播概述

## 第一节　广东文化形象传播的驱动力

地域文化在地理学领域通常是文化研究的重点研究课题之一。我国的地域文化一般可以分为三类，分别是海洋文化、大河文化和陆地文化。由于广东省境内有珠江流过且位置临海，因而广东文化同时具备了海洋文化和大河文化两类文化的特征。一方面，广东省是海上丝绸之路的起点，本土文化与外来文化之间的交流往来甚密，造就了广东文化兼容并包、多元统一的特点，并且这种特点伴随至今。另一方面，我国大河文化在发展的过程中，其发展中心经历了数次迁移，由最初的黄河文化（中原文化），转到了长江文化（江南文化），再到后来的珠江文化（岭南文化）。美国学者克莱德·伍兹（Clyde Woods）指出，变迁是人类各类文化和社会制度的共性现实，也是一种永远存在的现象。可以说，文化的嬗变是其发展的常态。自近代以来，外来文化通过海上丝绸之路传入中国，其最初到达的地方就是南粤地区，激发了岭南文化的发展活力。在此过程中，大量的历史人物、事件逐步影响了岭南文化的发展进程，岭南文化发生了一系列更具广东特色、广东风格的嬗变，最终形成了独特的广东文化形象，这一形象也受到多种因素的影响，是因素间相互作用的结果。

## 一、地缘优势的驱动

广东独特的文化形态，与广东省所具有的特殊地缘特征是密不可分的。南粤在地理上因为偏于东南一隅，背依五岭，受到"珠三角"地区四面环山的地势阻隔，跟中原政治、经济、文化中心都有比较远的距离，与中原地区往来受到制约，因而在古代很长一段时间里较少受到中原主流文化的影响，在空间上形成了一个相对密闭的空间，反而少了因循守旧、按部就班的基因，多了灵活机动、敢作敢为的传统，百越文化、闽南文化及其周边区域文化在此融会贯通，从而孕育了独特的岭南文化。同时，广东地处沿海，自古以来就是中国对外交流、开放的重要门户和通道，中外文化在此不断冲突、交流和融汇，尤其是近代以来大量吸收西方等外来文化，涌现了大批的启蒙思想家，如容闳、何启、胡礼垣、郑观应等，兴起了"西学东渐"与资产阶级思想启蒙运动，使广东文化屡屡领风气之先，在中华文化现代化进程中充当先锋队、排头兵与主力军的角色，逐步形成了大陆性与海洋性交融的文化品格。

中华人民共和国成立后，优越的区位条件和得天独厚的粤侨商脉，成为广东文化"走出去"独特的地缘和人文优势，广东文化的传播迎来了新的机遇。不仅把丰富而独特的岭南文化宝藏作为广东特色文化发展弥足珍贵的文化资源，更充分利用华侨众多的优势，把华侨文化与岭南文化相结合，进行新岭南文化建设。改革开放以来，港澳两地的经济、文化、资讯、人才都源源不断地传入广东，港澳两地独特的体制所形成的文化特性对广东文化及其形象的形成产生了极大的影响，并且广东南向与域外诸国通商，与异质文明互通，外来血统使文化拥有了杂交元素，形成了"兼容

务实开放""讷于言敏于行""敢为天下先""杀出一条血路来"的独特
文化。

总的来看,粤港澳三地在空间上的邻近性、语言上的一致性、人文气
质上的相似性、经济上的密切关联性以及血缘上的联结性,都使得广东省
有条件挖掘自身独有的文化资源,发展出自身独特的文化品位和文化氛
围,产生独具一格的文化形象。

### 二、经济因素驱动

经济学认为,经济是人类社会的物质基础,是构建人类社会并维系人
类社会运行的必要条件。经济基础决定上层建筑,文化就是上层建筑的一
部分,它决定了经济社会的发展。文化不能脱离经济社会发展而独立存
在。可以说有什么样的经济社会发展状态,就有什么样的文化。在国家竞
争、集团竞争、个人竞争中,文化发挥着越来越重要的经济作用。随着经
济的快速发展以及人类物质生活水平的提高,人们的精神需求也变得越来
越强烈,人们已经不再局限于对物质的需求,而是转变为对精神文化的需
求,这就迫切需要提供更多更好的文化产品和文化服务。这些文化产品和
文化服务是当地文化形象的具体表征。在世界经济一体化和信息网络快速
发展的大环境下,文化以碎片化形式输出无法满足人民的精神需求,只有
利用好丰富的本土文化资源,制作符合大众需求的文化产品和文化服务内
容,孕育代表地域特点、符合地域发展的文化形象,才能更好地实现文化
输出,更容易被其他地域的人们所理解和接受。塑造良好的文化传播形
象,对吸引外资和旅游资源、提升本土经济活力、提升地区知名度等具有
重要意义。

经济和科技的发展,让南粤五岭不再有阻隔,海上丝绸之路的开拓让
广东成为改革开放的前沿。作为改革开放的先行地、实验区,广东省在营

商环境、科技创新、互联网经济、品牌铸造等方面都走在了前列。2013年，广东省经济实力已超过亚洲的新加坡以及我国的香港等地区。2018年，广东省的 GDP 总量位于全球第 13 位，领先于澳大利亚、西班牙、荷兰、瑞士等一众发达国家，仅仅略低于韩国。2019 年，广东成为中国史上首个经济总量突破 10 万亿的大省。这一切足以说明广东经济实力的强大，而这种强有力的经济基础，为文化的发展创造了有利环境。根据经济发展的一般规律，经济增长必须不断地拓展市场的广度和深度，这种拓展具有较强的创新能力，能够不断发现新的领域，不断衍生新的产业，不断更新、引导新的市场需求。广东文化形象传播附着于经济发展，经济中的资本、技术等元素，为文化形象传播开拓了广阔的空间。随着社会生产力的发展和科学技术的进步，文化传播的方式不断变化，传播的速度越来越快，范围越来越广，效果也越来越明显。

### 三、政治环境的驱动

1978 年，改革开放政策打开了中国走向世界的大门。改革开放最早从沿海的广东等地开始实施，这也奠定了广东作为改革开放前沿阵地的重要地位。党和国家自 1979 年以来为沿海省份提供了特殊、灵活的发展政策，这使得广东在全国改革开放中具有了先行优势，获得了飞跃式的提升，也使广东的政治面貌呈现新气象。在区域发展中，经济、政治与文化之间的关系向来是相辅相成、相互依存的。在地区经济发展后，相关基础设施建设水平提升，而且人际交往越来越密切，这些都为区域政治的发展创造了有利条件，当地民众有了更多参与社会事务的机会与意识。较其他地区而言，广东这个经济相对发达地区的民众政治意识、公民意识更加强烈，对新鲜资讯的接收也更快。文化形象在这种条件下更易形成，更易传播，而且文化形象传播的社会媒介在这种自由宽松的政治环境下，获得足够的发展机会，从而呈现繁荣的发展景象。

20世纪80年代以来，改革开放政策、宽松的政治环境为广东文化的发展开辟了广阔的发展空间，而在政治上日益兴起的公民意识为广东文化发展注入了强大的精神动力。广东在港澳台地区文化的影响下，以及在本地经济发展的推动下，其文化需求获得了丰富的发展养料。逐渐兴起和发展的地域文化，由广东扩散到全国，带动了全国范围内这种独具特色的文化传播和发展。

进入21世纪以来，广东省各级党委、政府均投入了大量精力，推动广东文化的发展。广东文化的发展理念也由以往的"文化大省"，逐渐发展成当前的"文化强省"，这使得广东文化形象传播获得了更有利的条件。在这种政策基调下，提升全省人民的公民素质，打造具有本地特色的文化精品，实现公共文化服务均等化，实施广东文化"走出去"战略，加大高端文化人才培养和引进力度等一系列措施相继出台与实施，又成为广东文化发展的新动力。

### 四、文化传统的驱动

广东文化形象是指能够体现广东风貌与特质，代表广东文化和底蕴的文化元素集合体，包含广东的历史文化、人文特质、生活方式、思维方式、价值准则等，是广东文化在认识主体中的总体感知印象。这一文化形象的存在离不开岭南文化生态圈的影响和牵引。岭南文化具有三大源流，分别是本土的南越文化、南迁的中原农耕文化以及由海外传来的外来文化。从地域上讲，岭南文化又分为广东文化、桂系文化和海南文化三大块，广东文化又分为广府文化、潮汕文化、客家文化，以及一些其他的分支文化，包括禅宗文化、海洋文化、侨民文化、雷州文化等，其中以广府文化、潮汕文化、客家文化为主体。广东文化经历了数次演变，形成了自身特色，具有平实无华、包容开放、重商进取、多元大众等特点。①

第一，从历史角度来看，因为有着相对封闭的地理位置，而且经济社会较中原地区落后，所以广东在很长时间内被中原地区视为蛮夷和流放之地。在崇山峻岭的阻隔之下，广东文化的发展要远远滞后于中原地区。同时，广东地区的气候属于亚热带气候，在未被开发之时，此地被原始植被所覆盖，毒蛇猛兽常常出没，而且瘴病湿病发生的频率要远高于中原地区，这使得广东文化具备了实用性、冒险性等特点。正是因为广东文化的影响，广东地区的人民形成了勤劳勇敢、充满朝气与活力、富有开拓创新精神的性格。我国近代最早一批思想者与活动家大多来自广东。他们在思想上先进，在行动上敢为人先。尤其是鸦片战争爆发后，广东地区涌现了许多对中国历史进程起到极大推动作用的人物，包括虎门销烟的林则徐、太平天国的洪秀全、戊戌变法的康有为和梁启超、辛亥革命的孙中山等，这些近代著名历史事件中的风云人物受广东文化的影响和催发，无不开一代风气之先。

第二，从区域优势来看，广东在地缘上具有滨江、临海等独特的优势。秦代以后，来自中原地区的大量移民先后到广东定居，从中原地区带来了先进的耕作技术，极大地加强了广东地区与北方中原地区的文化交流。此后，广东与其他地区的河运运输通道也被打通，广东省域内流经的珠江此后可直接与江西、湖南、广西等周边地区通航。到了唐代，大庆岭路被打通以后，广东的水陆交通均与中原地区实现了衔接，这使得广东与中原大地的经济交往越来越频繁。唐代成立了岭南道，正式标志着岭南首次被划归到了中国的最高级别行政区划之中。唐代所设立的岭南道治理中心就在今天的广东省省会广州市，从此以后，广东省也逐渐成为古代"海

---

① 夏宝君. 基于受众认知的区域文化形象对外传播策略研究——以广东为例 [J]. 东南传播，2021（03）：75-77.

上丝绸之路"的起点，更成为海内外各类文化交流的前沿阵地与中心地带。除了河流文化外，海洋文化也是广东文化显著的特征之一。广东地区的人民自古就有在海上从事相关活动的习惯。因此，古代的广东人常常在海上扮演着各种角色，这些角色涵盖了商人、海盗、渔民、使团、军队等。无论扮演何种角色，他们都是辉煌的海洋文化中毋庸置疑的主角，也正是在这种多元的文化交流环境与氛围之中，广东文化逐渐发展出开放化、国际化、兼容并蓄的形象特征。

第三，与周边岭南文化地区相比，广东省的经济发展水平要相对高得多，本地的居民生活较为富庶。作为社会主义市场经济发育较早的经济型城市，本地居民更加关注人本和个性，从文化上体现的特点就是重视"实用"。这种"经济人"人格的实用主义成为广东民众的一大价值观念。广东文化还有一大特点是关注"大众"，例如，在粤菜众多菜品之中，不仅有燕翅鲍鱼这些高级、昂贵的食材，也有煎堆、牛杂、双皮奶等大众小吃；不仅有高档酒肆、私房菜，也有茶楼、汤馆等普通居民就能消费得起的场所。也正是在这种大众文化观念的影响下，广东大众消费盛行，并因此构建了影响广泛的"公共空间"。这种强调人本主义的市民生活休闲方式，推动了广东省特有的市民文化兴起与繁荣。在广东地区，民众都愿意积极参与公共事务，具有比较强的公民意识，强调个体之间的平等，这些文化意识形态均构成了独特的广东文化，使得当代的广东文化具有通俗性强、普及度高、大众化浓的形象特征，这也为广东省培育大众消费市场和受众提供了强有力的文化支持。

### 五、大众传媒的驱动

优秀的文化只有在公众间进行传播才能够发挥其真正的价值。借助一定的媒介传播文化，对提高文化影响力具有积极的推动作用。文化与传播之间的关系可以说是相互依存，这种关系就如同一枚硬币的正反面，传播的内容之中必然包含文化元素，而文化的形成与发展离不开传播这一重要途径。可以说，人类社会的文化历史在某种程度上是一部文化传播史。

工业革命推动了科学技术迅猛发展和极大进步，将散落分离的乡村人口释放到更为先进、更加繁荣和密集的城市之中。人口的集中产生了"大众"这一概念。互联网技术是信息传播的有效途径，近年来，随着信息技术的不断增强，自媒体平台也随之兴起，信息的获取变得更加容易。随着时间的推移，演变出"大众传媒"一词，是指以各式新闻传播工具为媒介传递新闻信息的方式的综合。大众传媒逐渐成为社会系统的重要组成部分，但它并不完全依附在整个社会系统上，而是相对独立存在的：一方面，文化只有借助于传统或创新媒介才能传播给大众；另一方面，传播活动的顺利开展与推进，所依托的环境是整个文化生态环境。在这个过程中，传播活动必须遵循整个社会的基本准则与发展规律。

在现代时代背景下，诸多新的国际政治、社会、文化现象中可见到社交媒体的深刻烙印。在当今信息化、数字化时代，知识经济席卷全球，社会各界对知识、信息、文化有着巨大的需求，在人、财、物等经济、社会资源的支持下，传媒推动文化形象广泛、高效地传播。传媒发展到什么程度，与其所在地域的经济社会发展水平是紧密相关的。以传统的纸媒报纸为例，其在归属上首先是属于所在城市的，因而其报道的内容通常以所在城市为主，其次才是面向全国的、世界的。正如唐绪军教授在《中国报业四十年的改革发展之路》中所写到的：中华人民共和国成立至今……报业经历了发展到衰落，再到转型、融合发展，几经波折。1960 年我国报纸总数为 392 家，到 1965 年全国报纸数为 413 家。2013 年，中国大陆地区共出版报纸 1915 种。随后在新媒体的冲击下，纸报很快进入衰落期。在这种情况下，不少报刊开始尝试业务转型与融合，进而有了新的发展。无论传媒以何种形态出现，其承载的内核都是经济社会发展的现实情况和文化发展的趋势。

也正因为如此，在对传播、媒介与文化进行研究时，应当将三者视为一体，在对文化形态嬗变过程进行分析的过程中，对传媒的重要作用给予足够的关注。从这个意义上讲，广东地区的传媒与广东文化具有紧密的关联性，具体表现在两个方面。一方面，广东文化对广东地区媒体的结构、内容和形式产生了深远的影响。广东文化为媒体传播提供充足的题材，地区范围内社会形态的变化也对媒体话语、技术和格局具有重要影响。另一方面，媒介的传播力能够对广东文化的发展产生巨大作用，这主要体现在对城市生活空间、各方利益结构、政治权力机制、地方文化面貌等方面产生的影响。相应地，在传媒的内部可以分为不同的子系统，按媒体的类型划分，可以分为纸媒、影视、新媒体等，这些不同的媒体具有一些共性特征，组成了整个媒介系统，但这些不同的媒体又具有自身的特征，它们对于文化的传播、发展所起到的作用是存在差异的，这种差异体现在媒体的作用方式、职能等方面。

## 第二节　广东文化形象传播环境

### 一、传播主体

文化形象传播通常由四个主体构成，分别是政府、非政府组织及其代表、公民个人与民营单位。这四类不同的主体在文化形象传播过程中所发挥的功能与作用是不同的。

（一）政府及其代表

在文化形象的传播过程中，政府是重要的传播主体，政府发挥着对文化发展的服务与引导职能，具体扮演着文化活动的授权者、服务者、引导者、监督者等角色。与其他社会组织相比，政府因其所拥有的权力与权威，在文化传播过程中可以通过制定相关文化发展政策或颁布法令，对辖区内相关文化活动或文化产业给出强制的规定，以确保所建立的文化形象是良好的，因而政府更多地扮演着"把关人"的角色。例如，广东省政府于 2010 年颁布了《广东省建设文化强省规划纲要（2011—2020 年）》，该文件还专门用一个章节具体阐述如何增强广东文化的传播力与辐射力，并对提升广东文化传播力提出四个指导方向，主要包括舆论引导能力提升、龙头传媒集团培育、新兴媒体发展、对外文化交流合作四个方面。还重点强调了传媒集团在文化传播过程中发挥的关键作用，认为传媒不仅为文化传播提供了传播渠道，也承担了文化传播主体的职责，而这种职责着重体现在党性和坚持为人民服务的服务性两个方面。传媒行业的相关从业人员在文化传播过程中，不仅是推动文化传播的中坚力量，也是增强文化传播力不可或缺的关键要素，这些人员需要坚持传媒行业应当遵循的党性、服务性等基本原则，积极主动地挖掘文化内容，发挥自身的创造性，将其以生动、准确的方式展现出来，以潜移默化的方式影响受众心理与行为，从而达到增强广东文化形象传播能力的目的。

（二）非政府组织及其代表

通过资料分析发现，对非政府组织的定义仍然存在争议，目前学术界比较认可的是沃夫（Wolf）对此概念的定义，他认为非政府组织是服务于公众、非营利性的依法获得免税资格的合法组织。与之相近的概念还有第三部门、民间组织等。非政府组织包括社会团体、基金会等社会组织，在文化传播的过程中，非政府组织在促进地区文化传播力方面发挥着举足轻重的作用，主要表现在以下三个方面。

其一，强化公民的文化认同感。通常，非政府组织是由公民自愿发起而成立的社会团体，其整体性主要依靠非政府成员自身的认同来维持，而社会团体进一步加强了其成员对特定文化的认同，另外，组织的成员一般比较多，信息的传递速率及范围会更加广泛。比如中国武术，已经作为一种超越意识形态的传统文化在世界产生越来越大的影响①，广东省也成立了省级的武术协会。南拳武术是岭南文化的重要代表，表现了极强的岭南风格与特点，而广东省武术协会的成立，为推动南拳武术文化传播发挥了不可替代的作用。

其二，深入挖掘文化传播内容。仍旧以广东武术文化为例，广东省的南拳流派众多，已经发展了洪拳、刘拳、蔡拳、李拳、莫拳等流派。南拳武术协会的成立，对于进一步整合各武术流派，挖掘与传承南拳文化起到了重要的推动作用。

其三，深度推广文化精髓。通过举办比赛、表演等各种武术活动，深入介绍武术行为特征、习武道德标准等，以一种幽默生动的形式将广东省武术文化呈现给观众，为推广该文化精髓创造了有利条件。

（三）公民个人

公民个人作为传播主体，在"自媒体"时代变得越来越重要。得益于新媒体技术的进步，互联网计算机无线终端无处不在，传播主体和受众的界限已经越来越模糊。公民个人的特征鲜明，每一个都是独立的个体，能够自由发表个人观点，对所收集的信息进行分析和理解。特别是在自媒体时代，每个公民都是文化形象的传播者，个人通过新媒体平台向世人表达自己的观点与看法，对促进文化传播具有一定的推动作用。在新媒体环境下的文化传播过程中，每个公民既可能是文化传播活动的发起者，又可能是文化传播活动的参与者。普通的公民可以通过手机、照相机等高科技设

---

① 徐翔. 网络文本内容挖掘视角下的中国文化形象呈现特征及差异 [J]. 北京邮电大学学报（社会科学版），2015，17（04）：1-9.

备把自己采写到的新闻信息第一时间传播到网络上，微博、博客、论坛、贴吧、拍客等则成为普通大众获知、跟踪、传播新闻事件的主场地。某个文化领域专业人士在其新媒体平台认证账号上发布的信息，将会扩散给其他普通民众，再经由许多普通民众账号扩散到更多其他的新媒体平台账号，从而实现消息的大范围扩散。在新媒体平台消息传播的整个过程中，公民个人是该文化传播活动的发起者，他们在此过程中会将该文化事件相关的信息进行详细的介绍与解读，从而让更多非专业领域的人真正明白其内容与意义，从这个意义上看，普通公民作为一个传播主体发挥了非常重要的作用。普通公民打破了传统媒体记者对信息的垄断，可以自己出任记者，从受众的身份转变为传播者的身份，实现了传播主体的位移。

除此之外，公民个人在文化形象传播过程中发挥作用的另一方式是作为非物质文化遗产传承人参与文化传播。非物质文化遗产是以人为载体的，主要依靠传承人的口传心授、世代传承，加强对代表性传承人的保护是非物质文化遗产保护的关键环节。公民个人作为广东省传统技艺的传承人，不仅可以积极投入传统文化的发掘之中，保障非物质文化遗产传承延续，而且可以通过举办多样化的文化交流活动，能成为非物质文化遗产不断创新发展的推动力，大力弘扬中华优秀传统文化。

（四）民营单位

自改革开放政策实施以来，国家对传媒进行了新的定位，这种定位也可以反映传媒自身属性的变迁过程。在国家政策的推动下，以往的媒体逐渐向"事业单位、企业管理"的发展思路积极转变自身的发展方针。按这种发展思路，既接受国家财政资助，仍然发挥着作为政府喉舌的作用，又要发展传媒产业，部分媒体逐渐实施自负盈亏的发展道路，通过自己经营，在传媒产业领域获得生存和发展。在这种背景下，民营传媒逐渐发展壮大。随着在我国市场化程度日益提升，媒介经济发展也迎来了新的机遇，而越来越多的民营机构涉足传媒产业，也正是传媒产业在社会主义市场经济环境下获得发展的重要体现。

对于广东省而言，民营传媒发展主要具有以下四个方面的优势。第一，广东省民营传媒发展有本省发达的经济作为后盾。自改革开放以后广东省在很长一段时间里是全国经济最发达的省份，2020 年广东省的 GDP 总量达到了 11.07 万亿元，稳居全国第一，其比重约占到了全国 GDP 总量的 10.9%，这足以说明广东省经济实力之强。第二，在全球视角下，民营媒介发展大有可为。随着全球化的日益加强，传媒创造了一个规模巨大的产业。国家新闻出版署公布的《2020 年全国新闻出版业基本情况》显示，近年来，中国新闻出版业以极快的速度增长，增速达 20%，明显高于 GDP 的增速。2000 年中国传媒产业总产值只有 1500 亿元，2013 年突破了 1 万亿元，2018 年突破了 2 万亿元，2020 年依然正向增长，全球娱乐及传媒产业产值保持 2 万亿美元。2021 年开始，面临外部环境深刻变化的传媒产业开始转向高质量发展方向，传媒产业发展仍然蕴含着巨大的潜力。第三，传媒行业拥有庞大的受众群体。目前，广东是全国人口最多的省份，也是社会、文化等各个领域最开放的省份，在此居住的外国人数量众多，达到了百万级别，各种人群的汇聚使得广东在语言风俗、传统、历史文化等方面形成了自身的特色。第四，广东省拥有丰富的文化资源。不管是古代的岭南文化，还是当下由境外传入并在本土兴起的流行文化，都能够在广东这片土地上生存和发展，从而形成了新旧、内外不同文化的汇聚，这都为广东省提供了丰富的文化资源。

尽管广东拥有大量的全国百强企业且传媒领域的民营单位发展具有很多优势，但至今没有形成全国范围性的民营传媒企业。值得一提的是，广东有华谊兄弟、本山传媒、光线传媒等具有全国影响力的传媒集团，这也说明了广东省民营传媒的发展仍然未来可期，如果能够增强自身的自主创新能力，再加上政府的扶持，相信广东省的文化传媒集团会变得更强，在文化传播中发挥更大的作用。

## 二、传播方式

在我国古代，由于受到当时社会经济条件和传播途径的限制，广东文化形象的传播只能主要依赖人际传播，传播介质只是书籍，这些方式会受到很多其他因素的影响，因此承担起广东文化形象传播的重要主体往往是在广东出生或在广东境内有过活动的政治文化名人。这一点可从岭南文化的传播和推广中得到考据，例如，汉代的杨孚被认为是岭南地区较早的名医之一，他所撰写的医学著作《南裔异物志》则被认为是岭南地区最早的医典，该书对我国药物学的发展起到了极大的推动作用，同时在一定程度上将岭南文化推广到了全国，并使之得以传承至今。在隋、唐、宋三朝时期，中原人往往对岭南地区存在偏见，他们习惯于将岭南地区视为"蛮夷之地"。不过在那个时候，也有一些在岭南地区活动的仕宦官员和文人想尽办法挖掘岭南的地方文化资源，全力展现了岭南的文化底蕴，试图改变中原地区人民对岭南地区不好的历史印象。例如，唐代柳宗元的许多文学作品以岭南风物为素材进行创作；北宋的苏轼在岭南地区推动建成了文明书院；明代江苏的吴伟业在其作品中用大量篇幅展现了岭南的人文、物质景观，因而其作品透露了浓浓的岭南风味；到了清代，本身就是广东人的陈礼以岭南文化为基础著述和编纂了大量书籍，对岭南文化的进一步发展和传播起到了重要的推动作用。

不难看出，岭南文化形象传播活动主要集中在唐代以后，在此过程中，岭南地区地方志编纂和大量岭南藏书家也起到了举足轻重的作用，实现了对岭南文化的保护与传承。在古代，对岭南文化形象构建与传播起主要作用的群体是社会的中上层阶级，这些人既是岭南文化的传播者，又是岭南文化传播的受众，他们所传播的主要内容是文学、宗教以及哲学等领域的高雅文化。以中上层阶级为传播主体，以书籍为主要传播载体，这也是我国古代文化形象构建与传播的普遍现象。由于该群体在当时社会中有着重要的地位，因而能够对岭南文化形象的构建、改善产生极大的促进作用，而书籍突破了岭南文化形象传播在许多方面的束缚，这对于持续推进岭南文化形象的传播和传承，也具有不可替代的作用。

因为广东是一个时代概念，所以广东文化的时空界限、内容范畴与岭南文化自有不同，广东文化形象的构建和传播方式当然还是可以沿袭和借鉴岭南文化形象依靠名人专家、书籍言论等方式形成和推广的传统路径的。但更应看到，自近代以来，在广东文化形象传播过程中发挥主要作用的群体逐渐发生改变，华侨取代以往社会中上阶层的知识分子和官员，逐渐成为近代广东文化形象传播的主力军。此外，报刊也取代书籍成为广东文化形象传播的重要媒介。可以说，广东文化形象的传播方式与途径主要分为两类，分别是对内传播途径和对外传播途径。

（一）广东文化形象对内传播途径

1. 传统纸媒

在古代，纸质媒介是文化传播的最主要途径，主要包括书籍等。这种方式具有一定的局限性，如受潮湿天气影响，资料容易受损；如保管不当，资料会永久散失，等等。随着时代的发展，媒体形式逐渐丰富，报纸、电报等形式出现。在广东地区，《南方日报》《广州日报》《羊城晚报》等报纸曾在传播广东文化形象上发挥了重大作用。这种模式的可追溯性不断增强，但是信息的时效性也随之大打折扣，当公众看到报纸时，很多事件已经是几天前发生，甚至是更早，削弱了人们信息获取的积极性。随着自媒体时代的到来，信息技术和互联网技术的快速发展，人们依托互联网媒介进行信息的获取和传递，这也成为广东文化形象传播使用的主要渠道，公众对纸质媒介的选择性大大降低，依赖性也随之减弱，纸质媒介的发展受到一定程度的限制。

2. 广播电视平台

在改革开放的持续推进下，广东广播电视平台在社会主义市场经济体制确立的过程中逐渐认识到了听众的重要性，从而将以往传播者本位的思维转换为传播受众本位的思维。

在广播发展方面，广东省最早探索形成了"珠江模式"，是中国广播改革的最早探索，逐渐带动了全国范围内广播节目形态的变革，使广播朝向频率专业化、产业规模化的方向发展，这也为本省广播的发展扫清了制度上的障碍。1949 年，广东人民广播电台成立。1984 年，广东人民广播电台《大众生活》节目举办《电波传亲情》特别节目。1991 年 11 月 15 日，广东人民广播电台新闻台开播。1994 年 6 月 2 日，广东有线广播电视台成立。自 21 世纪以来，广东广播的改革与发展也在持续推进，实施了一系列跨越式发展战略，包括加强广播品牌的塑造、打造精品栏目、增加户外直播和跟观众的互动等。2003 年广东电台启动了全省范围的广播新闻数字交换网建设，2004 年南方广播影视传媒集团正式成立，成为我国首个覆盖省、市、县三级的广电系统联盟。2014 年 4 月 23 日，由原南方广播影视传媒集团、广东人民广播电台、广东电视台、南方电视台整合组建的广东广播电视台正式挂牌。2017 年 12 月 23 日，广东广播电视台 4K 超高清电视试验播出启动。

在电视发展方面，在技术日益普及下，有线电视网络不断完善，并成为传输电视节目的重要渠道。有线电视将广东电视发展带入了全新的发展时期。在广东，最早建成有线电视网络的城市是佛山市，到 20 世纪 90 年代中后期，全省建成有线电视台和电视网络的城市达到了 21 个。此外，卫星电视凭借覆盖率高、传输速度快的优势，也成为当前广大民众收看电视节目的首选方式。1959年，广州电视台（广东电视台前身）成立。1979年1月1日，广州电视台的呼号改为广东电视台。同年1月29日，广东电视台与香港TVB联合举办了综艺性文艺晚会《羊城贺岁万家欢》，该晚会是香港电视媒体在中国内地的第一场直播。1996年7月8日，广东电视岭南台首次通过卫星转播的方式将自己制作的电视节目传播出去，后更名为"广东电视卫星台"。在广东省有线电视持续发展的情况下，香港电视也最早经由广东省进入了内地市场。1985年，佛山有线电视网整合了香港电视，使之由本市的有线电视网络转播给全市民众。而到了20世纪90年代，这种转播方式已被全省的有线电视网络所采用并进行统一管理。20世纪末至21世纪初的世纪之交，香港媒体也纷纷到广东省落户。2001年6月，香港凤凰卫视成为首家落户广东省的香港电视媒体，之后，华娱、星空、本港台、国际台等电视媒体纷纷进驻。在本省电视行业竞争日益激烈的情况下，广东省广电也启动了集团化体制改革，使自己能够在与境外电视媒体的竞争中得以生存和发展。2000年，广东广电实现了网台分离，进一步推动了产业化经营。2010年，广东电视台新闻频道与广东电视台新闻中心合并。①

3. 网络平台

网络传播渠道最主要的优势在于能够对其他传播样态进行兼容并蓄的整合，换句话说，使用网络渠道可以更加灵活、全面地展示广东文化形象，实现多对多的传播优势，进而达到提升传播效果以及增加传播的互动性的目的。更重要的是，网络传播借助互联网实现传播目的，基本不受时间和空间的限制，能够实现更大范围、更持续的形象传播，也进一步促进广东文化形象的构建和传播方式的发展。20世纪90年代末，在互联网技

---

① 广东有线广播电视网络股份有限公司数字电视大事记［J］.广播电视信息，2004（06）.：35

术发展和普及的推动下，广东省各类媒体网站相继建立和开办起来，进行这项探索的既有传统的纸质报纸，也有传统的广播电视，它们均纷纷开办了网络版。随着我国社会进入门户网站发展时期，广东省大量媒体网站快速发展起来并开办至今，包括大洋网、南方网、奥网、深圳新闻网、金羊网、广东新闻网、广东电视网等。在20世纪末，本省的部分粤剧爱好者建立了首个粤剧网站"水冷曲苑"，这对于推广广东省独有的粤剧文化起了重要作用。此后，广东省还先后建立了岭南文化大博览数字平台、广东文化网、广东省文化和旅游厅公众服务网、广东省南粤文化交流中心官方网等网站，提供了专业类、资讯类、商业类、互动类等多种文化信息，用户可借助这些网站全方位地获取广东文化的相关信息，更好地了解广东文化，这对于在社会大众心中建立和传播广东文化形象是十分有利的。

4. 教育途径

要想更好地建立文化形象以及增强文化生命力延续时长，更重要的是文化的传承与创新，而采用教育手段进行文化形象的建立与传播就是一个很好的途径。教育本身就是在人们心中逐渐建立起文化形象，并借助其他设备或手段增强、巩固文化形象认知。从教育实质来看，教育本身就是带有很强目的性的文化传播社会活动，通过这项活动可以推动文化的传承和创新。教育的作用是其他文化传播方式所无法替代的。一般来说，教育在选择、传递、创造文化的过程中发挥着重要的作用，是推动文化传承和创新的有效方式。此外，随着越来越多的社会大众接受教育，他们进行独立思考的能力及其自身文化素质也能够获得显著的提升，从而促使本地形成更多优秀的文化，这也能够进一步推动本地文化形象的改善与提升。

广东省主要通过以下两种教育途径推动广东文化形象的构建与传播。一方面，广东省大力推动公民教育，助推广东文化传播。比如，广东省针对全省民众开展了"爱国、守法、诚信、知礼"等教育活动，编制了公民教育读本《中华道德名言精粹》。这些具有现代特征的公民教育活动的开展，提升了广东省民众对本省文化的认同感和广东文化凝聚力。另一方面，学校教育在广东文化传承过程中扮演了重要的角色，广东省各级学校将文化传承作为其教育活动的重要目标与使命。广东省长期保持着开设文化活动和专门课程的传统，积极借助这些方式开展文化教育，不断提升本地居民对本地文化的认知。总的来说，这些地域文化课程教学与文化活动的开展，增强了广大学生对广东文化的了解与认识，增加了他们接受文化艺术熏陶的机会，在文化传播进程中发挥着不可替代的作用。比如，广东省面向本省的中小学校，开展了"弘扬中华美德，争当现代公民"的主题教育系列活动，构建了具有广东特色的中小学外语课程教材体系；将广东省博物馆等文化机构纳入学校教育之中，使之作为学校教育的课外基地；开展了丰富多样的文化艺术作品大赛，使广大学生能够自觉、主动地传承岭南文化。除此之外，许多学校还通过开展歌舞剧、手抄报、演讲、朗诵等校园活动，与各地的政府部门及文化机构开展合作，将岭南文化教育融入学校教学工作之中。

5. 代表性大型活动

尽管大型活动具有较强的复杂性、不确定性和特殊性，但不可否认的是大型活动在无障碍交流和互动等方面具有十分突出的优势，而且其最大特点就是参与人数众多，这对于促进文化形象的传播具有重要意义。通过举办形式多样的文化活动，向公众传递先进文化，可以达到弘扬和传播先进文化、丰富普通民众的文化生活的目的。近年来，广东省组织社会各界力量举办了一大批优秀且具有较大影响力的文化活动，典型代表主要有"大学生电影节""华语传媒系列盛典""孙中山文化节""岭南民俗文化节"等，还有一系列文化宣传普及的活动，包括"社科专家话地方文化名片""革命历史大讲堂——社科专家话广东红色文化名片"等，极大地吸引了全国乃至全世界的游客，挖掘、整理、汇总广东文化的精髓和底蕴，具体展示广东文化形象。广东省是全国最早实施改革开放政策，并取得成效最大的地区，其独有的地理位置优势，使得广东省在承办国际、国内重大活动的过程中具有极强的竞争力。以 2010 年广州举办亚运会为例，作为全国第二个举办亚运会的城市，广州在准备过程中涉及的很多因素，包括资源的调配、人员安置等问题，特别是比赛场地选择、吉祥物、会徽设计和主题歌曲等，无不体现了广州文化元素。各个参与国家和地区，在参与体育赛事的同时，能够依托所处环境感受到广州文化元素，甚至能够将这些文化信息带回自己的国家，促进了广州文化传播。在比赛场地方面，广州为举办亚运会，配套了广东奥林匹克体育中心、广州体育馆、广州天河体育中心等体育场馆，这些场馆具有浓厚的广东特色，尤其是为亚运会专门设计的吉祥物——五只充满了运动时尚感的羊，即阿祥、阿和、阿如、阿意和乐羊羊，代表广州最广为人知的五羊，有效宣传和推广了广州市作为羊城的文化形象。这五只羊不管是在造型上，还是在颜色上，均体现了亚运会的奥林匹克精神和东道主广州人民热情、开放、乐观、进取的精神面貌。在会徽设计方面，其外观在具象和抽象两个方面均包含了五羊的形象。通过这一系列精细化的设计，广州所举办的亚运会，不仅体现了运动会需要体现的动感，同时展现了广州的城市文化形象以及全市人民的风貌。这届亚运会不论在环境和设施上，还是在赛事的组织和服务上，都展现了一流的水平，集合了广州特点、广东风格乃至中国气派，展现了广东改革开放以来所取得的巨大成就。从这个意义上讲，广州市通过承办亚运会，向国际打出了广州乃至广东文化品牌的国际知名度，有力地推介了广东文化形象。

6. 文学与艺术

文学艺术是文化的重要组成部分，通过文学艺术可以提升人们对文化的认识和认同，进而帮助在人们心中建立起对该文化特定的印象，这也是文学与艺术能够促进文化形象构建与传播的重要原因。

长期以来，以广东省文化和旅游厅、广东省文学艺术界联合会等为代表的官方文化机构一直在从事文学艺术家培育、优秀文艺人才挖掘和优秀文艺作品创作扶持的相关工作，促使一大批能够反映当代岭南文化和广东精神的活动、文艺人才及作品涌现，为本土文学营造了良好的创作氛围。近年来，广东省文化和旅游部门不仅开展了一系列旨在鼓励培育优秀文艺人才和作品的活动，如岭南舞蹈大赛、广州大学生电影节等，也开展了丰富多彩的惠民文化活动，如省文联开展送戏下乡、书法家进万家、文艺进社区进校园、优秀流行歌曲大赛等，对于帮助文艺人才成长、鼓励文化作品创作、丰富人们的文化生活均起到了重要作用。

7. 旅游途径

人是促进旅游业发展的主要因素，可以说，人类既是文化的承载者，又是文化的灵魂所在。旅游本身是一项大范围、聚集性的活动，通过熟人、陌生人之间的交流实现信息的传递，因此，旅游活动被视为一种重要的文化传播形式。在旅游活动中，作为活动主体的人担当文化传播的载体、媒介等角色，可以说参与旅游活动的旅游者不仅是旅游信息的接受者，同时是传播者。在到本地或外地旅游的过程中，所参与的旅游活动均极大地推动了文化的传播。尤其是外地游客在到当地旅游的过程中，通常希望借助对当地旅游资源的游览，能够亲身感受与他们所在的地区不一样的特色文化，以获得身心的放松、眼界的拓展和情操的陶冶。从各地涌来的旅游者，必然会接触旅游地的衣、食、住、行等各个方面，对当地文化产生自己的认识和感受，因而每个游客的到来都是当地文化对其本人及周边人群的一次传播。旅游者回到所住地后往往担当了对当地文化宣传和推广的角色，旅游地风土人情、人文特色都会通过旅游者的叙述或记载，转化为一种特有的文化印象，这种印象是形成一种文化形象的基本构成因素。此外，相关旅游机构、部门和企业及其工作人员在旅游活动中也承担着文化形象构建与传播的责任，他们制定科学合理的景区规划，对旅游区进行有效的开发和管理，使旅游区能够较好地反映当地文化，并为旅游者提供良好的旅游环境及服务，这对于旅游地文化的传播也起到了重要的推动作用。

广东省内拥有丰富的自然与人文旅游资源，如 5A 级西樵山景区、华侨城旅游度假区、长隆旅游度假区、丹霞山景区、连州地下河景区、白云山风景区、雁南飞茶田景区、观澜湖休闲旅游区等，以及 4A 级东莞欢笑天地、广州中山纪念堂、客家博物馆等。① 一直以来，广东省委、省政府均在深挖岭南旅游文化方面进行了大量的探索，包括举办年度的广东国际旅游文化节、国际温泉旅游节、德庆龙母文化节等，这些重大节庆已经成为广东旅游、文化、宣传和对外交流的重要途径和品牌。与此同时，广东省开通了 12301 旅游服务热线，举办了许多国际性的展览会、旅游产业博览会，针对全省旅游执法工作人员开展了培训活动，对提升本地的旅游服务质量，树立和传播广东文化形象起到了重要作用。

显然，随着纸媒、广播、电视、手机、网络媒体等大众媒体和新媒体的持续发展，人们获得文化资讯与信息的方式在改变，文化形象建立和传播的渠道也朝着越来越多样化的方向发展，但除了这些媒体的渠道外，大型活动、旅游、艺术文学和教育等，都对广东文化形象的构建和传播起到了重要作用。不过值得注意的是，在当前广东文化形象传播的过程中，更多的是依托传统的"精英文化"实现的，而对民间文化的系统挖掘与广泛传播有待提升。

---

① 梁明珠. 广东旅游资源开发的现状及对策［J］. 暨南学报（哲学社会科学），1994
（03）：43-46

（二）当代广东文化形象的对外传播路径

不同文化之间若能够实现共存、互补、融合，这些文化将可以获得共同繁荣，从而催生更多的文化形态与内容。这种现象集中体现在本土文化与外来文化之间的关系上，无论是先进的还是落后的，内外两种文化的共存、互补、融合，其实质是不同类型的文明与文化相互较量。长期以来，各类文化发展的历程及其经验告诉我们，若某种文化在发展过程中受到束缚，与其他文化缺乏交流，这种文化在发展固化后，就很有可能走向衰退的结局。

在历史上，外来文化由海路进入广东境内，并以商业、旅游等方式在广东省逐渐繁荣起来。虽然外来文化的传入给广东省本土文化造成极大的冲击，但外来文化在广东落地后与本土文化不断融合，产生了众多新的文化形态，使得广东文化的发展出现了新的契机与元素，这在很大程度上提升了广东文化的内容深度和形式厚度。

长期以来，广东文化对外传播工作逐渐形成了立体化的工作体系，且受到外来文化的影响，广东文化形象的对外传播打开了全新思路并形成了新的模式，这都显示了广东文化形象构建与传播的实践取得了较好的成效。中华人民共和国成立后，在广东省举办的广交会已经成为广州开展对外贸易的重要渠道与平台，享有"九州铁幕，南国一窗"的美名。与此同时，广东省内与外界的民间文化交流取得了很大的成就，对外文化交流的渠道不断拓展，对外交流频次持续增加，兴起于民间的文化、艺术、表演等各类文化形态的规模大大的提升且文化形式越来越多样化。

早在 1953 年，广东就已经开启了对外文化交流的进程，举办了一系列对外文化交流活动。在当时，广东省所开展的对外文化交流项目主要是以组团到国外交流为主，例如，广东省派出了粤剧团远赴美国、加拿大等华人华侨众多的国家演出，受到了当地华人华侨的热烈欢迎和广泛好评，也成为广东对外文艺市场逐渐建立和发展的标志之一。广东省还依托广州杂技团以国家的名义与世界各地的杂技界开展合作，为澳大利亚、也门、斯里兰卡、肯尼亚等许多国家培养了大批优秀的杂技演员。自改革开放以来，广东省对外文化艺术交流在层次和质量上获得了新的发展，对外文化交流的方向开始转型，对外文化交流与旅游文化紧密结合；与此同时，中国香港和国外的文化组织、团体被邀请到广东省本地开展文化交流活动，从而实现了文化的双向交流。

近年来，随着粤港澳大湾区合作越来越频繁，广东省与港澳台地区的文化交流也不断加强。2020年，粤、港、澳三地签订了《粤港澳文化交流合作示范点工作协议书》，此后，数十个交流合作示范点先后成立，数百个文化交流合作项目也相继落地、实施，共同推动了非物质文化遗产、少数民族文化、岭南文化等多种本土文化的传播，并通过开展许多针对港澳青少年的文化交流活动，如近几年广东省举办的"粤港澳青年文化之旅"和"粤澳青少年粤剧培训交流团"等，使港澳地区的年轻一代更好地了解广东文化。除了与港澳两地开展文化交流合作外，广东省还与中国台湾开展了文化交流，如举办了"两岸城市艺术节——台北文化周""海峡两岸中国民族民间舞蹈交流研习夏令营"等活动，极大推动了广东与中国台湾地区的文化交流合作。具体来说，广东文化形象对外传播路径主要有以下三种。

1. 主流媒体在境外落地

目前，广东省内媒体已经开设了许多海外频道或节目，既有《南粤大地》《今日广东》《广东英语新闻》等栏目或节目，也有电视台开设的海外频道，如南方电视台开设的粤语卫星频道、广东电视台开设的珠江频道（海外版）和广东国际频道等，甚至对各大电视台的对外频道和相关栏目资源进行了整合，实现了全天不间断地轮番播放。从当前各大媒体对外开展宣传的节目形式及语种来看，其节目形式还是以新闻资讯和纪录片居多，语言要以英文为主，并根据世界各地不同的国家时区对节目版本进行了重新编排，形成了美洲版、欧洲版、亚洲版等众多版本，为世界各地观众收看节目提供了便利。目前，广东各大电视媒体的节目信号已通过美国当地的有线电视在美国落地，真正进入美国普通民众的家中，此外与欧洲国家的电视媒体还开展了广泛的合作。据广电网数据统计，截至 2019 年上半年，已实现 6 个境外电视频道在珠江三角洲地区广播电视有线网络中播出，广东国际频道等 4 个电视频道落地境外，覆盖 229 个国家和地区，入户数约 1100 万户。

与此同时，广东电视台与日本、越南等国的电视台开展合作，如广东新闻节目可以通过日本 NHK 面向日本观众进行放送，为广东文化形象在日本等国家的传播打通了电视媒体渠道。在广东省周边的国家和地区，广东电视媒体直接以当地母语面向所在地的观众进行节目放送，例如，广东电视台在 2009 年开通了越南语频道，这也是国内首家以当地母语放送节目的省级电视台。此后，南方卫视则在我国香港地区取得了电视节目的放送权。①

在广播方面，广东省广播类媒体与英国、日本、澳大利亚及东南亚国家等开展了广播节目的合作。例如，广东电台加入英国与日本两国的广播网之中，并与马来西亚电视媒体开展了电视节目的合作。

除电视和广播以外，广东省内的报纸媒体也与海外的主流媒体及华文报纸媒体开展了合作，开设了广东省内报纸媒体的专版，如《今日广东》与泰国、印尼、美国等地的报纸媒体合作开设了《京华联合日报》《中国新闻专版》等；《广州日报》在澳洲、北美等地区开设了专版，在当地创

---

① 陈持，张引. 广东广播电视台的北美全媒体国际传播战略［J］. 新闻战线，2019（02）：94-97.

建了《广州英文早报》；而《深圳日报》和《羊城晚报》推出了英文版，《羊城晚报》专门针对澳洲地区推出了《大洋洲新快报》。①

显然，这些广东媒体推出的海外版报刊和节目，极大地提升了广东文化形象的对外传播能力，加速了广东文化"走出去"战略的实施进程。

2. 构建具有广东本土特征的国际对外网络传播体系

目前广东是全国拥有较多的新闻信息登载资质网站的省级行政单位之一，大量、高效的网络媒体已经成为广东省对外进行文化形象构建与传播的重要力量。广东国际频道整合了广东卫视、南方卫视外宣频道、珠江频道（海外版）等全省外宣频道、栏目资源，节目以英文为主、汉语为辅，节目形式以新闻资讯和纪录片为主，并根据不同国家时区编排了美洲版、欧洲版、亚洲版，全天 24 小时滚动播放。国际频道是广东着力打造的具有广泛国际影响力的对外传播平台，目标受众主要是西方主流社会观众和海外华侨华人，目前节目信号已通过中国长城平台和美国麒麟电视落地美国，进入美国民众家庭，并通过与英国普罗派乐频道的合作，欧洲的1000万订阅户都可以收看广东国际频道的节目。广东国际频道的成功开播，对于推动广东省对外传播能力建设、加快广东文化"走出去"具有十分重大的意义。

除了电视，广东还开辟了《今日广东》境外报纸专版和广播、电视专栏等，成功实施了"借船出海"外宣战略，依托省直重点新闻单位精心打造的对外传播阵地品牌。广东省委外宣办积极指导推动《今日广东》专版、专栏落地，着力加强内容建设，改进宣传方式，拓展传播渠道，增强对外影响力和竞争力。一是《今日广东》报纸专版在海外影响力明显提升，二是《今日广东》广播栏目在世界广播网的传播效果不断扩大，三是《今日广东》电视专栏在海外落地率、收视率不断提高。目前，《今日广

① 郑莹. 广东报纸媒体的国际化视角分析 [J]. 新闻世界，2011 (06)：168-169.

东》电视专栏已在亚洲、美洲、欧洲、大洋洲的 50 多个国家和地区近 80 个频道播出，在海外特别是华人华侨社会的知名度和影响力越来越大。①

广东已经构建起一套相对完整的文化对外传播的英文传播体系，该体系内所包含的媒体有南方英文网、深圳新闻网英文频道、广东电台英语节目网站等，这些英文网站是广东英文对外传播体系的重要组成部分。作为代表网站的南方英文网，已经成了海外网民获取广东文化相关信息的首选网站，在我国同类的地方英文网站中拥有极高的点击量，并持续保持点击量全国排名第一的领先优势。广东省推出的《广州生活》英文网站提供了政府窗口、新闻资讯、城市指导与文化指引等功能，是全国首个集多种功能于一身的全英文网站，该网站目前已经成为外资机构或外国驻广州领事馆等海外机构获取广州本土文化和风土人情相关资讯的重要平台，这为面向世界展现广州独特的文化形象提供了沟通与交流的桥梁。除此之外，在广东文化对外传播的有关网站中，还有许多其他的网站，如南方新闻网、广东文化网、深圳新闻网等。

广东统筹全省外宣品制作，推进采访线工程建设。2010 年广东围绕广州亚运会精心组织编印发放《珠江三角洲地区采访指南》《广东省热点敏感问题答问参考》供全省相关部门参考，受到各方普遍好评。广东省委外宣办按照建设文化强省规划纲要的要求，针对境外媒体采访需求，组织编印《今日广东·采访指南》《中国城记（广东城市系列）》（中英文版），并从外国媒体和专家的视角解读广东，围绕向境外传播广东改革开放成就和转变经济发展方式、推动科学发展进程这些核心内容，组织国家外文局专家编著《从广东制造到广东创造》，集中近年来外媒对广东的报道，编印《外国人眼中的广东》等。

---

① 余素琳. 在外媒传播中国声音的路径和方法探析——以广东电台《今日广东》节目的海外传播为例 [J]. 中国广播电视学刊，2014（04）：11-12.

### 3. 民间活动对广东文化的传播

随着时代的发展、科技的进步，目前广东文化形象传播主要依赖以互联网为主的传播渠道，忽略了民间活动的重要作用。而这种方式恰恰是最接地气的文化形象传播方式，政府和相关研究者需对此给予更多的关注。

自古以来，广东就是商业文化浓厚的地区，并以此闻名海内外。在清代，广东文化在民间广泛传播，主要以会馆作为广东文化形象的传播载体。广东会馆在全国各地经营，不仅起到了商业经营的作用，同时起到了传播广东本土商业文化的作用。例如，上海的广肇会馆就是其中的典型代表。粤商通过会馆面向上海本地市民提供着上海本土所没有的菜式佳肴，其中尤以西式或者粤式菜肴最为出众，为吸引顾客前来就餐。广肇会馆在店面的装潢上十分讲究且融合了广东文化元素，这在一定程度上既装扮了上海市容，又对广东优秀文化起到了宣传推广的作用。

自清代以后，粤商主要是在商业会馆的基础上，在全国范围内搭建广货的销售网络，而这些会馆在进行货物销售的同时，承担了传播广东文化的角色，是广东文化形象传播的重要窗口与基地之一。会馆的商家一般会以馆舍为基础开展商贸活动，面向当地居民销售来自广东省的土特产、洋货等商品，在此过程中广东文化也随之逐渐渗透到全国其他地区。

广东商人还会在其他重要的民间传统节日举办一些影响力比较大的娱乐活动，如通过戏剧表演、举办灯会等，吸引大众的关注，推动广东文化在全国其他地区的传播。早在清代嘉庆年间，《成都竹枝词》就记载了广东人喜好戏剧表演的相关内容，为此还编创了《广东人上京》的戏，该戏主要就是在广东会馆中面向全国各地的民众演出的。不仅如此，广东会馆还喜好办学兴教，积极投入公益活动。[①] 这些大量的文化活动，成为广东文化形象构建与传播的重要渠道，广东商人也从中获得了自身的影响力与

---

① 邢寓. 粤商文化传播视野下的广东会馆建筑研究 [D]. 武汉：华中科技大学，2021.

知名度，因此这是双赢的局面。

此外，民间文化传承人在广东文化形象传播过程中也发挥了重要的作用，他们以自身的手艺及其对本土传统工艺文化的传承，使得广东文化在民间延续。目前，广东已经拥有了一大批优秀的传承人，他们在广绣、木板年画、牙雕、东壳千角灯等民间文化的传承过程中起到了关键性作用。这些传承人是民间文化的活宝库，不过当前的民间文化传承人大多已临近暮年，找到愿意主动承担文化传承的责任且将这些传承人的手艺传承下来的年轻人，已经成为当务之急。

广东通过举办国际、国内的艺术大赛、展览与演出等民间文化活动，极大地推动了广东文化形象的传播。例如，广东曾在春节期间举办了"花灯文化节"，该活动展现了大量广东省各地独具特色的花灯作品，从而推动了花灯文化的传承与发展，也促进了本省花灯文化产业的发展。这类活动吸引了各地的游客前来观看，使得民众在欢度新年同时，能够领略传统艺术的魅力，接受文化的熏陶，使广东文化形象更加深入民众的内心。此外，广东省还举办了"广东省剪纸艺术节"和"水上民歌大赛"等活动，对广东省濒临失传的民间艺术品种起到了抢救和资源挖掘的作用，使得具有广东省地域特色的水上民歌和剪纸文化得到保存和传承。除举办活动外，广东省还通过举办"广东民间工艺博览会"等方式，构建文化交流平台来促进文化艺术品的交流，使大量隐藏于民间的艺术珍品得以面世，进入普通民众的视野，这极大地提升了广大民众对广东文化的认同与兴趣。

在广东省民俗民间文化传承与发展的过程中，广东省所举办的"客家文化节"和"民俗文化节"等节庆活动也起到了重要的推动作用。其中，"客家文化节"邀请了全国各地数十个团体及上千名演员参与演出，客家的人文精神在活动中被越来越多的人所了解，从而促进了客家文化的传播，进一步提升了客家文化在全国的影响力。根据广东省制定的文化强省规划纲要，举办群众义化活动是当前广东文化发展的重要目标，其代表性活动是"岭南民俗文化节"，通过该文化节，广东省将本土大量的民族民间艺术以及岭南地区民俗文化展现出来。该活动在广东省主要城市设有分会场，吸引了数以百万计的海内外游客、数十家媒体、数百位记者前来参加，影响力扩散到了世界各地。目前，岭南民俗文化节已经发展成广东省规模最大、影响最广、群众基础最好的民俗文化活动，是广东展现本土文化形象的重要窗口，也促进了广东各地民俗文化艺术资源的整合，在实现广东文化大繁荣、大发展的同时，进一步提升了广东文化形象。

不难看出，当前广东文化形象的传播无论是对内还是对外，主要还是在政府主导下开展的，并且广东在树立和传播自身文化形象的过程中向外界发出的声音也主要是官方的。从这个意义上讲，广东文化形象传播的模式以自上而下为主，基层人民自觉参与文化形象的构建与传播的积极性较弱，这就造成了形象传播的主体和受众不对称的现象。民间传播是文化形象最易于被广大人民所接受和喜爱的方式，即使在互联网的冲击下，对广东文化形象的传播仍发挥着不可忽视的作用。因此，应深度挖掘该渠道的潜力并充分利用互联网渠道，不断提升广东文化形象的传播效果。

### 三、文化形象转型过程

通过前文的梳理可以发现，广东文化形象自形成以来，大致经历了三次转型，分别是古代时期由秦汉到晚清时期长达两千年的原生文化向封建大一统中原文化的转型，近代以来由封建文化向民主文化的转型，改革开放以来由社会主义计划经济体制文化向社会主义市场经济体制文化的转型。

（一）第一次转型

广东文化形象经历的第一次转型，是指由原生态的岭南文化转向由中原传入的封建大一统文化的过程。正如西方哲学家黑格尔所说，要追溯文化最初的起源，就要首先认识到自然地理环境对文化产生所起到的重要作用。无论是哪种环境，都在一定程度上影响了人们所选择的相应生活方式。在最初的原生态本根文化发展阶段，岭南地区的文化主要是土生土长的越族文化，作为岭南地区的原生文化，越族文化与岭南周边的文化进行了广泛的交流融合，形成了具备朴素性、区域性等特征的岭南文化。在自秦汉以来的漫长封建社会里，我国的政权中心始终在中原地区。从这一时期文化传播的媒介来看，秦代实行"书同文、车同轨"的政策，使得全国文字获得了规范和统一。因此，从秦汉时代开始，中原文化就持续向南传播和输出。在社会经济和媒介技术水平较低的时代，地区之间的文化交流通常伴随着战争、贸易或宗教等，某个地区以这些途径为载体和中介，向另一地进行文化的传播。具体来看，自秦汉至近代，岭南文化实现其转型的主要途径有以下三种。

### 1. 战争

秦汉时期发生的大规模战争，对于推动岭南文化发展起到了不可忽视的作用。通过战争，中原政权得以在岭南地区获得统治的权力，进而向岭南地区输出了制度文化。这种制度文化主要表现在，中原政权将岭南地区纳入治理范围，将郡县制度逐渐在岭南地区确定下来，并发展延续至清代。历史学家对于秦、汉两代的历史常有这样的评述，即功始于秦而成于汉。战争对于当时人民的生活造成了极大的破坏，但也推动了社会变革，这种以强权征服一个地区的方式，使得文化获得了强力的传播，客观上促进了岭南地区人民与中原地区人民的接触和交往，使得岭南文化有机会学习和吸取先进的中原文化，从而改变了岭南地区以往原生落后的状况。

### 2. 移民

到了明、清两代的时候，由于社会发展趋于稳定且全国人口不断增加，中原地区人口趋于饱和，在这种背景下，大量来自北方、中原地区的人迁往岭南地区，形成了四次大规模的人口迁徙潮。大批移民的输入再次为岭南地区带来了先进文化，也就是中原文化和长江流域文化。根据传播学的理论，移民传播在文化传播的过程中会导致文化的分层和文化的积淀。岭南文化受到移民传播的影响，共形成五大民系文化，分别是广府文化、潮汕文化、客家文化、桂系文化和海南文化等。同时，移民传播促进了岭南文化的积淀，受到移民传播影响形成五大民系文化在各自发展的过程中积淀了自己的特色，从而构成了当今广东文化的不同分支。此外，由于岭南地区在秦汉以后始终在中央政府的统一管辖之下，被纳入中原的制度体系之中，归属于中原地区的大一统之下，再加上在此过程中，许多中原文化人士因旅行、被贬官或流放等各种原因来到岭南地区，因此在制度之外，岭南文化发展还受到了"文化名人"的推动，这使得岭南文化与中原地区一样，在唐宋、明清等不同时期都出现过相应的发展高峰。

3. 宗教

在中原文化中，宗教文化也是其重要的组成部分，而最早在岭南地区传播的中原宗教是道教，传入时间可追溯到汉代。随着道教在岭南地区的广泛传播，道教逐渐发展为岭南文化的重要组成部分，是岭南文化的重要元素之一。东晋以后，葛洪、卢循等道士先后在岭南地区从事道教传播等活动，从而使得岭南道教获得了更深入的发展。到了唐、宋两代，中央王朝对道教采取了更加积极的扶持政策，使得道教地位获得了极大的提升，这也推动岭南道教发展到了鼎盛时期。宋代岭南地区涌现了闻名全国的道士，如罗浮山的苏元朗、惠州的陈楠及其弟子白玉蟾等。到元代的时候，道教则传播到了少数民族聚居的地区。到了明、清两代以后，岭南文化因其特殊的地理位置，不仅持续受到中原封建文化的影响，同时开始接触海外文化，这使得岭南文化表现了新的特质，从而为其后续的转型创造了条件。

(二) 第二次转型

从鸦片战争到五四运动的几十年间，岭南文化形象实现了自身的第二次转型，也就是从封建文化转变为民主文化。在这一时期，中外文化因为在交流上的长期缺失，以及西方文化因工业革命而快速发展，中外文化所表现的"时代性差异"尤为明显。鸦片战争后，西方文化进入中华大地，在此期间，两种文化在物质生活、价值观念、制度规则等方面的冲突是异常激烈的，这两种文化的交流，表现出十分显著的"不对称"现象，即西方文化处于绝对的强势地位，而在中国长期占统治地位的封建专制文化处于相对弱势的地位，封建专制文化不得不与西方资本主义文化共存，这也使得当时的文化格局十分复杂而紊乱。在这种背景下，处于中国南大门的岭南文化首先受到西方文化的冲击和影响。然而在长期与中原文化的交流过程中，岭南文化形成了开放性与兼容性的特点，因而相对易于接受海外文化。随着近代以来的"西学东渐"，岭南作为最先开放的地区，最早接受了异域文化，从而推动了岭南文化的转型。值得注意的是，该转型过程始终是动态发展的。具体来看，在鸦片战争以后，岭南文化接受海外文化的浸润主要通过四种途径实现：宗教、华侨、商道和"西学东渐"。

1. 宗教

正如前文所述，宗教在文化传播的过程中发挥了重要的媒介作用。西方传教士到中国传教，所带来的不仅有宗教思想，也有西方的各种知识与技术，包括比当时中国先进的基础科学、医学、工程技术及绘画与音乐等。而作为中国最早接受外来宗教传播的地区，岭南地区借助"海上丝绸之路"，推动了本土文化与外来宗教文化的交流与融合，使得岭南地区成为中国对外文化交流的重要门户之一，也发展成四大宗教的主要活动中心。海外文化借助宗教这种传播媒介，在自秦汉以来的悠长历史进程中，已经广泛渗透到了岭南地区之中，成为岭南各个地区和民族的一种重要文化景观，并逐渐演化为岭南文化的组成部分之一，改变了岭南文化的结构、风貌及其特点。

### 2. 华侨

华侨是与岭南地区密切关联的群体，该群体规模巨大，由此形成的华侨文化对岭南文化转型发展起到了关键性作用。海外华侨与岭南地区保持联系已有数千年的历史，联系的方式有回乡往返、书信往来、捐资投资、回乡兴办实业与事业等。华侨广泛参与岭南地区的社会发展，使得华侨文化得以传播和渗透到岭南地区，因而岭南文化有很深的海外文化烙印。

### 3. 商道

跨区域的文化交流可以通过地区之间的贸易与经济渠道实现，随着不同区域之间的贸易往来越来越频繁，区域之间的跨文化交流也变得越来越频繁。从某种意义上讲，商旅之道并非只与贸易、经济相关，同时与文化相关，因此可以将其称为文化通道。其中，对岭南文化形成与传播产生重要影响的商道是"海上丝绸之路"，该传播途径以广州港为主要起点，覆盖了亚洲其他地区、欧洲和非洲等众多地区。"海上丝绸之路"最早源于秦汉时期，后在唐宋时期趋于繁荣。在魏晋南北朝时期，岭南地区的广州一度成为主要的对外贸易点与枢纽。到了唐代，"海上丝绸之路"由岭南的广州出发，途经南亚诸国，过印度洋，直达波斯湾和非洲东岸等诸多地区，整个航程有上万公里，成为当时全世界最长的海上航线。在那个时候，广州是闻名中外的东方大港，来自世界各地的船舶停靠在广州，并从事着贸易活动，这也为文化传播创造了有利的条件。

### 4. "西学东渐"

明末清初的时候，由于西方文化逐渐上升为强势的地位，"西学东渐"的趋势开始显现，而作为在全国接触西方诸国最为频繁的岭南地区，西方文化在此传播有着很大的便利。总的来看，在"西学东渐"的过程中，西方文化的传播大致可分为以下两个阶段。

第一个时期为明清时期。"西学东渐"这一活动开始于 1700 年。① 这一时期的西方已经步入了文艺复兴，达到了世俗神权的绝对统治，人的本性和本能得到了充分的释放，而宗教变成人们世俗的约束，成为普遍的信仰，科学技术突飞猛进，尽管在经济总量上，它们当时还不能和明清时候的封建王朝国家相比，但是他们一开始就已经走上了一条完全不同的道路，明清王朝急需赶上新的世界潮流。而在此时进行的"西学东渐"让中国有了引进西学的客观需要和可能。同时，西方各国陆续进行资本主义改革，并积极向海外进行殖民扩张，其触角伸展到中国。因此，这一时期的大批的教会人员来华传教，他们带着种种复杂的目的，希望在这片古老的大地上找到更多可能性。西方传教士先后将西方的算术、天文、地理等知识输入中国。例如，明代的西方传教士利玛窦（Matteo Ricci）到岭南地区传教，制作了天体仪、计时晷等器物送给当地政府官员。此后，由利玛窦口译、徐光启笔录翻译的西方著作《几何原本》，是西方首部输入中国的著作。利玛窦还将《万国舆图》翻译为中文版，将其改名为《山海舆地全图》，这也标志着西方的舆学开始传播到我国。在明代末期，天主教还在岭南的澳门创办了两家西式医院，这标志着西医从此传入中国，此后西药学及其制作技术逐渐传入岭南。此外，一同传入岭南地区的西方文化还有火器、钟表的制造技术，以及建筑、音乐、美术等方面的文化。

第二个时期是 19 世纪初至鸦片战争前的时期。这一时期"西学东渐"逐渐形成规模，在这段时期中，中国人对西方事物的态度由最初的排斥，到逐渐接受西学甚至要求"全盘西化"。在"西学东渐"的过程中，西方

---

① 罗本琦，方国根. 明末"西学东渐"的缘起申说 [J]. 学术交流，2021（12）：177-185，187

的哲学、天文、物理、化学、医学、生物学、地理、政治学、社会学、经济学、法学、应用科技、史学、文学、艺术等大量传入中国，对中国的学术、思想、政治和社会经济都产生了重大影响。由于此前自清雍正以后，清政府对天主教下达了严禁传教的禁令，使得自明代以来的"西学东渐"趋势受阻，但在19世纪初以后，中国又出现了越来越多的新传教士传教，带动了新的一轮"西学东渐"。在这一时期，广州、澳门等地承担了"西学东渐"基地和桥梁的作用。与第一个时期的"西学东渐"相比，第二个时期的传播在内容范围上要大得多，由此前的自然科学领域扩大到了社会科学领域，甚至出现了近代报刊，包括传教士《察世俗每月统计传》《蜜蜂华报》等。传教士在此期间着手在岭南地区创办西方学堂，以便通过教育渠道传播西学，这也是在华的最早的西方近代教育。

自近代以来，广东文化形象经历了一些改变，主要受以下因素的影响，并以不同的形式表现出来。

（1）港澳文化反哺

广东省毗邻港澳地区，受港澳文化的影响十分深刻，这种影响主要表现在港澳文化以人、物质以及相关精神产品作为媒介对广东地区进行传播，从而使得广东省的社会文化与风尚以及人们的思想观念、行为习惯都发生了相应的改变，这对广东文化的转型与发展产生了直接的影响。季羡林曾在其著作《海上丝绸之路与中外文化交流》中阐述了澳门对于中外文化交流的重要作用，他指出，西方文化的传入是中国在数千年历史上最后一次文化交流高潮，而明末清初的澳门是当时中外文化交流的主要阵地。从这个意义上讲，澳门对于岭南文化转型与发展起到了关键性作用。后来，香港崛起并取代了澳门的地位，成为西方文化向中国传播的主要城市。从根本上讲，香港文化与广东文化有着密切的关联，被认为"同声、同气、同根"，但又广泛地吸纳了西方文化。可以说，中西文化的激烈碰撞和相互交融，是香港地区文化最显著的特征，且香港能够不断吸收当时全世界最先进的科技，形成了强大的文化势能，持续地输入广东省地区。

（2）近代报刊

中国近代最早的报刊创办于广东省，无论是英文版还是中文版，均最早出现于广州。在民族资产阶级兴起以后，广东省出现了展现早期改良主义、资产阶级革命等各种思潮的报刊，包括伍廷芳的《中外新报》、陈荡亭的《华字日报》、王滔的《循环日报》，以及后来创办的《述报》《广报》等，这些早期的报纸大多创办于香港。此后，改良派、革命派逐渐兴起并主要以广州、香港为根据地展开思想宣传，包括维新派创办的《知新报》《岭海报》以及革命派创办的《中国日报》等。这两派虽然在具体的主张上有所差异，但在反对封建专制、传播民主思想的出发点上是一致的，他们所创办的报刊在客观上传播了民主，开启了民智，极大地推动了广东文化的第二次转型。

（3）教育

教育在文化传播的过程中所起到的作用比较特殊，教育本身具有文化的内涵，同时是文化传播的主要手段。广东省在近代发生了两次鸦片战争，这两次战争使人们意识到富国强兵、变革社会的重要性，而要达到该目的，教育是重要的手段。清末有大量有识之士为教育救国而奔走呼号，如郑观应、黄遵宪、康有为、梁启超等，他们主张通过创办西式学校，以实现"用西法以启民智"的想法。在戊戌变法到清王朝覆灭的短短十几年时间里，广东省创办了大量西式学校，涵盖了政法、警察、方言、工业、测绘和师范等各个领域，学校类型包括了官办、私立、教会等多种类型，初步建立起了包含大、中、小学校、职业学校和女子学校的西式教育学校体系，这使得广东省西式学校的实践要远远领先于国内其他地区。

（三）第三次转型

广东文化形象的第三次转型发生于现代，即改革开放政策实施以后，此时的文化形象由以往的社会主义计划经济体制文化形象转变成社会主义市场经济体制文化形象。在改革开放战略允许"广东先行一步"的支持下，广东省在经济上迅速发展成"排头兵"，在经济实力获得极大提升的背景下，广东文化也在全国迅速发展起来，实现自身的飞跃式发展。在改革开放以后，广东文化形象转型途径主要有两种。

1. 组织传播

与第二次转型相比，第三次转型时期的组织传播途径区别明显，更多的是与大众传播共同作用的，拓展了广东文化形象传播的广度和深度。具体来看，广东文化形象的第三次转型与第二次转型存在着以下三个方面的差异。一是传播主体存在差异。在改革开放以后，组织传播的主体是中国共产党和全国人民，而第二次转变主要是以孙中山为代表的民主革命领导人及其党派。二是传播环境存在差异。两次转型所处社会的制度是完全不同的，第二次转型发生在封建专制社会之中，转型的目的在于推翻旧制度，传播民主文化，而第三次转型发生在社会主义制度下，旨在通过改革开放，建立社会主义市场经济体制，以推动文化形态的转变。三是传播技术存在差异。第二次转型时期，无论是岭南文化形象，还是近代的广东文化形象，主要还是借助语言、文字、印刷等方式进行传播，而在改革开放以后，广东文化形象的传播已迈入了数字化的大众传播时代。主要采用的是现代化传播技术，可以对信息进行大规模的生产、复制和传播，因而在社会影响力方面更强，这种技术优势是第二次转型时期所无法比拟的。

2. 人口迁徙

中央实施改革开放战略，将广东省深圳市开辟为经济特区，这极大地促进了广东的快速发展。广东省之所以发展如此之迅速，除了政策的优势外，一个重要的原因在于，广东因为政策优势及其逐渐增强的经济实力吸引了来自全国各地的大量劳动人口。目前，广东外来人员数量约占全省人数总数的五分之一，在广东的部分城市甚至出现了外来人员多于本土人口的情况，这种人口结构"倒挂"的现象显示了人口流动之大。广东大量人员的迁入，促使各地文化糅杂与交流，这对于推动广东文化形象转变与传播起到了不可估量的作用。外来人员对广东文化形象转变所起到的作用主要表现在三个方面：一是外来人员带来的文化使得广东文化形象得以从旧时的文化形象转变成现代的文化形象外来人员对广东的贡献不只是通过自身的劳动增加了产值，也为广东注入了资本与信息，为广东的工业化与城市化提供了必要的前提。二是外来移民文化使得广东文化形象由以往的原生性文化形象，转变为新时期的再生性文化形象。外来人员为广东省带来的外来地域文化与广东文化的交流融合，使得广东文化从以往纯粹的地域文化，转变成具有移民文化特征的混合体，从而使得广东文化形象不再局限于狭义的地域文化，而是更广意义上的广东文化。三是外来人员带来的文化将新活力与精神注入广东文化之中，包括敢闯敢拼、吃苦耐劳等精神品质与力量，使得广东文化形象日益多元。

# 第四章　广东文化形象的媒介传播

## 第一节　传播主体与广东文化形象

　　自改革开放以来，广东社会经济在过去四十多年里取得了举世瞩目的成就，在此过程中，广东文化形象在传播上获得了相当大的进步。具体来看，广东文化形象传播主要体现在指导思想、传播实践、传播特点等方面，从这些方面入手可以对广东文化形象传播过程进行比较准确的把握。文化形象的建立与传播，与社会经济发展一样，是广东迈向新的发展阶段的重要任务和战略。作为全国经济发展的龙头，广东在很大程度上展现了我国改革开放的成效；作为世界瞭望中国的窗口，其文化形象是世界了解广东的主要内容之一。

　　长期以来，广东向世人展现了其强有力的经济巨人形象，对内对外开展宣传的重点也更多是以开发开放、投资和经济发展成就为主要内容的，但随着经济实力的提升，广东建立和传播其文化形象的愿望也越来越强烈。实际上，广东自古以来并不缺乏文化，改革开放以后，更是吸收和容纳了外来文化，从而形成了当前独具特色的文化形象。如何构建良好的文化形象，使之深入民心，并将其传播给外界，是广东当前需要做的。为此，广东近年出台了许多措施将广东文化推向世界，以便世界了解广东。借助大众传媒，广东省向海内外展现了广东文化中所包含的历史传统与遗迹、风土人情、文学艺术以及与时俱进的现代文化，也展示了广东当代文化形象建设的成就，从而更好地吸引海内外对广东文化给予关注，开展广泛的文化交流与合作。多年以来，广东省在这种思想的指导下，针对广东文化形象传播采取了一系列的推广宣传措施，在工作中取得了可喜的成就，向世人传达了广东文化的良好形象，这种形象反过来又成为持续推动本地经济发展、社会进步和文化繁荣的重要基础。

　　广东文化形象的形成是一个积淀的过程，是一个不断沉淀、不断发展的过程。要更好地传播广东文化形象，最主要的就是要将广东文化形象系统化和明晰化，只有文化形象足够清晰才能更好地传递给其他人。建构一个比较清晰的传播模型以指导今后的文化形象传播工作，需要更清楚地描述广东文化的特色，以及明确广东在新时代背景下所应该关注的东西，这样才能够清晰地告诉大家应该如何塑造广东文化形象，如何高效地将该文化形象传递出去，从而提高广东文化的影响力，促进当地经济、文化等产业的发展。广东文化形象传播实践需要从基本的文化知识理解向认识的高度提升，从而指导更高层次的实践。本研究立足于把实践明晰化、把隐性的东西显性化。文化形象的传播受到多种因素的影响，包括文化形象的塑造，传播内容的书写方式、格式，传播渠道的选择，等等。只有综合考虑文化形象塑造和传播中包含的各种因素，才能够最大限度地发挥文化形象的影响力。

## 第二节　文本传播与广东文化形象

提升文化形象的传播，最简单快捷的方式就是以文本的方式进行传播。文字是最真实、最富有感情的一种方式，对提升人们认知具有重要作用，对文化形象的传递更具有推动作用。文字信息传递是一种最易于接受、也是最为普遍的一种方式，做好文本传播是提升文化形象影响力的有力途径。

### 一、研究方法

为客观分析和展现广东文化形象，本研究主要从以下三个方面展开：首先，本研究运用在传播学中广泛使用的内容分析法，从报道数量、年度和议题类型三个方面对媒体的相关报道进行内容分析，以实现对广东文化形象报道的量化分析；其次，本研究主要运用语料库方法对广东文化相关的媒体报道语料进行分析，以从中揭示广东文化形象；最后，根据分析结果，反思媒体报道视角下广东文化形象构建与传播存在的问题。

最早提出将语料库技术运用于批判话语分析的是美国学者哈特·莫特纳（Hardt Mautner），他肯定了语料库技术在建立语料库索引，以及由此整合定量与定性两种研究的重要作用。该技术为文本内容的量化分析提供了新的途径，极大地提升了话语分析的效果与实用性。近年来，随着机器学习技术的兴起与不断发展，西方学者对语料库技术给予了更多的关注，将其广泛运用于话语分析。在这些研究之中，对话语意义的识别与分析，最基本的考察对象是词频，其次考察主题词索引、搭配、语法与句式等，因此词频分析、主题词提炼、词汇搭配、索引分析等几个方面的分析内容是语料库技术的几个基本维度，这也是本研究分析广东文化形象的主要分析框架。

## 二、研究时间与语料库构建

本研究所分析的与广东文化形象相关报道时间以 2018 年 1 月 1 日至 2020 年 4 月 30 日作为本研究样本采集的时限。之所以选择两年作为广东文化形象研究时限，主要是因为随着广东省社会经济的快速发展，广东省与国内其他地区以及周边其他地区的竞争日趋激烈，广东文化形象不断得到加强和发展。考虑媒体报道的类型差异、媒体的属性以及地区媒体舆论场的覆盖范围，本研究以此为依据选择了人民网这一中央级主流媒体和广东省的南方网作为语料内容的来源。其中，人民网内部的消息来源不仅包含了《人民日报》和《人民日报》（海外版）的文章，还包含了人民网各频道的文章，共计有 181 篇文章。与此同时，人民网收录和转载了国内其他主流媒体如《广州日报》《南方日报》等的文章，因而消息内容极具权威性和影响力，而且人民网的消息覆盖面很广，能够辐射全国且受众的层次比较高。此外，人民网具有比较突出的个性，这也使得本研究可以从中获得更具代表性的与广东文化形象相关的报道样本。

### 表 13  人民网内部消息的来源

| 来源 | 文章数量 | 来源 | 文章数量 |
|---|---|---|---|
| 《人民日报》 | 81 | 观点频道 | 1 |
| 《人民日报》（海外版） | 28 | 《健康时报》 | 1 |
| 国际频道 | 6 | 能源频道 | 1 |
| 教育频道 | 6 | 汽车频道 | 1 |
| 旅游频道 | 6 | 强国论坛 | 1 |
| 体育频道 | 6 | 人民电视 | 1 |

| 来源 | 文章数量 | 来源 | 文章数量 |
|---|---|---|---|
| 文化频道 | 5 | 人民视频 | 1 |
| 港澳频道 | 4 | 日本频道 | 1 |
| 家居频道 | 4 | 社会频道 | 1 |
| 书画频道 | 3 | 时尚频道 | 1 |
| 澳大利亚频道 | 2 | 图片频道 | 1 |
| 财经频道 | 1 | 新闻战线 | 1 |
| 产经频道 | 1 | 娱乐频道 | 1 |
| 传媒频道 | 1 | 《中国经济周刊》 | 1 |

表 14　人民网外部消息来源的文章数量统计

| 来源 | 文章数量 | 来源 | 文章数量 |
|---|---|---|---|
| 《广州日报》 | 58 | 《视听》 | 2 |
| 《南方日报》 | 47 | 新快网 | 2 |
| 中国新闻网 | 23 | 雅昌艺术网 | 2 |
| 《羊城晚报》 | 11 | 《北京青年报》 | 1 |
| 《光明日报》 | 9 | 大河网 | 1 |
| 新华社 | 9 | 《佛山日报》 | 1 |
| 《中国文化报》 | 9 | 佛山在线 | 1 |
| 中国新闻出版广电报 | 9 | 广东省旅游局 | 1 |
| 新华网 | 8 | 《今传媒》 | 1 |
| 《新快报》 | 8 | 金羊网 | 1 |
| 《经济参考报》 | 7 | 《人民政协报》 | 1 |
| 《信息时报》 | 7 | 《深圳晚报》 | 1 |
| 中国网 | 7 | 市委宣传部 | 1 |
| 《深圳特区报》 | 5 | 《西江日报》 | 1 |
| 《北京日报》 | 4 | 新尧网 | 1 |
| 《美术报》 | 4 | 湛江新闻网 | 1 |

| 来源 | 文章数量 | 来源 | 文章数量 |
| --- | --- | --- | --- |
| 《传媒》 | 3 | 证券时报网 | 1 |
| 《广西日报》 | 3 | 《中国教育报》 | 1 |
| 南方网 | 3 | 中国经济网 | 1 |
| 《湛江日报》 | 3 | 《中国能源报》 | 1 |
| 中国记协网 | 3 | 《中国青年报》 | 1 |
| 中国城市文化网 | 2 | 中国新闻社 | 1 |
| 大洋网 | 2 | 中国新闻网综合 | 1 |
| 光明网 | 2 | 《中国证券报》 | 1 |
| 《经济日报》 | 2 | 中青在线 | 1 |

　　本研究所选取的地方媒体南方网，是广东省具有代表性和权威性的媒体之一，具有明显的地方特色，是研究广东文化形象传播必然需要选择的媒体类型。在中央媒体人民网的新闻内容中，"广东文化""岭南文化"的新闻基本上属于针对"广东文化"的主题报道；而在地方媒体南方网的新闻内容中，除了"广东文化""岭南文化"的新闻外，"广府文化""潮汕文化""客家文化"的新闻也基本属于针对"广东文化"的主题报道。因此，本研究以人民网和南方网作为数据来源，分别以这些关键词作为检索词进行全文搜索，并排除无效数据、重复数据，最终全部语料库包含逾8000篇新闻报道。这些新闻的全文构成了一个小型自建语料库，我们将其命名为"媒体报道广东文化形象语料库"。本研究运用结巴分词（精确模式、全模式、搜索引擎模式）对新闻报道的语料库进行分词，并在分词的基础上运用自编程序对该语料库进行检索和分析。

表15 省内媒体报道数量

| 媒体来源 | 潮汕文化 | 广东文化 | 广府文化 | 客家文化 | 岭南文化 | 总计 |
|---|---|---|---|---|---|---|
| 南方网 | 109 | 145 | 184 | 130 | 305 | 873 |
| 《南方日报》 | 55 | 62 | 61 | 77 | 72 | 327 |
| 《广州日报》 | 18 | 22 | 18 | 19 | 9 | 86 |
| 《深圳特区报》 | 14 | 14 | 7 | 17 | 1 | 53 |
| 《潮州日报》 | 34 | 7 | 2 | 7 | 1 | 51 |
| 《汕头日报》 | 26 | 4 | 7 | 4 | 1 | 42 |
| 《揭阳日报》 | 25 | 3 | 1 | 3 | | 32 |
| 《西江日报》 | 4 | 5 | 7 | 4 | 12 | 32 |
| 《中山日报》 | 5 | 7 | 5 | 7 | 6 | 30 |
| 《佛山日报》 | 1 | 1 | 2 | 1 | 22 | 27 |
| 《云浮日报》 | 5 | 5 | 4 | 4 | 6 | 24 |
| 《汕尾日报》 | 4 | 5 | 2 | 7 | 2 | 20 |
| 《阳江日报》 | 5 | 6 | 3 | 6 | | 20 |
| 南方网综合 | 4 | 4 | 4 | 4 | 2 | 18 |
| 《南方都市报》 | 4 | 1 | 1 | 2 | 6 | 14 |
| 《韶关日报》 | 2 | 6 | 1 | 3 | 1 | 13 |
| 《茂名日报》 | 3 | 2 | 2 | 2 | 2 | 11 |
| 《汕头都市报》 | 4 | 3 | 1 | 3 | | 11 |
| 金羊网 | 3 | 2 | 2 | 1 | 2 | 10 |
| 《梅州日报》 | 1 | 1 | 1 | 7 | | 10 |
| 《河源日报》 | 1 | 1 | 1 | 4 | 2 | 9 |
| 南方杂志 | 1 | 1 | 1 | 1 | 5 | 9 |
| 《湛江日报》 | 1 | 1 | 1 | 1 | 2 | 6 |
| "南方+"客户端 | 1 | 1 | 1 | 1 | 1 | 5 |
| 《羊城晚报》 | 1 | 1 | 1 | 1 | 1 | 5 |
| 南方报业全媒体 | | 1 | | | 3 | 4 |
| 《深圳商报》 | 1 | 1 | 1 | 1 | | 4 |

续表

| 媒体来源 | 潮汕文化 | 广东文化 | 广府文化 | 客家文化 | 岭南文化 | 总计 |
|---|---|---|---|---|---|---|
| 《珠海特区报》 | | 1 | | 1 | 1 | 3 |
| 《南方日报》（网络版） | | | 2 | | | 2 |
| 广东新闻网 | | | 1 | | | 1 |
| 东莞时间网 | | | | | 1 | 1 |
| 《惠州日报》 | | | | 1 | | 1 |
| 《清远日报》 | | | | | 1 | 1 |
| 《深圳晚报》 | | | | 1 | | 1 |
| 总计 | 332 | 313 | 324 | 320 | 467 | 1756 |

表 16　省外媒体报道数量

| 媒体来源 | 潮汕文化 | 广东文化 | 广府文化 | 客家文化 | 岭南文化 | 总计 |
|---|---|---|---|---|---|---|
| 《人民日报》 | 24 | 26 | 18 | 25 | | 93 |
| 新华网 | 12 | 14 | 16 | 14 | 4 | 60 |
| 《光明日报》 | 15 | 16 | 8 | 15 | | 54 |
| 中国网 | 10 | 14 | 10 | 13 | | 47 |
| 新华社 | 6 | 7 | 9 | 7 | 2 | 31 |
| 光明网 | 5 | 5 | 2 | 5 | | 17 |
| 人民网 | 4 | 4 | 5 | 4 | | 17 |
| 《经济日报》 | 4 | 4 | 2 | 4 | 1 | 15 |
| 央视网 | 3 | 4 | 1 | 4 | 3 | 15 |
| 中国新闻网 | 2 | 3 | 2 | 4 | 4 | 15 |
| 《工人日报》 | 2 | 5 | 1 | 3 | | 11 |
| 《人民日报》（海外版） | 1 | 2 | 2 | 2 | | 7 |
| 《中国文化报》 | 2 | 2 | 1 | 2 | | 7 |
| 中新网 | 2 | 2 | 1 | 2 | | 7 |
| 《中国教育报》 | 2 | 2 | | 2 | | 6 |
| 大洋网 | | 1 | 2 | 1 | 1 | 5 |

续表

| 媒体来源 | 潮汕文化 | 广东文化 | 广府文化 | 客家文化 | 岭南文化 | 总计 |
|---|---|---|---|---|---|---|
| 北国网 | 2 | 1 | | 1 | | 4 |
| 京报网 | 1 | 1 | 1 | 1 | | 4 |
| 《求是》 | 1 | 1 | 1 | 1 | | 4 |
| 《四川日报》 | 1 | 1 | 1 | 1 | | 4 |
| 中国江苏网 | 1 | 1 | 1 | 1 | | 4 |
| 中国江西网 | 1 | 1 | 1 | 1 | | 4 |
| 《北京晨报》 | 1 | 1 | | 1 | | 3 |
| 《北京青年报》 | 1 | 1 | | 1 | | 3 |
| 河北新闻网 | 1 | 1 | | 1 | | 3 |
| 《湖南日报》 | 1 | 1 | | 1 | | 3 |
| 《江西日报》 | 1 | 1 | | 1 | | 3 |
| 《中国医药报》 | 1 | 1 | | 1 | | 3 |
| 《中国证券报》 | | 1 | | 1 | 1 | 3 |
| 《中国质量报》 | 1 | 1 | | 1 | | 3 |
| 《江门日报》 | | | 1 | | 1 | 2 |
| 未来网 | 1 | | | 1 | | 2 |
| 《扬子晚报》 | | | 2 | | | 2 |
| 中央人民广播电台 | | | 2 | | | 2 |
| 《参考消息》 | | | 1 | | | 1 |
| 《科技日报》 | | | 1 | | | 1 |
| 《南京日报》 | | | 1 | | | 1 |
| 《人民法院报》 | | | 1 | | | 1 |
| 《浙江日报》 | | | 1 | | | 1 |
| 中国广播网 | | | 1 | | | 1 |
| 中华网 | | | | | 1 | 1 |
| 中央人民广播电台网络版 | | | 1 | | | 1 |
| 总计 | 108 | 126 | 97 | 122 | 18 | 471 |

### 三、报道趋势及议题类型

通过研究可以发现，中央和广东省地方主流媒体在对广东文化形象的报道上所表现出来的相关性是比较弱的。为检验"广东文化形象"相关报道，我们借助 SPSS 软件对中央级主流媒体人民网与广东省地方媒体2018—2020 年关于广东文化形象月度报道的数量进行了相关性分析，以此评估两类媒体月度报道数量的相关系数及显著性水平，以说明在广东文化形象传播过程中到底产生了何种效果。

首先，本研究假设中央主流媒体人民网与广东省地方媒体南方网的月度报道数量之间存在的相关性为 0，即两项数据在总体上没有显著性的相关性。SPSS 实际的统计分析结果显示，中央媒体人民网与广东省地方媒体对广东文化形象报道的月度数量相关系数为 0.322，说明两项数据的相关性很低；而两者的显著性 P 值达到 0.364，说明这两个来源的数据之间也不具有显著的相关性。显然，在广东文化形象传播这项议题上，作为中央级主流媒体的人民网，与广东省地方媒体南方网没有明显的相关性。

总体来看，中央和地方两类主流媒体对广东文化形象的报道所涉及的主题是较广泛的，主要集中在旅游文化、创新文化、历史传播与艺术、文化产业、文化活动、岭南文化、社会主义文化等方面，这些主题的议题大致分别集中在政治文化、地方文化、文化经济、文化战略、文化活动、文化事件、文化人物等方面。在所收集到的文化样本中，属于广东省地方文化议题的报道数量占报道总数的 30%，属于文化事件相关议题的报道数量占报道总数的 26.5%，属于文化经济议题的报道数量占报道总数的15.6%，属于文化活动议题的报道数量占报道总数的 11%。此外，在政治文化、文化战略和文化人物等方面的议题上，两类媒体的报道都比较少。

表17 人民网报道广东文化的相关词汇

| 词汇 | 频次 | 词汇 | 频次 | 词汇 | 频次 | 词汇 | 频次 |
|---|---|---|---|---|---|---|---|
| 文化 | 3813 | 时代 | 566 | 一带一路 | 360 | 优势 | 276 |
| 中国 | 2449 | 世界 | 562 | 全球 | 352 | 东莞 | 273 |
| 发展 | 2389 | 打造 | 556 | 粤剧 | 348 | 习近平 | 272 |
| 广州 | 2323 | 岭南文化 | 556 | 交流 | 343 | 未来 | 269 |
| 广东 | 2283 | 工作 | 545 | 电影 | 337 | 醒狮 | 269 |
| 旅游 | 1592 | 中心 | 521 | 建筑 | 332 | 公司 | 268 |
| 建设 | 1293 | 精神 | 495 | 佛山 | 332 | 吸引 | 268 |
| 创新 | 1004 | 市场 | 491 | 驿道 | 331 | 广州市 | 267 |
| 城市 | 952 | 经济 | 481 | 游客 | 328 | 南粤 | 266 |
| 历史 | 892 | 生活 | 479 | 北京 | 323 | 地区 | 260 |
| 艺术 | 887 | 澳门 | 464 | 传承 | 322 | 民族 | 259 |
| 国际 | 872 | 产品 | 462 | 科技 | 315 | 生态 | 259 |
| 活动 | 821 | 服务 | 458 | 民宿 | 314 | 地方 | 256 |
| 传统 | 820 | 平台 | 456 | 展览 | 314 | 教育 | 255 |
| 产业 | 813 | 品牌 | 446 | 青年 | 314 | 人民 | 251 |
| 合作 | 801 | 资源 | 440 | 参与 | 312 | 改革开放 | 249 |
| 岭南 | 773 | 技术 | 431 | 体验 | 307 | 精品 | 248 |
| 特色 | 756 | 纪录片 | 427 | 优秀 | 306 | 规划 | 248 |
| 项目 | 716 | 主题 | 423 | 创意 | 304 | 行业 | 247 |
| 大湾 | 708 | 融合 | 419 | 论坛 | 289 | 内容 | 246 |
| 创作 | 671 | 故事 | 417 | 环境 | 288 | 体系 | 246 |
| 国家 | 657 | 保护 | 413 | 动漫 | 287 | 出版 | 242 |
| 粤港澳 | 654 | 社会 | 411 | 音乐 | 286 | 老字号 | 242 |
| 媒体 | 630 | 举办 | 405 | 改造 | 285 | 演出 | 240 |
| 博物馆 | 616 | 设计 | 397 | 人才 | 284 | 区域 | 239 |
| 广东省 | 600 | 传播 | 379 | 编剧 | 283 | 组织 | 239 |
| 观众 | 595 | 区块 | 375 | 乡村 | 282 | 学习 | 237 |

| 词汇 | 频次 | 词汇 | 频次 | 词汇 | 频次 | 词汇 | 频次 |
|---|---|---|---|---|---|---|---|
| 作品 | 593 | 节目 | 369 | 代表 | 281 | 卫视 | 233 |
| 企业 | 586 | 香港 | 365 | 现代 | 278 | 深圳 | 232 |
| 全国 | 577 | 展示 | 363 | 集团 | 276 | 领域 | 228 |

通过统计分析人民网对广东文化形象的报道数据可以发现，人民网所涉及的议题主要集中在中国文化、文化旅游、创新文化、城市文化、历史文化、艺术文化、文化活动、国际文化、传统文化、粤港澳大湾区文化、岭南文化、文化生活、文化产品、文化服务、文化保护与传承等。报道数量比重最大的议题主要集中在文化旅游与文化经济方面，涉及文化创新、文化旅游、文化项目、文化产业、文化创意、文化平台与品牌、文化产品与服务、文化市场、动漫文化、民俗、旅游景区等相关报道内容；其次是区域文化交流与合作方面的议题，涉及粤港澳大湾区文化交流与合作、国际文化交流、"一带一路"倡议等方面的报道内容；再次是文化资源的保护与挖掘方面的议题，既涉及传统文化、岭南文化等不同类型的文化资源，也涉及博物馆、纪录片、电影等文化保护单位与载体，还涉及粤剧、醒狮等广东文化事物；比重最小的是文化人才培养、民族文化、生态文化等议题。总体来看，作为中央媒体的人民网对广东文化形象的报道更多集中在文化经济、文化交流合作等宏观层面，而对广东省的文化资源的保护与挖掘以及广东省其他具体类型文化等微观层面的报道较少。

表 18　南方网报道广东文化的相关词汇

| 词汇 | 频次 | 词汇 | 频次 | 词汇 | 频次 | 词汇 | 频次 |
|---|---|---|---|---|---|---|---|
| 文化 | 30099 | 传承 | 1626 | 表示 | 1157 | 粤剧 | 769 |
| 发展 | 6966 | 岭南 | 1596 | 科技 | 1147 | 观众 | 764 |
| 中国 | 5990 | 市民 | 1593 | 市场 | 1079 | 创作 | 757 |

续表

| 词汇 | 频次 | 词汇 | 频次 | 词汇 | 频次 | 词汇 | 频次 |
|---|---|---|---|---|---|---|---|
| 广州 | 4898 | 国际 | 1584 | 开展 | 1069 | 东莞 | 755 |
| 活动 | 4558 | 融合 | 1578 | 现场 | 1059 | 美食 | 747 |
| 旅游 | 4544 | 游客 | 1562 | 乡村 | 1050 | 香港 | 733 |
| 建设 | 3893 | 产品 | 1558 | 媒体 | 1045 | 学习 | 731 |
| 传统 | 3415 | 自信 | 1526 | 文明 | 1044 | 音乐 | 726 |
| 广东 | 3127 | 粤港澳 | 1489 | 客家 | 1043 | 推出 | 718 |
| 特色 | 3117 | 中心 | 1476 | 创意 | 1033 | 需求 | 713 |
| 城市 | 3062 | 博物馆 | 1457 | 推进 | 1028 | 价值 | 710 |
| 创新 | 2597 | 社会 | 1456 | 内容 | 1014 | 文化遗产 | 706 |
| 成为 | 2560 | 世界 | 1434 | 群众 | 976 | 现代 | 704 |
| 历史 | 2544 | 广府 | 1416 | 演出 | 970 | 习近平 | 704 |
| 时代 | 2125 | 举办 | 1405 | 思想 | 958 | 潮汕 | 701 |
| 佛山 | 2117 | 资源 | 1376 | 交流 | 957 | 集团 | 696 |
| 深圳 | 2076 | 主题 | 1358 | 民族 | 920 | 展览 | 695 |
| 项目 | 2042 | 品牌 | 1357 | 举行 | 918 | 文旅 | 683 |
| 产业 | 1992 | 生活 | 1342 | 参与 | 893 | 故事 | 681 |
| 社会主义 | 1925 | 展示 | 1335 | 设计 | 882 | 未来 | 673 |
| 国家 | 1901 | 公共 | 1335 | 保护 | 882 | 时间 | 672 |
| 艺术 | 1892 | 优秀 | 1322 | 红色 | 859 | 领域 | 671 |
| 推动 | 1854 | 体验 | 1305 | 作品 | 859 | 中华民族 | 670 |
| 打造 | 1839 | 合作 | 1304 | 中华 | 829 | 地区 | 668 |
| 企业 | 1805 | 消费 | 1302 | 教育 | 826 | 促进 | 665 |
| 服务 | 1754 | 岭南文化 | 1301 | 景区 | 812 | 建筑 | 660 |
| 文化产业 | 1709 | 广东省 | 1271 | 庙会 | 801 | 广州市 | 657 |
| 大湾 | 1702 | 人民 | 1195 | 自己 | 777 | 表演 | 653 |
| 精神 | 1677 | 经济 | 1186 | 宣传 | 777 | 改革 | 653 |
| 全国 | 1648 | 平台 | 1173 | 传播 | 772 | 弘扬 | 651 |

通过统计分析南方网关于广东文化形象的相关报道数据可以发现，广东省地方媒体南方网对广东文化形象的报道所涉及的议题主要集中在文化活动、文化旅游、文化传统、城市文化、文化产业与市场、岭南文化、市民文化、文化保护与传承、国际文化、文化资源、乡村文化与民族文化、广府文化、客家文化等领域。除此以外，还有粤剧文化、美食文化、音乐文化、潮汕文化等方面的议题。报道数量比重最大的议题是广东省特色文化议题，与此相关的议题报道数量占报道总数的 30.9%，包括广东省各城市的文化及当地特色的文化，主要涉及了广州、深圳、佛山、岭南等文化的报道；其次是文化旅游的议题，与此相关的议题报道数量占报道总数的16.0%，包含旅游经济、旅游文化资源挖掘、衣食住行文化、旅游建筑文化等；再次是文化资源、乡村文化与民族文化等方面的议题，与此相关的议题报道数量占报道总数的比重为 9.5%，此外还有广东省的广府文化、客家文化、粤剧文化、美食文化、音乐文化、潮汕文化等议题，这些议题的报道数量比重相对较低，只有 9.3%。

综合来看，广东省地方主流报纸对广东文化形象的报道更加偏重省内各地的特色文化、文化旅游等议题，对文化资源、乡村文化与民族文化等方面的议题有所涉及，但对广府文化、客家文化、粤剧文化、美食文化、音乐文化、潮汕文化等方面议题的报道极少。因此，广东省地方媒体在构建广东文化形象方面还不够全面。通常来说，媒体对地方文化的报道在很大程度上影响着公众对区域文化形象的看法，因此地方媒体应当对地方文化形象进行全方位、多角度的报道，而这恰恰是当前广东省地方媒体在传播广东文化形象过程中所欠缺的。广东文化形象是包含多种文化在内的复合体，传播过程中应对其包含的物质文化、精神文化、制度文化等几类文化进行综合展示。然而，南方网对广东文化形象的报道未能较好地进行全面的传播与展示，这是值得我们反思的。

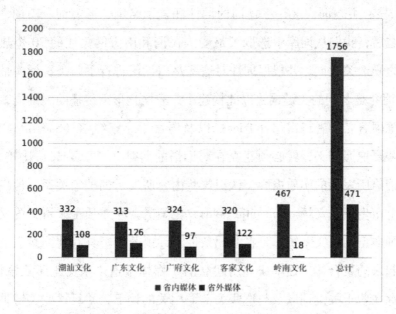

**图9 南方网转载的省内外媒体文章数量比较**

### 四、广东文化传播关键主题词分析

为更好地了解中央与地方两级媒体对广东文化形象报道的主题，本研究进一步对语料库的媒体报道内容进行了分析，我们对所建立的"广东文化传播语料库"进行了语料库检索和主题词抽取，从而获得了语料库中所有词汇的主题性高低排列。根据主题话语分析的相关理论，若一个词的主题性越高，那么表示该词汇重复出现的次数越高。通过统计分析发现，在所建立的语料库中，大于或等于10的词频共计9502个，在此基础上建立广东文化形象传播的主题词表，包含了每个主题词的词频。根据主题词出现频次的排序结果，我们将那些在每家媒体中平均出现频次高于12次的词汇，也就是那些词频在200次及以上的词汇，认定为核心词汇，并将这些核心词汇纳入广东文化形象传播的核心主题词库之中，该词库共包含了

756 个核心主题词，这些主题词的词性涵盖了名词、形容词、动词、介词等。之后，我们从词库中选取了最受人民网和南方网关注的 70 个热门词汇作为候选关键词，并根据词性对这些热门词汇进行了归类，最终抽取了 64 个词性是名词的关键词，以此构建了广东文化形象传播的关键词表。

德国著名学者特雷尔（Trier）以及语言学家索绪尔（Saussure）曾认为，若要把握词义，就必须建立在对词语的共时（synchronic）比较之上，借助词语所表达的实质内容，认识这些内容所揭示的抽象关系，他们在此基础上衍生了语义场（semantic fields）的概念。从本质上来讲，语义场属于一种典型的语义系统，是在共同条件下，由若干个具有共同意义的词汇聚合起来的聚合体。在本研究所建立的"媒体报道广东文化形象语料库"中，存在若干关键词以及与这些关键词相关的词汇，并且这些关键词组成的短语之间存在着相互联系，因而共同构成了中央和地方媒体对广东文化形象报道的语义场。在广东文化形象报道的这个语义场中，各个主题词之间相互关联和相互作用，共同营造了关于广东文化形象的中央与地方媒体舆论，媒体的舆论又对公众看待广东文化形象的角度与观点产生了影响。

本研究在对所构建的语料库中出现频次相对较高的名词关键词进行抽取以后，可以发现媒体对广东文化形象报道的倾向性。在中央媒体人民网的报道中出现频次较高的前 10 个词汇分别是文化（3813 次）、中国（2449次）、广州（2323 次）、广东（2283 次）、旅游（1592 次）、城市（952次）、历史（892 次）、艺术（887 次）、国际（872 次）、活动（821 次），在广东省地方媒体南方网中出现频次较高的前 10 个词汇分别是文化（30099 次）、中国（5990 次）、广州（4898 次）、活动（4558 次）、旅游（4544 次）、传统（3415 次）、广东（3127 次）、城市（3062 次）、历史（2544 次）、时代（2125 次），从中可以看出两种媒体报道的高频关键词具有很大的相似性，重合的关键词有文化、中国、广州、广东、旅游、城市、活动、历史。其中，尤其是以文化、中国、广州三个重复出现的词汇频次较高，分别达到了 33912 次、8439 次和 7221 次。除以上这些词汇外，出现频次较高的词汇还有项目、国家、佛山、大湾、企业、岭南、深圳、全国、服务、精神、粤港澳、博物馆、产品、中心、世界、社会主义、游客、广东省、社会、岭南文化、生活、资源、品牌、主题、文化产业、媒体、经济、平台、市民、市场、自信、科技、作品、人民、创作、广府、观众、创意、乡村、消费、内容、民族、粤剧、故事、香港、教育、现场、文明、客家、东莞、音乐、展览等，这些词汇的出现频次均在 1000 次以上。建筑、现代、习近平、群众、集团、学习、思想、未来、地区、广州市、领域、红色、中华、景区、庙会、美食、需求、价值、文化遗产、潮汕、文旅、时间、中华民族、表演、改革、工作等词汇的出现频次在 500 次以上。澳门、技术、纪录片、区块、节目、"一带一路"、全球、电影、驿道、北京、民宿、青年、论坛、环境、动漫、人才、编剧、代表、优势、醒狮、公司、吸引、南粤、生态、地方、改革开放、精品、规划、行业、体系、出版、老字号、区域、组织、卫视等词汇出现的频次在 200 次以上。显然，以人民网为代表的中央媒体和以南方网为代表的地方媒体在广东文化形象传播过程中所发挥的作用，可以通过以上关键词进行体现，这些关键词作为广东文化形象的重点内容，对广东文化形象传播具有重要意义。

### 五、广东文化传播搭配词分析

词汇的搭配可以帮助我们更好地把握在复杂的语料环境中语篇之间的衔接，这种研究的主要目的在于借助对语篇、修辞等话语特征进行分析，探究和揭示广东文化形象传播的本质。在本研究中，我们通过对语料库中"文化"一词的前后搭配词进行分析，可以在一定程度上把握中央与地方媒体在报道广东文化形象时，一般将"文化"与哪些词汇进行关联，通过分析词汇之间的搭配与联系，我们可以更好地把握广东文化形象传播的规律。本研究在对媒体关于广东文化形象报道语料中的词汇搭配进行分析时，主要以"文化"作为核心词，抽取那些与该词紧密相连的词汇，将其组成词汇搭配，在此基础上生成了广东文化形象报道的搭配词表，再从该搭配词表中按实际的研究需要和词汇搭配的意义性，建立了最终的搭配词表。受到篇幅的限制，本研究仅从搭配词表中选取了前 120 个搭配词进行展示。

表 19　人民网报道广东文化形象与"文化"相关的搭配词

| 词汇 | 频次 | 词汇 | 频次 | 词汇 | 频次 | 词汇 | 频次 |
|---|---|---|---|---|---|---|---|
| 岭南文化 | 568 | 文化中心 | 34 | 文化厅 | 19 | 文化之旅 | 13 |
| 历史文化 | 243 | 民俗文化 | 33 | 企业文化 | 19 | 当地文化 | 13 |
| 传统文化 | 237 | 南粤文化 | 32 | 海丝文化 | 18 | 文化博览 | 13 |
| 文化遗产 | 230 | 文化街区 | 31 | 江南文化 | 18 | 国家文化 | 12 |
| 广东文化 | 172 | 红木文化 | 31 | 文化名城 | 17 | 文化服务 | 12 |
| 文化产业 | 166 | 文化元素 | 30 | 客家文化 | 17 | 文化消费 | 12 |
| 文化创意 | 127 | 文化保护 | 30 | 粤港澳文化 | 17 | 文化气息 | 12 |
| 文化交流 | 106 | 文化传统 | 30 | 非遗文化 | 17 | 广州市文化 | 12 |
| 文化旅游 | 97 | 社会主义文化 | 30 | 中医药文化 | 17 | 文化氛围 | 12 |
| 文化自信 | 96 | 文化传播 | 29 | 文化品牌 | 16 | 文化博览会 | 12 |
| 中华文化 | 88 | 文化馆 | 28 | 文化生活 | 16 | 文化周 | 11 |
| 地域文化 | 80 | 文化繁荣 | 28 | 本土文化 | 16 | 经济文化 | 11 |
| 文化资源 | 75 | 文化价值 | 28 | 中原文化 | 16 | 社会文化 | 11 |
| 中国文化 | 63 | 民族文化 | 27 | 文化积淀 | 16 | 红色文化 | 11 |
| 文化特色 | 60 | 文化魅力 | 26 | 现代文化 | 15 | 醒狮文化 | 11 |
| 文化艺术 | 55 | 文化企业 | 26 | 文化创新 | 14 | 区域文化 | 11 |

| 词汇 | 频次 | 词汇 | 频次 | 词汇 | 频次 | 词汇 | 频次 |
|------|------|------|------|------|------|------|------|
| 文化发展 | 55 | 文化内涵 | 25 | 文化符号 | 14 | 文化知识 | 10 |
| 文化建设 | 55 | 丝绸之路文化 | 25 | 文化项目 | 14 | 西方文化 | 10 |
| 城市文化 | 43 | 特色文化 | 25 | 国际文化 | 14 | 澳门文化 | 10 |
| 旅游文化 | 43 | 文化艺术节 | 24 | 文化精品 | 14 | 文化体育 | 10 |
| 文化活动 | 40 | 文化事业 | 23 | 中外文化 | 14 | 青年文化 | 10 |
| 影视文化 | 40 | 多元文化 | 23 | 丝路文化 | 14 | 文化品位 | 10 |
| 文化传承 | 38 | 美食文化 | 21 | 精神文化 | 14 | 本地文化 | 9 |
| 文化底蕴 | 37 | 文化特质 | 21 | 民间文化 | 14 | 乡村文化 | 9 |
| 公共文化 | 37 | 对外文化 | 21 | 文化体验 | 13 | 饮食文化 | 9 |
| 广州文化 | 36 | 文化强省 | 20 | 艺术文化 | 13 | 禅宗文化 | 9 |
| 地方文化 | 35 | 世界文化 | 19 | 传承文化 | 13 | 创新文化 | 9 |
| 文化节 | 35 | 优秀文化 | 19 | 文化和旅游部 | 13 | 生态文化 | 9 |
| 广府文化 | 35 | 软文化 | 19 | 海洋文化 | 13 | 文化博物馆 | 9 |
| 文化产品 | 35 | 驿道文化 | 19 | 文化交流活动 | 13 | 文化名家 | 9 |

作为中央主流媒体的人民网在报道广东文化形象的过程中，使用与"文化"相关的搭配词较频繁的是岭南文化（568次）、历史文化（243次）、传统文化（237次）、文化遗产（230次）、广东文化（172次）、文化产业（166次）、文化创意（127次）、文化交流（106次）等，这些搭配词的出现频次均超过了100次。其次是文化旅游（97次）、文化自信（96次）、中华文化（88次）、地域文化（80次）、文化资源（75次）、中国文化（63次）、文化特色（60次）、文化艺术（55次）、文化发展（55次）、文化建设（55次）等，这些搭配词的出现频次均在55次及以上。此外，城市文化（43次）、旅游文化（43次）、文化活动（40次）、影视文化（40次）、文化传承（38次）、文化底蕴（37次）、公共文化（37次）、广州文化（36次）、地方文化（35次）、文化节（35次）、广府文化

（35 次）、文化产品（35 次）、文化中心（34 次）、民俗文化（33 次）、文化街区（31 次）、红木文化（31 次）、文化元素（30 次）、文化保护（30次）、文化传统（30 次）、社会主义文化（30 次）等搭配词出现频次也比较高，这些与"文化"密切相关的搭配词出现频次均在 30 次及以上。

表 20　南方网报道广东文化形象与"文化"相关的搭配词

| 词汇 | 频次 | 词汇 | 频次 | 词汇 | 频次 | 词汇 | 频次 |
|---|---|---|---|---|---|---|---|
| 传统文化 | 1754 | 文化惠民 | 264 | 文化旅游节 | 131 | 文化大餐 | 90 |
| 文化产业 | 1712 | 先进文化 | 261 | 民族文化 | 128 | 本土文化 | 87 |
| 岭南文化 | 1307 | 文化内涵 | 239 | 东莞市文化 | 124 | 综合性文化 | 87 |
| 文化自信 | 1115 | 文化传承 | 234 | 孙中山文化 | 122 | 文化创造性 | 86 |
| 公共文化 | 1079 | 文化强国 | 222 | 文化传播 | 119 | 文化广场 | 86 |
| 文化旅游 | 778 | 文化底蕴 | 218 | 中医药文化 | 117 | 文化街区 | 83 |
| 社会主义文化 | 742 | 文化认同 | 215 | 广东文化 | 116 | 潮流文化 | 78 |
| 文化遗产 | 716 | 文化事业 | 211 | 国际文化 | 115 | 文化氛围 | 76 |
| 历史文化 | 679 | 客家文化 | 209 | 区域文化 | 113 | 侨乡文化 | 75 |
| 中华文化 | 525 | 革命文化 | 206 | 文化元素 | 113 | 多元文化 | 75 |
| 文化服务 | 496 | 文化软实力 | 198 | 优秀文化 | 113 | 东莞文化 | 74 |
| 文化活动 | 484 | 特色文化 | 188 | 文化传统 | 112 | 文化周 | 73 |
| 文化消费 | 478 | 文化设施 | 187 | 文化领域 | 112 | 乡贤文化 | 73 |
| 广府文化 | 474 | 文化体验 | 181 | 文化名城 | 111 | 文化地标 | 73 |
| 文化建设 | 467 | 精神文化 | 181 | 广州市文化 | 110 | 文化主题公园 | 73 |
| 文化馆 | 442 | 文化中心 | 180 | 文化艺术节 | 107 | 非遗文化 | 72 |
| 文化企业 | 434 | 文化站 | 180 | 文化盛宴 | 105 | 文化体制改革 | 70 |
| 物质文化 | 430 | 广州文化 | 178 | 健康文化 | 105 | 文化和旅游部 | 69 |
| 文化创意 | 389 | 旅游文化 | 177 | 地域文化 | 102 | 文化教育 | 69 |
| 红色文化 | 378 | 文化名片 | 167 | 文化市场 | 100 | 佛山文化 | 69 |
| 文化资源 | 356 | 法治文化 | 163 | 深圳文化 | 100 | 天河文化 | 69 |

| 词汇 | 频次 | 词汇 | 频次 | 词汇 | 频次 | 词汇 | 频次 |
|---|---|---|---|---|---|---|---|
| 城市文化 | 343 | 国家文化 | 162 | 思想文化 | 99 | 文化符号 | 68 |
| 中国文化 | 339 | 文化生活 | 160 | 世界文化 | 98 | 文化展 | 66 |
| 文化交流 | 333 | 民俗文化 | 158 | 综合文化 | 98 | 市民文化 | 66 |
| 文化产品 | 328 | 文化服务中心 | 157 | 武术文化 | 98 | 数字文化 | 66 |
| 文化品牌 | 311 | 文化强省 | 141 | 美食文化 | 96 | 文化场馆 | 66 |
| 文化创新 | 293 | 韶文化 | 138 | 文化研究会 | 95 | 体育文化 | 65 |
| 文化艺术 | 281 | 群众文化 | 137 | 政治文化 | 94 | 文化讲习所 | 64 |
| 文化服务体系 | 279 | 文化需求 | 137 | 文化基因 | 92 | 文化引领 | 63 |
| 广东文化 | 275 | 文化繁荣 | 132 | 巴文化 | 92 | 企业文化 | 63 |

作为广东省地方主流媒体的南方网在报道广东文化形象的过程中，使用与"文化"相关的搭配词频较高的是传统文化（1754 次）、文化产业（1712 次）、岭南文化（1307 次）、文化自信（1115 次）、公共文化（1079 次）等，这些搭配词的出现频次均大于 1000 次。其次是文化旅游（778 次）、社会主义文化（742 次）、文化遗产（716 次）、历史文化（679 次）、中华文化（525 次）、文化服务（496 次）、文化活动（484 次）、文化消费（478 次）、广府文化（474 次）、文化建设（467 次）、文化馆（442 次）、文化企业（434 次）、物质文化（430 次），这些搭配词的出现频次均在 400 次以上。此外，出现频次介于 200 次至 400 次之间的搭配词主要有文化创意（389 次）、红色文化（378 次）、文化资源（356 次）、城市文化（343 次）、中国文化（339 次）、文化交流（333 次）、文化产品（328 次）、文化品牌（311 次）、文化创新（293 次）、文化艺术（281 次）、文化服务体系（279 次）、广东文化（275 次）、文化惠民（264 次）、先进文化（261 次）、文化内涵（239 次）、文化传承（234 次）、文化强国（222 次）、文化底蕴（218 次）、文化认同（215 次）、文化事业（211 次）、客

家文化（209 次）、革命文化（206 次）。

通过比较分析可以发现，传统文化、历史文化、岭南文化、文化产业、文化遗产、文化旅游、文化自信等搭配词均是中央与地方两类媒体报道中出现频次较高的词汇，这些搭配词在两种媒体中出现频次的排名均在前 10 位，说明两种媒体均重点关注了广东文化形象的这些内容；中华文化、文化建设、文化创意、文化资源、中国文化、文化艺术、城市文化、文化活动、广府文化、文化产品等搭配词，出现的频次也比较高，在两种媒体中出现频次的排名大多在前 30 位。两类媒体报道的搭配词出现频次排名出入比较大的词汇主要有广东文化、文化交流、地域文化、公共文化、社会主义文化、文化馆、文化企业、文化创新、文化服务等搭配词，其中，在人民网的报道中出现频次较高但在南方网的报道中出现频次较低的搭配词有公共文化、社会主义文化、文化服务、文化消费、广府文化、文化馆、文化企业、物质文化、红色文化、文化品牌、文化创新、革命文化等，在南方网报道中出现频次较高但在人民网报道中出现频次较低的搭配词有广东文化、文化创意、文化交流、地域文化、文化特色、文化发展、文化旅游、影视文化、地方文化、文化节、文化中心、民俗文化、文化街区、红木文化、文化元素、文化保护、文化传统等。从两种媒体报道的差异性来看，中央媒体更加关注广东省的公共文化、社会主义文化、文化产业与服务等宏观层面的内容，而地方媒体更加关注广东省的地域特色文化、具体门类的文化以及文化设施与元素等微观层面的内容，可以说，二者报道的重点是存在明显差异的。

## 六、目标文化词汇分析

目标词汇的选择主要考虑广东文化形象所涵盖的内容范围，以及目标词汇在广东文化形象传播过程中是否具有代表性和比较强的影响力。我们重点参考广东省近年来在对外进行文化形象宣传中所重点推动的几项发展战略，例如，公共文化服务、文艺精品、文化市场、文化交流、文化遗产保护传承等。本研究从语料库提取的关键词中选取了一些与目标词汇相关的词汇进行重点分析，这些词汇大致可呈现广东文化形象的图景。本研究在所构建的语料库中对与目标词汇相关的词汇进行了检索与统计，得出了这些词汇在语料库中的频数及其常用的搭配词，并对语料库中的原文语境进行了分析，以明确这些词汇在中央和地方两级媒体报道中出现的具体情况。

本研究从出现频次排名靠前的词汇中筛选了 20 个类别的关键词。在这些关键词上，出现频次较高的关键词有广州、旅游、创新、产业、艺术，其出现的频次分别为 7221 次、6136 次、3601 次、2805 次、2779 次；其次是粤港澳大湾区、岭南、服务、博物馆、游客、岭南文化、资源、文化产业，这些关键词出现的频次分别为 2410 次、2369 次、2212 次、2073次、1890 次、1857 次、1816 次、1709 次；再次是媒体、经济、体验、市场、科技、创作、广府、创意、公共、乡村、消费、交流、保护、演出、民族、粤剧、香港、客家关键词，出现频次分别为 1675 次、1667 次、1612 次、1570 次、1462 次、1428 次、1416 次、1337 次、1335 次、1332次、1302 次、1300 次、1295 次、1210 次、1179 次、1117 次、1098 次、1043 次。从这些高频关键词来看，广东文化形象报道的目标词汇主要集中在文化旅游、区域文化交流与合作、文化创意与文化产业、公共文化服务以及传统文化的保护等方面，其中尤以文化创意与文化产业类型的关键词出现频次较高，这说明文化创意与文化产业方面的形象较受媒体关注。但总体来看，本研究所筛选的词汇除了广州、旅游等少数关键词出现频次极高以外，其他关键词的频次均不是特别高，这说明在广东文化形象传播的过程中，除广州、旅游这些少数的文化形象被广泛传播以外，其他的文化形象较少被媒体所报道，因而公众对这些文化形象的了解比较少，广东省还需要通过塑造更有代表性的文化符号，进一步提升文化形象传播的效果。

### 七、分析结果讨论

通过对广东2018—2020年的文本材料的分析与整理，对所采用的文本进行关键字、关键字联系等分析，可以发现，本省对广东文化形象内容的挖掘已经很深刻，合理搭配各种词汇能够深刻描述广东文化形象，但是也存在一定的问题。

（一）媒体所呈现的广东文化形象还不够全面、立体

这种问题主要表现在所选择的样本区域（广东）文化形象尚未形成、文本书写不够全面、关键字的挖掘不够准确等方面。从中央级主流媒体人民网对广东文化形象的报道来看，这些报道所涉及的议题比较宏观，更多地集中在公共文化、社会主义文化、文化服务、文化消费等方面。作为广东省地方媒体的南方网对广东文化形象的报道则更多地集中在广东省的地域特色文化、具体门类的文化以及文化设施与元素等议题上。通过对报道议题进行分析可以发现，中央和地方两级主流媒体对广东文化形象报道所涉及的议题是比较丰富和广泛的，但两种媒体的报道也有所侧重，中央媒体更加关注对广东文化形象宏观议题的报道，而对广东省具体的文化形象及其体现和形象结构等涉及较少。广东省的文化形象不只是岭南文化或广东文化这种概况性的文化形象，也包含广府文化、潮汕文化、客家文化等不同类型文化的文化形象，更有以粤语、粤剧、茶楼、醒狮、广东人等具象化的文化事务所展现的文化形象，而中央媒体对这些微观层面的具体文化形象报道较少，这显示了中央媒体在建构和传播广东文化形象的过程中还不够全面。对于普通公众来说，他们对于区域文化形象的认识主要还是

依赖媒体的全方位报道。作为广东省地方媒体的南方网对广东文化形象的报道偏重于广东省文化创意、交流和旅游以及广东省文化设施、重要文化事物与元素的，总体上对广东文化形象的报道是比较杂乱的，并没有形成比较清晰的门类与脉络。广东文化形象是一个包含物质、精神与行为三个方面文化的复合体，是对多种文化的综合展示，中央媒体和地方媒体在对广东文化形象进行综合呈现过程中不够全面，这也导致了媒体所塑造的广东文化形象难以立体。

（二）中央主流媒体与广东省地方媒体关于广东文化的报道议程存在较大差异

报道议程上的差异主要表现在报道数量的变化和议题类型两方面。通常来说，一个媒体在构建某一具体形象的过程中，主要是借助议题设置实现，也就是说，大众媒体通过对特定议题的内容进行选择、加工、传播，可以达到勾画某种特定身份或者描绘某种形象的目的，这在区域文化形象构建与传播的过程中也是如此。当然，在构建和传播广东文化形象过程中，完成这项工作的媒体可能会因为其类型和属性的差异，表现出不同的传播特点，这些不同的媒体在对同一形象进行报道的过程中，也可能会设置不同类型的议题。从中央主流媒体人民网对广东文化形象报道的变化趋势来看，政府在文化方面的发展战略与活动对中央主流媒体对广东文化形象的报道议程有较大影响，如文化产业、文化旅游、公共文化服务、社会主义文化以及文化交流与合作等均是中央主流媒体密切关注的议题，这说明政府在文化发展战略上的推动对媒体的文化形象传播议程产生了积极影响。政府在文化上的发展战略对广东省地方媒体关于广东文化形象报道议题虽然产生了一定的影响，但相对于中央媒体而言并不是十分显著，或者说地方媒体对广东文化形象的报道数量变化并没有明显体现这种影响效应。近年来，虽然广东省不断加大文化对外传播力度，在广东文化的宣传上做了大量工作，但由于针对广东文化形象的媒体报道缺乏系统规划，在许多议题的报道上是比较欠缺的，这不利于全面、有效地构建和传播广东文化形象。

（三）媒体所构建的广东文化形象在整体上存在宏观化、碎片化、片面化的问题

在构建广东省的区域文化形象过程中，媒体需要构建起一种突出且宏观的广东文化形象，进而在整个社会形成一个拟态环境，使之成为社会公众认识广东文化形象的重要参照，但当前在中央和地方两级媒体构建广东文化形象的过程中，要么过于宏观，要么过于碎片化、片面化。社会大众对广东文化形象的认知和印象，主要是基于对广东文化形象报道的语料分析获得的，具体以语料库提取的关键词为主。若干关键词的组合，共同构成了广东文化形象的图景。在本研究所建构的"媒体报道广东文化形象语料库"中，出现频次较高的关键词有"文化""中国""发展""广州""旅游"等，而出现频次较高的搭配词主要有岭南文化、历史文化、传统文化、文化遗产、文化产业、文化自信、公共文化等，这些高频关键词结合在一起共同呈现了媒体报道中广东文化所表现的常见形象。媒体传播中大量将广东文化与中国、发展、广州、旅游、历史、传统、自信、公共服务等相联系报道，有助于在公众心目中建立起广东文化的基本印象。不过值得注意的是，从当前媒体对广东文化形象的报道看来，媒体在将广东文化形象与这些词汇进行联系时，主要还是以报道广东文化发展的宏观政策、文化发展战略、大型文化活动为主，很少从微观角度对广东文化发展的具体举措进行报道。

广东文化具有宏观性、复合性、多元性等特征，因而媒体所构建的广东文化形象也包容甚广。一般说来，地域文化具有一定的历史性特征，但在发展时受到了社会发展影响，因而地域文化也在不断融入社会发展的新

元素，例如，广东文化形象自近代以来经历了两次比较大的转变，在两次转变的过程中，广东文化均因为中国近代社会发展的历程和改革开放战略的实施，表现出全新的特征。媒体对广东文化形象各个方面的报道不可避免地受到了社会发展的影响，从而形成了广东文化形象所特有的因子，如媒体对广东历史文化、市民生活、城市建设等方面的报道，很多时候包含着对广东文化形象的报道，使社会大众对广东文化形象逐渐累积起总体认知与印象，这些广东文化特有的因子也成为媒体传播广东文化形象的重要元素。通过对媒体报道的内容进行分析可以发现，不管是中央级的主流媒体，还是广东省地方媒体，在针对广东文化形象的报道上，篇幅大多在500字以内。这种短而小的报道，在很多时候只能对广东文化形象进行简单描述，难以对广东省地方文化在物质、精神与行为等多个方面所蕴含的特征进行比较深入的挖掘和总结，这很可能会导致媒体对广东文化形象的报道呈现碎片化、片面化的特征。从广东文化形象传播的角度来看，短而小的报道并不能很好地建构和传播广东文化形象。例如，媒体在报道广东省的文化活动、文化举措或文化事物等议题时，短小的篇幅往往只能对活动、举措和事物本身的基本情况进行简单的陈述，而无法对背后隐含的更多目的、意义、影响发展趋势等信息进行多角度报道与解读，这显然是不利于社会大众对广东文化形象及其事实真相进行准确而具体的把握，反而易于造成社会大众对广东文化形象的随意猜想，从而不利于社会大众形成对广东文化形象的正确认知与理解。

（四）媒体传播中的广东文化形象缺乏标识性文化符号

区域文化在其发展历程中，一般会逐渐发展出其独特的个性与文化内涵，而这最终会借助各种媒介的大众传播方式表达出来，进而对广大受众的认识与理解产生一定影响。其中，对广大受众产生影响的载体主要是一系列关于某种地域文化的符号，而构成媒体报道的符号元素，如视觉、听觉、文字等符号，都是呈现地域文化符号的重要手段。相应地，最能够体现地域文化内涵的事物，就是能够表达该文化形象的标识性文化符号。对于一个地区来说，这种文化符号所代表的不只是地域文化的内涵，更重要的是能够体现地域文化最易于被社会大众广泛认知和记忆的重要特色。例如，只要一提到广西，人们自然而然就会想起桂林山水；只要一说到北京，人们自然就会想到北京的古建筑，如长城、故宫等。这些极具代表性的文化符号，成为地域文化形象的典型代表，在地域文化形象传播中起到了不可忽视的作用。本研究通过对中央和地方两级媒体对广东文化形象的报道内容进行挖掘，构建了"媒体报道广东文化形象语料库"。我们在考虑广东文化形象固有内容范畴的同时，重点思考了广东文化形象中最具代表性和最具影响力的相关词汇，以及广东近年来在进行文化形象的对外宣传过程中所重点推动的文化发展战略，进而通过词频统计明确了语料库中的广东文化形象目标词汇。通过研究发现，这些经过筛选的目标文化词汇在出现频次上并未比其他词汇的频次要高出许多，也就是说广东文化形象传播的过程中并没有塑造出极具代表性和标识性的文化符号，而这恰恰是地域文化形象构建与传播过程中所需要的。只有极具代表性和标识性的文化符号，才能作为展现地域文化的重要载体，体现地域精神，进而产生较高的品牌传播价值。显然，在当前广东文化形象的媒体传播过程中，文化符号的挖掘与表达是比较欠缺的，这不利于社会大众对广东文化形象进行认知与记忆，可能会造成看过、听过之后就忘记的问题，难以让广东文化建立起良好的品牌形象和具有比较高的认知度。

## 第三节　渠道选择与广东文化形象

传播内容的确定是传播过程中最为重要的一部分，当然也受到其他因素的影响，选择一个好的传播渠道是提高传播影响力的有力辅助手段。在快节奏的时代，传统的报纸、广告等传播方式因传播速度慢、消息滞后等缺点，严重阻碍了传播效率，而互联网技术的发展，为信息的快速传播提供了新的渠道。发挥互联网作用以提高文化形象传播影响力是目前的主要方向。以下研究就以现有传播方式进行调查，深度挖掘提高文化形象传播的高效途径。

### 一、广东居民获取文化形象信息内容的渠道分布

从调查结果来看，报纸、电视、网络是广东省普通居民获取广东文化信息的主要渠道。在众多传播渠道中，人际传播可以形成次级传播圈，因而也在广东文化形象传播过程中发挥着日益增加的影响力，应给予足够的重视。尤其值得注意的是，在第三提及率排序中，广东居民将各种口头传播这一人际传播渠道放到了各种传播渠道的第一位，这说明广东省的决策者应当在文化形象传播过程中充分重视人际传播这一渠道。

总体来看，在各类渠道选择中，若按不同提及率的排序来看：第一提及率排名较高的渠道主要为报纸、电视、网络等，第二提及率排名靠前的渠道主要是电视、报纸、广播等，第三提及率排名靠前的渠道主要是各种口头传播、网络、电视、报纸。

表 21 广东全体市民媒介接触三个提及率分布情况

| 第一提及渠道 | | 第二提及渠道 | | 第三提及渠道 | |
|---|---|---|---|---|---|
| 报纸 | 46.6% | 电视 | 32.9% | 各种口头传播 | 18.8% |
| 电视 | 29.6% | 报纸 | 18.4% | 网络 | 18.4% |
| 网络 | 8.3% | 广播 | 18.2% | 电视 | 17.1% |
| 广播 | 5.8% | 网络 | 14.5% | 报纸 | 13.8% |
| 各种口头传播 | 4.8% | 各种口头传播 | 8.6% | 广播 | 9.4% |

| 第一提及渠道 | | 第二提及渠道 | | 第三提及渠道 | |
|---|---|---|---|---|---|
| 会议 | 1.7% | 展览 | 3.3% | 展览 | 9.2% |
| 展览 | 1.5% | 杂志 | 1.8% | 会议 | 7.2% |
| 书籍 | 0.4% | 会议 | 1.4% | 杂志 | 3.5% |
| 杂志 | 0.4% | 书籍 | 0.4% | 书籍 | 0.9% |
| 其他 | 0.9% | 其他 | 0.5% | 其他 | 1.7% |
| 总计 | 100% | 总计 | 100% | 总计 | 100% |

## 二、广东居民大众媒介渠道的使用情况

### (一) 电视

广东普通居民电视渠道接触呈现本地化的特色,因而在制定广东文化形象的电视传播策略过程中应对此给予充分的考量。

在广东居民的媒介接触中,第一提及率中接触较多的几个频道中还是以广东省的本地频道为主,珠江频道、CCTV1、广东卫视三个频道居于前三位,紧随其后的是香港地区的翡翠台,然后是影视频道、南方卫视、深圳卫视、珠江电影频道、综艺频道、新闻频道等本土电视频道。若以电视台作为广东文化形象传播的大众媒介分析对象,广东省普通居民的媒介接触可分为两类,分别是广东省本地电视台与广东省之外的其他电视台。显然,广东省本地电视台在整个频道分布及其接触人数的排名中均占有较大的份额。广东省本土之外的电视频道主要是央视的 CCTV1、CCTV 新闻、CCTV8、CCTV5、CCTV4、CCTV6 等,以及香港的翡翠台、本港台等频道。

表 22　广东居民电视接触渠道分布情况

| 第一提及渠道 | | | 第二提及渠道 | | | 第三提及渠道 | | |
|---|---|---|---|---|---|---|---|---|
| 频道名称 | 人数 | 百分比 | 频道名称 | 人数 | 百分比 | 频道名称 | 人数 | 百分比 |
| 珠江频道 | 100 | 22.20% | 珠江频道 | 59 | 14.10% | 影视频道 | 24 | 6.60% |
| CCTV1 | 56 | 12.40% | 广东卫视 | 40 | 9.60% | CCTV1 | 21 | 5.80% |
| 广东卫视 | 37 | 8.20% | 影视频道 | 33 | 7.90% | 珠江频道 | 19 | 5.30% |
| 翡翠台 | 39 | 8.60% | CCTV1 | 24 | 5.70% | 新闻频道 | 16 | 4.40% |
| 影视频道 | 21 | 4.70% | 珠江电影频道 | 20 | 4.80% | 珠江电影频道 | 16 | 4.40% |
| 南方卫视 | 16 | 3.50% | 综艺频道 | 16 | 3.80% | 综艺频道 | 16 | 4.40% |
| 深圳卫视 | 13 | 2.90% | 新闻频道 | 11 | 2.60% | 广东卫视 | 13 | 3.60% |
| 珠江电影频道 | 12 | 2.70% | 体育频道 | 11 | 2.60% | 公共频道 | 13 | 3.60% |
| 综艺频道 | 12 | 2.70% | 南方卫视 | 11 | 2.60% | 体育频道 | 12 | 3.30% |
| 新闻频道 | 11 | 2.40% | 深圳卫视 | 15 | 3.60% | 综合频道 | 9 | 2.50% |
| CCTV 新闻 | 10 | 2.20% | CCTV5 | 8 | 1.90% | 经济科教频道 | 7 | 1.90% |
| 体育频道 | 9 | 2.00% | CCTV4 | 7 | 1.70% | 南方卫视 | 7 | 1.90% |
| 经济科教频道 | 8 | 1.80% | CCTV6 | 6 | 1.40% | 深圳卫视 | 7 | 1.90% |
| 公共频道 | 7 | 1.60% | 公共频道 | 6 | 1.40% | CCTV2 | 6 | 1.70% |
| CCTV8 | 5 | 1.10% | CCTV8 | 6 | 1.40% | CCTV3 | 6 | 1.70% |
| 前 15 个频道总值 | | 79.00% | 前 15 个频道总值 | | 65.10% | 前 15 个频道总值 | | 53.00% |

（二）报纸

广东居民接触报纸渠道遵循"二八定律"，即事物的主要结果取决于关键部分因素，因而广东文化形象传播的报纸传播策略也应以该规律进行制定。

报纸在社会传媒中仍然发挥着重要的作用，因而该类媒体是广东居民媒介接触排名第二位的媒介。通过调查可以发现，广东居民的报纸渠道接触总体上表现出了"二八定律"的特征，也就是说，广东居民在接触报纸媒体的过程中，有20%的渠道吸引了高达80%的受众。具体来看，媒体接触率较高的前五份报纸覆盖了60%的受众。除此之外，我们进一步分析了三种排序之间的相关性，可以发现都市报类型对广东居民具有极大的普及性，而广东省的党报或机关报具有很高的权威性，用英文发行的报纸充分体现了广东地区的国际化特点。

表23 广东居民报纸接触渠道分布情况

| 第一提及渠道 | | | 第二提及渠道 | | | 第三提及渠道 | | |
|---|---|---|---|---|---|---|---|---|
| 频道名称 | 人数 | 百分比 | 频道名称 | 人数 | 百分比 | 频道名称 | 人数 | 百分比 |
| 《广州日报》 | 109 | 24.40% | 《广州日报》 | 55 | 14.50% | 《广州日报》 | 30 | 9.80% |
| 《南方都市报》 | 90 | 20.10% | 《南方都市报》 | 40 | 10.50% | 《南方都市报》 | 23 | 7.50% |
| 《羊城晚报》 | 29 | 6.50% | 《羊城晚报》 | 26 | 6.80% | 《南方周末》 | 20 | 6.60% |
| 《新快报》 | 26 | 5.80% | 《南方周末》 | 19 | 5.00% | 《羊城晚报》 | 17 | 5.60% |
| 《南方周末》 | 22 | 4.90% | 《参考消息》 | 17 | 4.50% | 《参考消息》 | 12 | 3.90% |
| 《信息时报》 | 18 | 4.00% | 《信息时报》 | 15 | 3.90% | 《信息时报》 | 11 | 3.60% |
| 《佛山日报》 | 11 | 2.50% | 《新快报》 | 15 | 3.90% | 《新快报》 | 10 | 3.30% |
| 《China Daily》 | 10 | 2.20% | 《China Daily》 | 15 | 3.90% | 《环球时报》 | 10 | 3.30% |
| 《参考消息》 | 10 | 2.20% | 《赢周刊》 | 14 | 3.70% | 《人民日报》 | 9 | 3.00% |
| 《人民日报》 | 9 | 2.00% | 《城市画报》 | 9 | 2.40% | 《China Daily》 | 7 | 2.30% |
| 《环球时报》 | 9 | 2.00% | 《周末画报》 | 8 | 2.10% | 《赢周刊》 | 5 | 1.60% |
| 《广东电视周报》 | 9 | 2.00% | 《环球时报》 | 7 | 1.80% | 《城市画报》 | 5 | 1.60% |
| 《赢周刊》 | 8 | 1.80% | 《人民日报》 | 7 | 1.80% | 《周末画报》 | 5 | 1.60% |
| 《足球》 | 6 | 1.30% | 《足球》 | | 1.60% | 《深圳特区报》 | 4 | 1.30% |
| 《周末画报》 | 4 | 0.90% | 《深圳特区报》 | 6 | 1.60% | 《广东电视周报》 | 4 | 1.30% |
| 前15个频道总值 | | 82.80% | 前15个频道总值 | | 68.20% | 前15个频道总值 | | 56.40% |

（三）广播

广东居民主要提及的广播是广东省比较有特色的频道，如音乐之声、交通之声、珠江经济台等，这些广播频道大多是广东广播电视台旗下的广播频道，也是在广东省境内受众数量比较多的几个频道。从这些频道的受众来看，其受众主要是以频道自身的特色为基础而建立起来的，以往建立在广播台基础上的受众格局逐渐被打破，这显示了广播台受众的信息选择越来越细分化，广播的小众化传播趋势也日益明显。

表24 广东居民广播接触渠道分布情况

| 第一提及渠道 | | | 第二提及渠道 | | | 第三提及渠道 | | |
|---|---|---|---|---|---|---|---|---|
| 频道名称 | 人数 | 百分比 | 频道名称 | 人数 | 百分比 | 频道名称 | 人数 | 百分比 |
| 音乐之声 | 40 | 17.90% | 珠江经济台 | 20 | 12.70% | 交通之声 | 13 | 11.30% |
| 交通之声 | 31 | 13.90% | 音乐之声 | 17 | 10.80% | 珠江经济台 | 7 | 6.10% |
| 珠江经济台 | 16 | 7.20% | 新闻广播 | 9 | 5.70% | 新闻广播 | 6 | 5.20% |
| 新闻广播 | 14 | 6.30% | 文体广播 | 6 | 3.80% | 佛山电台 | 5 | 4.30% |
| 深圳电台 | 8 | 3.60% | 交通之声 | 5 | 3.20% | 深圳电台 | 4 | 3.50% |
| 佛山电台 | 8 | 3.60% | 中国之声 | 5 | 3.20% | 广州新闻电台 | 4 | 3.50% |
| 城市之声 | 7 | 3.10% | 经济之声 | 5 | 3.20% | 羊城交通台 | 3 | 2.60% |
| 中国之声 | 4 | 1.80% | 南粤之声 | 4 | 2.50% | 经济之声 | 3 | 2.60% |
| 羊城交通台 | 4 | 1.80% | 城市之声 | 4 | 2.50% | 南粤之声 | 3 | 2.60% |
| 经济之声 | 4 | 1.80% | 佛山电台 | 3 | 1.90% | 城市之声 | 2 | 1.70% |
| 南方生活广播 | 4 | 1.80% | 深圳电台 | 3 | 1.90% | 中国之声 | 2 | 1.70% |
| 南粤之声 | 4 | 1.80% | 广州新闻电台 | 3 | 1.90% | 中央广播 | 2 | 1.70% |
| 文体广播 | 4 | 1.80% | 股市广播 | 3 | 1.90% | 股市广播 | 2 | 1.70% |
| 股市广播 | 4 | 1.80% | 羊城交通台 | 3 | 1.90% | 经济之声 | 2 | 1.70% |
| 广州新闻电台 | 3 | 1.30% | 中央广播 | 3 | 1.90% | 城市之声 | 2 | 1.70% |
| 前15个频道总值 | | 69.50% | 前15个频道总值 | | 59.00% | 前15个频道总值 | | 51.90% |

（四）网络

广东居民主要是在家里和单位两类场所接触网络，受众数量比重有七成。从广东居民网上从事的主要活动来看，阅读新闻、搜索信息、收发邮件等活动都与信息获取有很大关系，这说明广东居民利用网络的主要目的还是获取信息。

表 25　广东居民网上主要活动

| 排序 | 上网活动 | 均值 |
| --- | --- | --- |
| 1 | 阅读新闻 | 4.08 |
| 2 | 搜索信息 | 3.97 |
| 3 | 收发邮件 | 3.86 |
| 4 | 网上开展工作 | 2.97 |
| 5 | 网络下载 | 2.96 |
| 6 | 网上学习 | 2.72 |
| 7 | 聊天 | 2.59 |
| 8 | 打游戏娱乐 | 2.58 |
| 9 | 收看网络视频 | 2.13 |
| 10 | 网上购物 | 2.11 |

### 三、媒介渠道接触与文化形象的相关性

从以上的调查结果可以看出，社会大众的读报与看电视等行为对传播广东文化形象是有积极意义的，而上网对广东文化形象的行为、物质形象存在积极的影响。具体来看：

（一）广东行为文化形象与上面提到的三种媒介接触都有显著的关联性

居民的读报行为与看电视行为对于广东行为文化形象的建立是有积极

影响的，这些行为与广东行为文化形象之间存在着正相关关系，但这种相关性并没有统计学意义上的显著性。居民的广播接触与广东行为文化形象呈现负相关性，但这种相关性没有达到统计学意义上的显著水平，而网络接触与广东行为文化形象是显著负相关的，这也说明互联网环境下的海量信息与广东行为文化形象的塑造之间存在着一定的冲突性，这是当前需要重视和解决的问题。

（二）广东物质文化形象与居民的四类媒介接触都存在一定的相关性

居民的读报行为与广东物质文化形象是正相关的，但相关性不具有显著性，这说明居民的读报行为对该形象的建立有一定促进作用。居民的广播接触与广东物质文化形象存在着负相关性，但相关性也未达到统计学意义上的显著性水平；而居民的网络接触与广东物质文化形象是显著负相关的，网络是否对物质文化形象建设产生影响，这是值得后续深入思考的问题。

（三）广东精神文化形象与居民的四类媒介接触也存在一定相关性

在精神文化形象建设方面，虽然相关性仍然没有达到显著性水平，但是报纸、电视、广播这类媒介接触呈现了正相关性，而网络仍然与精神文化形象是负相关的，因此网络在广东文化形象的塑造方面发挥了何种作用仍然是很值得进一步思考的。

总的来看，在塑造广东文化形象方面，传统媒体所发挥的作用仍然是最主要的，但网络给广东三类文化形象的塑造所带来的消极影响，是值得相关部门重点关注的。一般来说，在互联网环境中的受众主要是以年轻的受众为主，因而负责广东文化形象传播的传播者更注重加强对网络阵地的占领和开发。

**表 26 媒体接触与广东文化形象的相关度分析**

| | | 文化<br>行为形象 | 文化<br>物质形象 | 文化<br>精神形象 |
|---|---|---|---|---|
| 您读报吗? | Person Correlation | 0.007 | 0.024 | 0.120 |
| | Sig.（2-tailed） | 0.873 | 0.597 | 0.005 |
| | N | 494 | 508 | 518 |
| 您看电视吗? | Person Correlation | 0.550 | 0.027 | 0.065 |
| | Sig.（2-tailed） | 0.227 | 0.550 | 0.146 |
| | N | 481 | 495 | 505 |
| 您听广播吗? | Person Correlation | −0.021 | −0.022 | 0.017 |
| | Sig.（2-tailed） | 0.652 | 0.624 | 0.709 |
| | N | 480 | 494 | 504 |
| 您上（互联）网吗? | Person Correlation | −0.205 | −0.162 | −0.001 |
| | Sig.（2-tailed） | 0 | 0 | 0.988 |
| | N | 480 | 494 | 503 |

# 第四节 内容传播与广东文化形象

## 一、广东居民获取文化形象信息内容概况

根据传播学的需求与满足理论，有需求才会有传播的动力。研究发现，本地的普通居民、企业员工、外国人等各类人群都对广东文化相关信息有比较大的需求，但都未能获得较好的满足，这是在广东文化形象传播中必须引起足够重视的。普通居民对广东文化信息是比较关注的，他们表现了比较强的寻找广东文化信息的动机，但他们仍然表示自己并不是很了解广东省相关的文化活动情况。这说明，广东文化形象传播在内容上仍然是存在不足的，广东文化形象的传播者应提供足够丰富的信息，以更好地

满足普通居民对广东文化的信息需求。

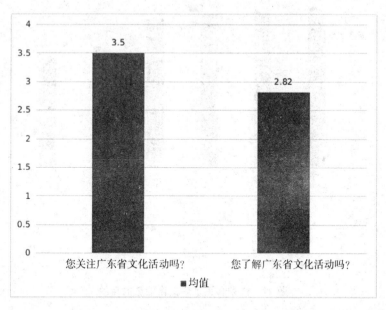

**图10 广东居民对广东文化活动的关注与了解情况**

通过以上分析可知,广东居民比较关心广东文化,从他们了解广东文化信息的目的来看(图11),他们了解的主要信息集中在发展趋势、掌握最新信息、增长自身知识等几个方面,但居民了解、积极参与文化活动的热情并不是很高,这也说明广东文化形象的传播者需要进一步提升信息公开力度,增加文化活动吸引力,鼓励和吸引更多居民参与到文化活动中来。

## 二、广东居民获取文化形象信息内容类型

广东省官方发布的各种文化政策信息、广东文化发展成就、广东文化及其活动信息是广东居民最关注的信息,而广东文化人物、文化动态等相关信息对广东居民的吸引力不高(图12)。

广东居民对文化信息的品质要求还是比较高的,这种要求体现在他们

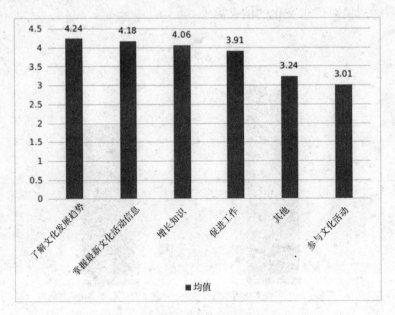

**图 11　广东居民了解文化信息的目的**

希望所获取的文化信息更加全面、准确、可信、及时，有足够多的信息可供阅览和获取。从这个意义上讲，社会大众所获取的广东文化信息主要还是希望以官方为主导公布其相关指标活动，以确保所获取的信息拥有较高的品质，这构成了广东文化形象政策宣传以及公关活动必须重视的基础。

广东居民对广东文化信息品质要求主要集中在信息的全面性、准确性，其次是信息的可信性、规模性和及时性，最后则是信息的生动性（图13）。

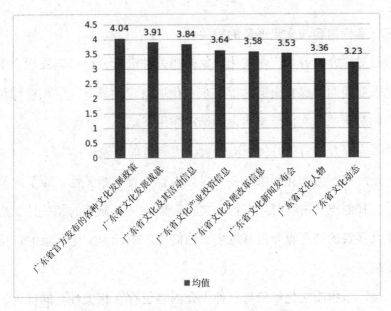

**图 12　广东居民关注的广东文化信息**

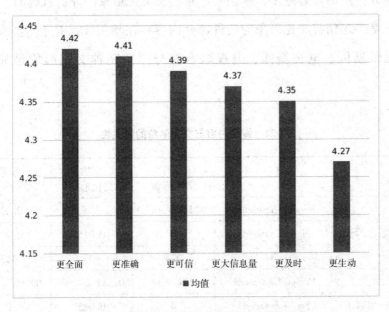

**图 13　广东居民对广东文化信息品质的期待**

### 三、媒介内容与文化形象的相关性

通过对媒介内容与广东文化形象的相关性进行分析可以发现，报纸新闻与电视新闻两种媒介渠道对于广东文化形象建设具有一定积极作用，而广播新闻对于广东文化形象建设的推动作用不是那么显著。

从不同媒介内容的具体影响来看，主要有如下表现：

一是广东行为文化形象与三种媒介内容都具有相关性，除了广播新闻因子外，其他媒介内容与广东行为文化形象均具有显著的相关性，也就是说，受众接触的这些媒介内容越多，他们对广东行为文化形象的评价相应地也就越高。

二是广东物质文化形象与三种媒介内容也存在相关性。同样地，除了广播新闻外，其他媒介内容都与该形象具有显著的相关性，说明受众接触这些媒介传播的内容越多，他们对广东物质文化形象的评价就越高。

三是广东精神文化形象与三种媒介内容存在相关性。对于该类文化形象，报纸新闻、电视新闻、电视综合都与广东精神文化形象是显著相关的。

**表 27　媒介内容与文化形象的相关性**

| | | 广东行为<br>文化形象 | 广东物质<br>文化形象 | 广东精神<br>文化形象 |
|---|---|---|---|---|
| 报纸综合因子 | Person Correlation | 0.224（**） | 0.117（*） | 0.039 |
| | Sig.（2-tailed） | 0 | 0.015 | 0.417 |
| | N | 424 | 437 | 443 |
| 报纸新闻因子 | Person Correlation | 0.224（**） | 0.131（**） | 0.190（**） |
| | Sig.（2-tailed） | 0 | 0.005 | 0 |
| | N | 443 | 456 | 463 |

续表

| | | 广东行为<br>文化形象 | 广东物质<br>文化形象 | 广东精神<br>文化形象 |
|---|---|---|---|---|
| 电视新闻因子 | Person Correlation | 0. 213（**） | 0. 182（**） | 0. 227（**） |
| | Sig.（2-tailed） | 0 | 0 | 0 |
| | N | 450 | 462 | 469 |
| 电视综合因子 | Person Correlation | 0. 342（**） | 0. 229（**） | 0. 175（**） |
| | Sig.（2-tailed） | 0 | 0 | 0 |
| | N | 444 | 455 | 463 |
| 广播新闻因子 | Person Correlation | 0. 111 | 0. 113 | 0. 118 |
| | Sig.（2-tailed） | 0. 071 | 0. 063 | 0. 051 |
| | N | 264 | 271 | 276 |
| 广播综合因子 | Person Correlation | 0. 286（**） | 0. 163（**） | 0. 078 |
| | Sig.（2-tailed） | 0 | 0. 009 | 0. 207 |
| | N | 253 | 259 | 263 |

∗ Correlation is significant at the 0. 05 level（2-tailed）

∗∗ Correlation is significant at the 0. 01 level（2-tailed）

### 四、内容反馈与文化形象的关系

反馈在整个文化形象传播流程中是衔接前后不同环节的关键，该环节发挥着不可替代的作用，具体主要体现在以下三方面：首先，反馈是文化形象传播全过程的最后一个关口；其次，反馈是矫正文化形象传播的必经环节；最后，反馈是推动文化形象传播的必然选择。

近年来，广东省越来越重视文化形象的反馈问题，通过制定政策、设立专门机构，广东文化形象传播信息反馈中存在的信息不畅通问题获得了较好的解决。当整个社会发展到网络时代以后，广东省也加大了网络反馈渠道建设的工作力度，不仅建立和健全了与此相关的文化形象信息部门，同时将社会大众反馈的信息直接公布在互联网平台上，鼓励社会各界通过网络渠道积极主动地将文化形象相关信息反馈给广东省的传播者。

本研究针对民众对广东文化形象的反馈情况进行了调查，从结果来看：

其一，广东省民众对广东文化形象的反馈主要通过大众传媒来获得，尤其是电视和广播两类媒介对广东省民众接收广东文化形象信息的影响较大，这两类媒介所提供的信息反馈渠道是被选择较多的两个。其次是给政府相关部门直接打电话进行信息的反馈。从民众对不同反馈渠道的满意度得分来看，民众最不愿意通过信访部门反馈自己关于广东文化形象传播的看法或建议的意愿并不强烈，表示愿意"直接去广东省政府信访部门"反馈意见的受访者数量只有 24 人，而对该行为持否定态度的受访者数量则达到了 347 人。

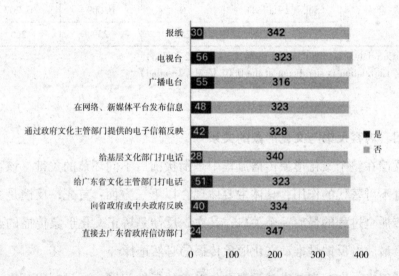

**图 14　广东居民选择不同反馈渠道的情况**

其二，从广东民众对各类反馈渠道所给出的评分来看，多数民众对大众传媒的评价最高，其次是互联网平台。这也说明在当前背景下，广东省在构建和传播文化形象的过程中，必须重视新兴网络技术的作用与价值，应尽可能将传统的信息反馈方式与新技术进行结合，使之具有全新的活力。

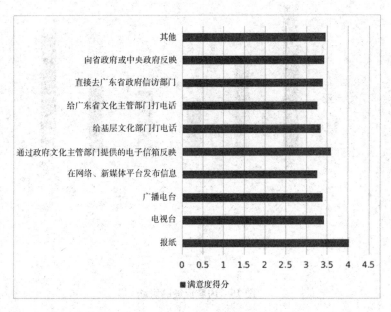

**图15　广东居民对各种反馈渠道的满意度**

一是从反馈的结果来看，民众对报纸的满意度是最高的，电视其次，电台再次之，显然满意度排名前三的反馈渠道均为大众媒体。

二是网络在各类反馈渠道中的满意度得分排名也比较高，这说明当前广东省在互联网平台上所提供的关于广东文化的相关信息及其反馈渠道受到了民众的欢迎和好评。

三是民众对传统沟通交流方式的看法大多是持肯定态度的，但与其他新兴沟通方式相比，传统沟通交流方式还有很多值得改进的地方。

其三，民众借助广东省官方提供的多种反馈交流渠道，在很大程度上增加了对广东文化形象的了解，这使得他们更加自觉、自信地参与广东文化形象的构建与传播，这也说明建立起官方与民间良好的沟通交流体系对于建立和传播广东文化形象非常重要。

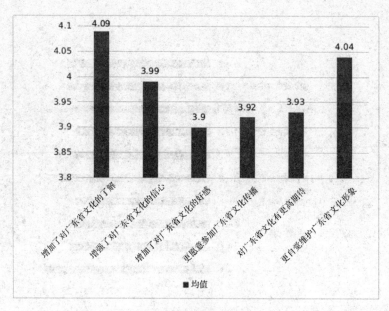

**图16　内容反馈的影响**

从数据分析可以看到：

一是达到比较满意以上的有"增加了对广东省文化的了解""增强了对广东省文化的信心""更自觉维护广东省文化形象"这三个方面，这也说明在广东文化形象传播中反馈渠道通畅是相当重要的一环。

二是"增加了对广东省文化的好感""更愿意参加广东省文化传播""对广东省文化有更高期待"这三个方面得分虽然相对较低，但总体还是比较理想的。因此，广东文化形象建设与反馈之间存在着十分紧密的联系。

# 第五节 人际、组织传播与广东文化形象

## 一、人际传播与广东文化形象传播

人际传播是人类进行信息交流与传播的基本方式之一，通过人与人之间的交流，信息可以在人与人之间呈现有序流动状态，进而达到信息传播的目的。对于人际传播而言，最主要的特点是在整个交流的过程中，信息与情感两个要素是交织起来的，因而在信息传播中，人际传播除了沟通功能之外，还发挥着对信息进行评价的作用，国内外都有大量的例子可以用于说明人际传播与文化形象建立之间存在着密切的互动关系。中国历来有"兼听则明""从谏如流"的说法，但也有"防民之口甚于防川"的警示，这说明人际传播在与官民信息互动的过程中存在着两种情况：一种是官方与民间的人际传播存在着良好的互动，另一种是官方与民间的人际传播呈现关系紧张的局面。然而，从这两种情况来看，无论社会大众选择哪种方式，都没有主动权，人际传播的主动权始终掌握在官方手中。从以往对人际传播理论的研究来看，传播学界对此给予了足够的重视，发现人际传播过程中存在着许多传播规律，包括从众理论、沉默的螺旋、意见领袖等，而这些理论显示，人际传播所发挥的作用是值得关注的。可以说，人际传播的效果在很多情况下是比大众传播更加理想的。

从过去与当前的理论研究来看，人际传播对广东文化形象有着重要影响，主要表现在以下三个方面：一是广东文化形象在人际传播中形成；二是人际传播影响广东文化形象构建；三是人际传播与广东文化形象之间形成良好互动的关系，进而产生巨大的舆论生产力。

本研究设定了一个问题，用于调查在各类人际网络中，什么样的人际

关系会对广东文化形象传播产生影响。调查结果显示如下。

第一，家人、朋友、同事对广东省普通民众认知和理解广东文化形象有着重要意义（图17）。

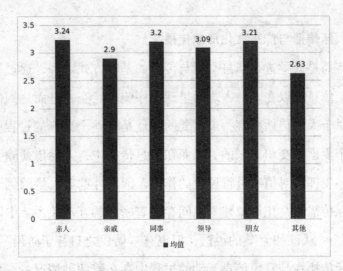

**图17 广东居民人际交往情况**

第二，广东普通民众认为人际传播在信息的准确性、全面性方面具有比较大的优势，但在信息的系统性与深度性方面还存在着不足（图18）。

第三，广东普通民众认为，人际传播加深了他们对广东文化的了解，使得他们对广东文化形象有更高的期待和兴趣，尤其是他们中的许多人也因此选择更加自觉地维护广东文化形象。可见，人际传播在广东文化形象构建和发展中发挥着重要的作用。

"增强了对广东文化的信心""增加了对广东文化的好感"以及"更愿意参加广东文化传播"虽然得分处在相对靠后的位置，但与前三个选项得分的差异相对较小，这说明广东普通民众对于广东文化形象是比较认同的，也说明了广东普通民众的人际传播对广东文化形象建设是有积极促进作用的。

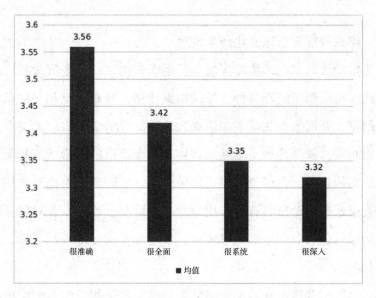

**图 18　广东居民对人际交往效果的评价**

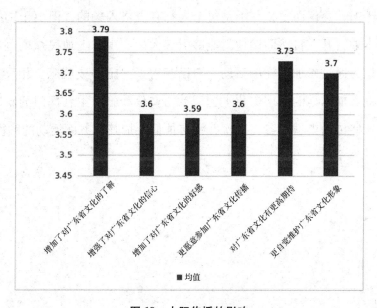

**图 19　人际传播的影响**

## 二、组织传播与广东文化形象传播

作为推动广东文化形象传播的主要组织机构之一，政府为推广和繁荣本土文化，每天都要进行各种各样的组织传播，发布文化相关的信息，举办文化展览，开展系列文化主题活动，等等。有些活动与广大群众的日常生活紧密相关，部分活动虽然并未直接与广大群众的日常生活相关联，但可以为广东构建的文化形象赢得更好的名声。本研究针对此类组织传播活动，调查了这些活动所具有的作用与意义，旨在了解广东普通居民在参加这些活动以后是否对广东文化形象产生了更加全面、准确的认知。调查结果具体如下。

第一，广东普通民众参加较多的是与广东文化相关的各种国内与国际会议、展览、咨询活动，这些活动充分说明广东文化形象具有国际化特征。对于国际会议而言，并不是每个人都有资格入场的，但由于国际会议在广东本地召开，自然而然地就能够引起大量广东省本地民众的兴趣，他们大多认为通过参加这样的活动，自己获得了一定的成就感。相反，广东普通民众参加本地的基层文化主题活动与文化和旅游主管部门的新闻发布会时，这些传播渠道的参与频次并没有他们参加其他方面活动的频次高。

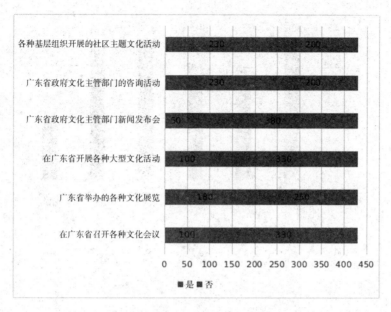

图20 广东省普通居民参加组织传播活动的基本情况

第二，通过参加这些组织传播活动，广东普通民众极大地提升了自身对于广东文化形象的了解与认识，对广东文化形象有了更高的期待且更自觉地维护广东文化形象。总的来看，各项活动的得分差距并不算太大，可以认为这些活动之间的差异也比较小。这种总体上的一致性表明，组织传播对广东文化形象在整体上具有积极意义，换言之，组织传播活动的开展对广东文化形象建设起到了正面的效果。

组织传播作为一种有效的信息传播方式，不仅可以增加社会大众对广东文化的了解和认识，让人们更加自觉地维护广东文化形象，增强人们对本土文化的信心，更愿意与广东省官方机构协调配合，共同参与到广东文化形象的塑造与传播之中，也可以让人们对广东文化形象产生更高的期待。该调查也表明，良好的文化形象与丰富多样的组织活动是密不可分的。组织传播在某种意义上可以作为社会大众参与文化形象传播的信息流

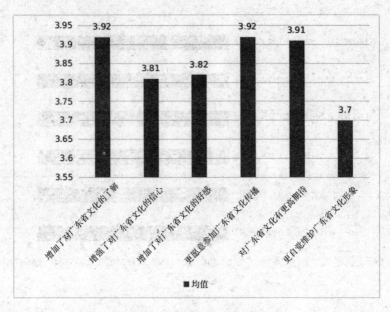

**图 21 组织传播的影响**

与感情流，这在组织传播的过程中发挥着相互促进的作用：一方面，信息流带动感情流；另一方面，感情流带动了信息流，二者的相互作用共同促进了文化形象在社会大众中的塑造与传播。组织传播发挥作用的关键在于要吸引社会大众足够的关注，这就要求组织传播要实现规模化、品牌化、定期化、规范化；只有获得了多方面的支持，组织传播在促进文化形象传播的过程中才能发挥其应有的作用。

# 第五章 广东文化形象传播的现状

通过对广东文化形象发展进程的梳理可以发现，广东历史悠久而辉煌，在各个时代里都具有引人瞩目的特点和影响，逐步形成了极具地方特色的广东地域文化。然而，自改革开放以来，广东省有"文化荒漠"的称谓，这种文化弱势地位与广东经济强省地位显得极不相称。① 那么，分析制约广东文化形象塑造及传播的相关因素，对于提高广东文化传播质量、提高广东文化影响力具有重要作用。因此，本研究针对广东文化形象构建与传播的相关影响因素进行分析，为深度挖掘广东文化形象在传播过程中存在的问题及其制约因素，我们以拉斯韦尔的传播模式作为理论依据，从控制、内容、媒介、受众和效果五方面分析广东文化形象传播中面临的问题。

## 第一节 控制分析：广东文化形象传播缺乏整体性

在前文中我们已经提到，广东文化形象构建与传播的主体是政府、非

---

① 徐雁，陈哲彦. 挥别"文化荒漠"，营造"书香之都"——在创意创新中发展的"深圳读书月"活动 [J]. 出版广角，2021 (12)：6-9.

政府组织、公民个人以及民营媒体等，这些主体在一定程度上履行了文化形象传播的主体职责。但从广东文化形象传播能力构建的实际情况来看，几个文化形象传播主体各司其职，独立地进行文化形象的传播，并未深度发掘文化形象的影响力潜能。调节促成各主体之间的合作对于促进广东文化形象的传播具有重要意义。

### 一、传播主体之间的竞争合作关系不突出

在文化形象传播过程中，不同主体之间的相互竞争主要表现为体系之间的竞争，即各个体系以自身特有的方式，将广东文化形象相关的信息有效地传播给受众，并对其产生一定的影响力。我们的研究发现，与政府主体相比，非政府组织在文化形象传播的过程中更易于受到政策、经济等外在因素的影响，很难做到完全自觉执行自己的文化形象传播策略。相应地，公民个人则更易处于文化形象传播的自发状态，也就是说，他们不容易受到政策和经济条件的制约，能够自发、自主地进行文化形象传播，但往往受到自身能力的限制。

按照逻辑性来讲，文化形象传播能力并不因四类体系间存在着竞争而受到削弱，反而通过竞争激发文化形象传播能力的活力。然而，在广东文化形象传播的实际情况中，承担广东文化形象传播职能的几类主体之间并没像理论上所期望的那样存在着比较显著的竞争关系，这种情况可能造成以下三个方面的负面效果。

（一）文化形象的传播可能会在一定程度上出现内容的真空地带

当政府从宏观上对文化形象传播的方向进行把控和规划的时候，难以对文化形象传播进行详细的部署，无法获得全面的形象传播效果。在政府主导的文化形象传播过程中，非政府组织与公民个人往往处于比较弱势的地位，能够发挥的作用相对有限，因而推动文化形象传播的效果也不太显

著。鉴于此，只有对广东文化的某些边缘区域进行全面探寻，才有可能在优势文化、传统文化大行其道的过程中不至于将这些边缘文化埋没，也才能确保广东文化形象的传播力量不因此受到削弱。

（二）广东文化形象传播过程中在多数情况下信息流向是单向的

广东文化形象传播的主体太过于单一和强势，这将导致文化形象的相关信息基本上只能由一个传播主体单向流动到另一个传播主体。广东文化形象传播缺乏多元声音，必然会导致受众的可选择性和互动性受到严重的削弱，从而传播效力不高。由于广东文化形象传播主体之间缺乏良性竞争关系，处于相对弱势地位的非政府组织及公民个人无法有效发挥自身的作用，他们在文化形象传播主体角色定位上往往处于边缘化的位置，这种角色的边缘化反过来对他们的文化形象传播效力产生了极大的制约作用。

（三）广东文化形象传播真实的传播效果有待提高

广东文化形象传播往往表面上看起来好像很繁荣，在政府主导下被传播到了广大民众之中，但若仔细分析可发现，这种文化形象传播往往在贴近性、亲民性上难以获得有效保证。民众在文化形象传播过程中所处的地位是被动的，他们只能够被动地接受政府传播相关文化形象信息，这种被动容易产生对文化形象信息的"脱敏"心理，也就是说可能会对广东文化形象的相关信息漠不关心，从而难以获得预期的传播效果。

针对这种情况，广东提升自身文化形象传播效果可从以下两方面着手。其一，持续完善以政府为主导的文化形象传播体系。在此过程中，应当充分重视非政府组织及公民个人的作用，将他们纳入广东文化形象传播体系之中，发挥他们对文化形象传播"裨补阙漏"的功用，要求他们积极与政府配合，共同实现由上及下、由内而外的广东文化形象传播局面。另外，提供政府与非政府组织及公民个人之间互动反馈的渠道，切实提升广东文化形象传播的能力。其二，不断充实以政府为主导的广东文化形象传播内容。广东省政府作为地方行政管理部门，在文化形象传播的过程中可选择的传播内容具有很大局限性。若要弥补政府在传播内容上的不足，只能充分依靠社会其他传播主体力量，开展多方合作，共同深入挖掘广东文化形象传播的相关内容，不断提升广东文化形象传播内容的数量与质量，提升广东文化形象传播的效力。

## 二、传播主体之间的独立关系不突出

合作能够有效地发挥作用，但对于合作主体来说保持自身一定的独立性也至关重要。传播主体之间相互独立和平衡，从而在权利、权益以及权责方面形成互不干涉的局面，对于不同主体更好地发挥自身作用是至关重要的。各类文化形象传播主体所形成的这种相互独立关系，主要体现在他们在文化形象传播过程中发挥自身作用时应具有独立性，要求各主体能够各司其职、互不干涉。在当前广东文化形象传播的过程中，广东省各级政府在文化形象传播中所发挥的作用是绝对的主导地位，而非政府组织及公民个人从属于政府，辅助政府发挥文化形象传播的职能。在广东文化形象传播过程中，各主体之间并行、独立的作用机制，在某种程度上增强了文化形象传播的能力，而且不同主体之间的独立关系，并没有否定各类主体之间的相互依赖。这种相互依赖不仅表现在非政府组织及个人依赖政府的主导，同时政府依赖非政府组织和公民的帮助。也就是说，这种依赖是双向的，政府的主导性与非政府组织及公民个人的辅助性是缺一不可的。在理想的情况下，不同文化形象传播主体之间的相互依赖是在其相互独立的条件下实现的，能够在文化形象传播职能上形成互补合作，实现不同主体之间的相互促进、依存、监督、补充和协作，进而构建起广东文化形象传播的合力，共同促进文化形象传播效力的提升。

## 第二节　内容分析：广东文化传播内容局限与失衡

### 一、本地媒体对广东文化概念理解局限

从广东文化形象传播内容的角度来看，广东对于文化形象传播的看法存在一定的偏颇。本地媒体对广东文化形象的理解始终摆脱不了岭南文化的影响和制约，因而所设计的文化形象传播内容也主要针对岭南文化而展开，未能够真正体现广东文化的准确内涵和巨大潜力。通过调查可以发现，广东省主流媒体，如南方报业、广东电视台、南方电视台等，对广东文化形象的宣传大多针对的是岭南历史文化资源，而对于广东近现代的文化品牌、文化产业等方面的情况报道较少，对文化发展的新成就传播不足。一段时间内，广东一直被外界称为"文化荒漠"，这种问题的主要原因在于广东对本省所蕴藏的丰富历史文化资源并未进行充分的挖掘，主要表现之一就是广东省对文化概念缺乏准确全面的理解。

如果深究"文化"一词的概念，主要包含了内涵和外延两方面。若要深层挖掘广东文化的内涵，首先要对广东社会文化结构进行深入了解。一般说来，社会文化结构可从横向和纵向两个层面进行剖析。在横向层面，社会文化结构是多门类、多品种、多侧面、多质地的，既可以分为官方文化、精英文化、大众文化，也可以分为民族文化、世界文化。广东文化形象很容易被直接等同于岭南文化形象，主流媒体对广东的广府文化宣传比较重视，但对客家文化、潮汕文化传播相对较少。从纵向层面来看，广东文化形象是多层面的，这种形象呈现纵深的形态，如广东传统文化与当代流行文化存在冲突。总之，广东文化形象应从宏观与微观、横向与纵向等多个视角进行分析，这样才能更好地对文化形象进行把握。

广东省各界对于"广东文化形象"所持的看法是不同的。有些人认为广东的"文化荒漠"状态在当前还是存在的,但也有些人认为广东已经进入"文化自信"的时期。① 要正确把握广东文化形象,应对广东文化所面临的矛盾进行分析,这种矛盾集中表现为相同民族文化系统中的矛盾,以及本土与外来两种文化之间的矛盾;若将客体集中在广东文化形象上,那么需要分析广东文化与其他文化的关系,包括内地文化和广东文化、北方文化和岭南文化、传统文化和现代文化。只有在多种文化之间找到恰当的平衡点,才能从不同角度对广东文化形象进行全面的审视,从而为广东文化形象的构建与传播提供可行性强的建议。从这个层面来看,当前广东省内媒体在广东文化资源挖掘方面做得远远不够,他们大多只是抓住了广东文化的某个方面或某类资源进行挖掘和阐释,并以此作为报道素材。总体来看,广东省电影、电视及报刊等各类媒体在传播广东文化形象的过程中,往往缺乏从整体上对广东人特有精神品质的深入挖掘,没有形成在全社会具有较大影响力的一系列作品,因而需要深入挖掘广东文化资源,重点对其中所包含的精神、核心价值观进行挖掘,以全面、深刻地理解当前广东文化转型与重组现象,进而对广东文化形象进行准确的定位。

## 二、传统文化传播内容欠平衡

广东传统文化在形成的过程中受到了多种因素的影响,这些因素包括地理、政治、民族与人口迁移、技术等,多种因素的综合作用使广东文化又形成了特定的风俗文化群落,包括以广府文化、客家文化、潮汕文化和境内其他各少数民族文化等为基础的风俗文化群落。在不同的文化群落中,其风俗特点也有所不同,例如,广府文化群落中普遍有喝粥的习惯,而潮汕风俗文化群落普遍重商,有强烈的商品经济意识。具体来看,广东

---

① 杨喆. 文化传播视野下广东文化的传承与嬗变研究 [D]. 武汉:武汉大学, 2017.

省对于不同文化群落的文化形象传播内容所存在的失衡现象主要有以下两种。

（一）比较注重广府文化形象的传播，而相对忽视如客家文化、潮汕文化等其他文化形象的传播

之所以如此，其原因可以归纳为两点。

1. 广府文化的集中统一性更易凸显广东地域特色

从地域文化的特色角度来看，岭南文化所表现的地域特色更多的是广府本地特色。广府文化即广府民系的文化，是粤语地区中的一个地域文化，指的是广东"珠三角"广州府地区使用粤方言的汉族居民的文化，具体范围是以珠江三角洲为中心以及其周边的粤西、粤北部分地区①。该文化涉及"广东音乐""岭南古琴""桑园围""北帝诞庙会""波罗诞庙会""飘色""粤菜""醒狮""广绣""广彩""广雕""岭南画派""镬耳屋""岭南园林""粤剧""粤曲""迎春花市"等。在将这种文化与其他地域文化进行比较时可以发现，该文化有其地域独特性，相对而言，广府文化是以广州为核心、以广东珠江三角洲地区为主要覆盖范围的文化，也是岭南文化中最具个性的文化，在其他地域没有雷同，更具广东地域特色，在广东的影响最大；而客家文化、潮汕文化更多表现了与其他地域文化相互杂糅的特性，因为这些文化并非广东地区所特有，如江西也有客家文化，而福建的福佬文化也与潮汕文化一脉相承。

2. 广府文化较完整地继承和融合了其他地区的中华优秀传统文化

广府文化的兼容、开放等多种特性，使得它在不断吸纳中原文化之后保留了大量中原文化习俗，从而使中华优秀传统文化在广府地区得以延续至今。例如，广府文化侧重端午节、清明节、重阳节等节，每当这些节日

---

① 刘绮婷. 地域文化传播视域下的文化自信教育探赜——以广府文化为例 [J]. 广东第二师范学院学报，2022（02）：20-28.

来临之时，广府地区的普通民众都会以极大的热情迎接。在端午节时吃粽子、赛龙舟，在清明节登高挂茱萸，等等。但这样一来，容易导致在广东文化形象传播的过程中，往往宣扬得更多的是广府文化，对其他文化的传播则有所不足，这种不同类型文化宣传不均衡的现象导致了广东文化形象在塑造构建和整体传播效果上都不突出、不显著，甚至会造成更为严重的后果。

一是广东文化形象传播内容的偏颇，易于给受众在认知上造成以偏概全的刻板印象，以至当许多人在谈及广东文化形象时，常常会将广府文化与广东文化混为一谈，这种片面的认识不利于呈现广东文化的多样性形象。二是由于广府文化之外的客家文化与潮汕文化等其他优秀文化资源受到的关注不够，容易被官方和民间忽视，不利于挖掘整理、传承弘扬、利用转化。虽然近年来广东省委、省政府越来越重视各类不同文化的宣传普及，但在实际推介过程中仍有诸多传统陋习和技术阻力。三是这种文化形象宣传的偏颇易于使受众在语言载体上对广东文化产生片面理解，从而阻碍广东文化形象的构建与传播。由于许多人对广府文化的语言——粤语，持有某些偏见，在进行文化交流的沟通过程中受到了语言的阻碍，而粤语恰好是广府文化最典型的文化内容，若粤语文化不能被人们所接受，那么必然会进一步阻碍广东文化形象的传播。客家方言、潮汕方言等传播更少，尚未形成全国性影响力。四是文化形象宣传的偏颇易于导致人们对广东文化形象的传播内容产生一定的审美疲劳。许多人将广东文化形象局限于广府文化形象，广东文化形象会因此丧失多样性，导致广东文化传播内容的单一化，使人们难以产生多重美感，从而影响广东文化形象的构建和传播。从这个意义上讲，广东文化形象传播效果的提升，必然要以多元的文化形象传播内容作为基本保障。

（二）注重广东省主流民族文化的传播，忽视本省其他少数民族文化的传播

毫无疑问，在广东文化形象传播的过程中，占据着主要地位的是主流民族文化。不管是报纸杂志、电视等传统旧媒体，还是网络环境下产生的网站、微信和微博等新媒体，都将广东文化形象的宣传重点集中在主流民族文化上，而较少关注其他少数民族文化，这使得这些少数民族文化的发掘与传播工作开展得远远不够，在广东省长期处于劣势地位。根据2020年广东省民族工作数据统计，广东56个民族成分齐全，截至2020年年底，全省少数民族人口475.2万人，占全省总人口的3.96%。世居少数民族有壮、瑶、畲、回、满族。壮族主要分布在连山、怀集、廉江、信宜、化州、罗定等县（自治县、市），瑶族主要分布在连南、连山、连州、阳山、英德、乳源、乐昌、仁化、曲江、始兴、翁源、龙门、阳春等县（自治县、市、区），畲族主要分布在乳源、南雄、始兴、增城、和平、连平、龙川、东源、丰顺、饶平、潮安、海丰、惠东、博罗等县（自治县、市、区），回族主要分布在广州、深圳、珠海、肇庆、汕头、佛山、东莞等市，满族主要分布在广州市。

这么庞大的少数民族聚集人口，这么复杂多元的少数民族文化，亟须广东加强对省内少数民族文化的宣传与推广。从广东文化形象传播的外部环境来看，只有加大对少数民族文化的宣传和推广，才能更好在广东省形成多元的文化格局。而从文化形象传播的主、客体角度来看，若对广东省少数民族文化的传播不够重视，就会使少数民族文化内涵得不到充分挖掘和传承。特别需要指出的是，广东省各少数民族虽然历经变迁，但留存至今的少数民族文化仍然保留着浓厚的广东地方特色，这种特色已经渗透到少数民族文化中的衣、食、住、行等诸多方面。以广东境内的畲族为例，在唐代以前，畲族以岭南地区作为主要聚居地，但在此后的历次人口迁徙

中，畲族被不断融合到了其他民族生活地，从而形成了当前广东省特有的畲族文化风貌。以畲族广为流传的《高皇歌》为例，其中有这样的句子，"广东路上有祖坟"，深刻地表达了畲族对广东地区所持有的强烈认同感，从中也可以看出他们对岭南文化的拓展与传承做出的重要贡献。① 此外，对广东省少数民族文化形象传播的忽视，也直接会对这些少数民族文化的利用产生不利影响，导致其难以产生推动少数民族文化产业发展的意识与观念，更无法将广东省丰富的民俗文化资源转变成相关文旅项目，对其进行系统、全面的规划，以便通过民俗旅游景观产生少数民族文化旅游的规模效应。

### 三、当代文化内容传播欠平衡

通过前文的梳理我们可以发现，在长期的发展过程中，广东文化自1840年的鸦片战争以后，先后迎来了两次比较大幅度的转变。西方文化的传入为广东文化提供了全新的血液，造就了中西方文化交融的景象，广东文化因此获得迅速发展，并成为全国文化的新高地。在对内传播过程中，广东文化逐渐形成了由广东省向全国其他省份传播的趋势。改革开放以后，广东省最先实施对外开放政策，成为改革开放的排头兵，在此后的发展中，广东省在经济、政治等多个方面取得了重大发展成就，但又因为过于强调经济发展而忽视文化发展的战略，成为人们眼中的"文化荒漠"，其根本原因在于广东省以往的文化形象构建与传播成效有待提高，在对当代文化内容传播方面是尤为欠缺的。当代文化内容传播与传统文化内容传播有一定的区别，这主要表现为当代文化内容的传播并不是平衡的。当代文化传播需要进行深度文化内容传播，并且需要注重对新兴文化内容传播。

---

① 朱洪，李筱文．广东畲族古籍资料汇编［M］．广州：中山大学出版社，2001：2.

在当代广东文化内容传播方面，虽然改革开放 40 年来，拥有悠久历史的岭南文化融合了中外先进文化以及改革开放创新精神，从内容、形式、成效等方面进行重塑和嬗变，尤其是新时代发展过程中，社会主义核心价值观、中华民族伟大复兴的中国梦等元素都融入了广东先进文化。随着精神文明建设的加强，岭南文化呈现更加多元性、商业性、大众性的特征，文化概念增加了更多开放追求、向往和梦想的成分，文化形态、形式、载体也出现了巨大变化，粤曲、粤语歌曲以及《外来媳妇本地郎》《公关小姐》等众多优秀影视作品至今脍炙人口。岭南文化焕发的新精神，助力广东成为中国改革开放的先行者和前沿地，为广东的经济发展、社会稳定做出了重要贡献。

但在全球化时代，地域文化特质正不断被削弱，广东文化在当下面临的一个直接问题是，广东地域文化与其他地域文化的实质差异何在？仅仅宣传建筑、服饰、饮食等物质文化不能代表广东文化的全部，仅仅弘扬海纳百川、敢为人先、开拓创新、务实重商等广东精神也不能实现与江浙、福建、山东、天津等省（市）人们相区别的自我认识。只有对制度层面、思想层面的文化特质进行传播，深度挖掘改革前沿阵地、科技创新阵地、意识形态前沿阵地等广东独有的文化特色，才能对时代与民众真正有所启迪，才能真正地为民众所认同，吸引民众的兴趣并得到重视，从而把广东文化的传播落到实处。

除此之外，有学者指出，岭南文化在近些年的发展过程中存在不足，主要表现为两方面：一方面是哲学社会科学中关于岭南文化学术研究的成果学理性强，但生动科普宣传性弱且精品经典作品缺乏；另一方面是文化艺术中关于岭南文化成果创作的商业娱乐性强，但纯粹文学和高尚艺术总体仍非常薄弱。据广东省哲学社会科学规划领导小组负责的 2019—2021 年三年间广东岭南文化立项数量统计，平均每年只有 25 项岭南文化项目，对比常规项目年均三四百项的数量，实在微不足道。具体来说：

（一）广东文化形象传播体系中社科普及性有待加强

关于岭南文化的学术研究经费投入不足，基础设施和研究手段跟不上广东经济社会发展的需要，学术氛围不浓，研究成果精品少，一些现有的岭南文化学术成果，尚无法科学高效地转化为服务经济社会发展的决策意见，也无法让群众很好地理解和接受。尚未形成集中普及传播岭南文化学术成果的激励性体制机制，没有建立起针对岭南文化学术成果社科普及的专门传播渠道，缺少把社科成果转化为百姓知识的专业专家队伍，导致很多优秀的研究成果一经出世就束之高阁，存在无人问津的尴尬局面。

（二）广东文化形象传播内容上越来越趋于同质化

在广东文化中很多有较大深度的文化资源经常被人们所忽视，从而导致了广东文化资源的极大浪费，但与此同时，广东文化形象传播效果与能力未能获得提升。广东文化形象传播内容之所以越来越趋于同质化，其主要原因既与市场驱动有关，也与不同传播主体之间存在的竞争有关。以媒体为例，只要某些媒体所传播的广东文化形象相关内容有一定的创新性，或者受到了媒体受众的欢迎，该内容很快就会被其他媒体所复制和扩散。在这种激烈的竞争环境下，广东文化形象传播在内容上必然会越来越趋于同质，长此以往，受众的审美期待也将越来越小，这对受众培养起良好的文化接受心理与行为显然是很不利的。

（三）广东文化形象传播过程中过于追求文化艺术的娱乐化、商业化

在市场经济环境下，虽然广东省的大部分文化形象传播内容不可避免地会受到商业驱动，从而呈现娱乐化、商业化的趋势。文化艺术的发展如果离开基础理论研究的支撑，没有深厚的文化底蕴，想要推动经济的发展、文化的增殖，仅仅依靠推动文化的娱乐化、商业化显然是远远不够

的。文化的娱乐化、商业化太过于浓重，反而会严重阻碍广东文化形象传播，降低广东文化形象传播的厚度，进而导致传播中丧失竞争优势。

**四、对广东文化形象的宣传不足**

经过调查发现，广东文化形象的宣传并不到位，主要受语言约束和刻板印象的影响。

（一）语言约束

长期以来，与中国其他地方语言相比，粤语的发展是相对封闭的，给人的感觉是一个"封闭式"语系。粤语保留了汉语的大量古语古音，它的单音节词要比中国其他地方语言多得多，这与从单音节转向双音节的北方方言是有较大差异的。中华人民共和国推行的普通话是以北京语音为标准音，以北方话为基础方言，以典范的现代白话文著作为语法规范的规范化用语。[①]由于粤语与普通话之间存在较大的差异，说粤语的广东人和说普通话的北方人之间的沟通就形成了很大困难：对那些说普通话的人来说，粤语既听不懂又难以学习，跟接触一门外语没什么大的差别；而从广东人的角度来看，由于地域的差异性和粤语的封闭性，广东人讲普通话也是一件很费力的事。广东人与外省人在语言沟通上的障碍，使得广东文化形象对外传播遇到了极大的阻碍，这在很大程度上制约了广东文化的发展步伐。时至今日，地域文化形象在地区发展中所起的作用越来越重要，已经发展成区域对外交流的亮丽名片或商标，也是地区对外宣传和交流的有力工具。拥有良好文化形象的地区，在引进人才、吸引投资、发展经济等方面都有极大的吸引力。语言的传播是文化传播的基石，更是文化形象塑造的最好宣传方式，理应重视。

---

① 李诗奂. 广东粤语的发展及岭南文化的传承和保护 [J]. 学术评论，2012（03）：103-108.

（二）刻板印象

在传播学中，有"刻板印象""例证理论"等相关概念，指的是只要印象形成，就很难轻易改变。在文化形象传播的过程中，这些状况的形成对广东文化形象的构建与传播有一定阻碍作用。在"刻板印象""例证理论"的影响下，当人们形成对广东文化形象的认识以后，他们对该形象所持的看法将在很长一段时间保持不变。过去来自其他地区的人对广东文化的认识是存在固有成见的，在观念上会产生对广东文化形象的认识误区。从各地媒体的报道来看，我们常常会见到"广东人"负面、滑稽的一面，这种负面传播可能会导致这些媒体的受众对广东文化形象产生某种误解，而广东省本地的许多媒体对广东文化形象的传播相对较少，因而无法在全国范围对广东文化形象起到应有的宣传作用。例如，《南方周末》文化版面大多报道的是全国性的内容，而很少对广东省本地的相关内容进行报道，广东电视台、《羊城晚报》等广东省综合性媒体则更多关注广东省的流行文化，而较少从整体层面对广东文化形象进行系统的构建和传播，这也是全国各地产生了广东省是"文化荒漠"的刻板印象的原因之一。

**五、广东标志性文化符号的缺乏**

"文化符号"主要是某个组织、地区或实体（民族或国家）独特文化的抽象体现。从本质上讲，文化符号是文化内涵的载体和形式。与一般的符号相比，文化符号有其特殊之处，其任何一种表意符号融入特定的文化秩序，就会体现特定文化体系的独特性。① 因此，文化符号是在长期的发展演变过程中，已经被公认为可代表某种文化的特殊抽象符号。文化符号形成的过程就是文化朝向符号化方向转变的过程，是基于文化某个特定的

---

① 阮静. 中华文化符号与中国文化传播 [J/OL]. 中南民族大学学报（人文社会科学版），2022-06-07.

意指体系逐渐延伸出其他的意指，因此该过程并不是静态的，而是一个动态、开放的过程。因而，那些能够代表某种地方特色文化的符号通常具备两个方面的特征：一方面，该文化符号可让那些在文化圈之外的人迅速联想到该符号所代表的地域文化特征，也就是该地域文化体系所独有的标志性表征系统；另一方面，该文化符号可以增进那些在文化圈内的人对特定文化的认同。

美国《新闻周刊》曾对世界各国的文化符号进行梳理和评选，其中，中国文化符号约有二十种，包括汉语、北京故宫、长城、苏州园林等。除此之外，我国各地还有其文化符号，例如，湖北省有黄鹤楼、辛亥革命等文化符号，湖南省有岳阳楼、洞庭湖等文化符号，四川省有峨眉山、三星堆等文化符号，广东省则有越秀山、粤剧、禅宗等文化符号。然而，由于广东对本省的文化符号较少进行大力宣传，这些文化符号并未在受众心里与广东文化形象建立起一种比较强的关联性，再加上粤语与普通话在沟通交流上的障碍，粤剧文化的影响力基本上局限于岭南地区，因而广东并没有通过文化符号获得比较好的文化形象传播效果。实际上，广东省境内的文化旅游资源非常丰富，有价值的旅游点众多，孙中山故里旅游区，西樵山、汕尾凤山祖庙旅游区，南华寺、六祖故里旅游度假区等，都是广东文化气息非常浓郁的地方；广东还有各类爱国主义教育基地、社科普及基地、新时代文明实践中心等文化场所千余处；与此同时，广东省的交通十分便利，气候比较适宜，土特产丰富，粤菜闻名全国。但广东省媒体较少对这些文化资源进行有效挖掘和利用，未能够对广东文化形象进行较好的宣传和构建，在这种背景下，全国人民大多对广东文化符号并不是十分熟悉和明确。中国处在一个多语境的环境中，具有明确的意指性的文化符号对于文化形象传播是十分重要的。因而，这也是广东文化形象传播研究的重要方向。

## 第三节 媒介分析：文化形象传播渠道乏力

为达到较好的文化传播效果，传播渠道的选择至关重要。一般来说，区域文化形象传播的渠道是丰富多样的，一方面可以通过带有公共服务属性的文化事业单位进行传播，另一方面可以通过营利性的文化产业相关部门进行传播，还可以通过广东省的大众媒体或者其他以实物形式存在的文化产品或服务进行传播，这些多样化的传播渠道已经在前文中进行了比较详细的说明。而在这些众多的传播渠道之中，大众媒体的作用最为突出，它不仅是文化形象传播的主体，也是文化形象传播的渠道与途径，若要获得较好的文化形象传播效率，就必须充分利用大众媒体。然而，从目前广东省大众媒体在文化形象传播过程中发挥的实际作用来看，传播的渠道融合还是比较欠缺的。从传统媒体文化形象传播渠道来看，传播比较乏力；从新媒体文化形象传播渠道来看，渠道的利用又不是特别通畅。

### 一、传统媒体的文化形象传播乏力

传统媒体进行文化形象的传播主要依赖纸媒、电视与广播等媒介。可以简单概括为报纸、杂志、电视等传统媒介。尽管这些媒介对于广东文化形象的传播起到了积极的宣传作用，但在当前仍然面临着诸多困境。

#### （一）广东文化资源的多样化元素不够多

受人们情怀等因素的影响，不管是以往流传下来的传统文化，还是在新时期产生和传播的新文化，广东各类文化资源都带有很深的广东印记。因此，在塑造广东文化形象的过程中，传统媒介的传播渠道大多是对本省的历史文化资源实施整合、传播，而对当代文化资源的挖掘相对较少，减弱了文化之间的关联度。即使是在对广东省传统文化资源进行整合与传播的过程中，广东省传播媒体也很难在文化的多样性传播方面做到平衡，部分优秀的传统历史文化资源获得了更多的关注，却往往被媒体贴上了商业与消费等标签，很难体现和保留文化韵味。例如，近年来广东武术家叶问常被影视剧作为拍摄题材，因此在国内影视剧市场出现了大批以叶问为题材的影视剧，其典型代表有《叶问》系列、《叶问前传》《一代宗师》等影片。① 这些影视作品借助巧妙的故事情节，辅以精彩的打斗场面，一上映就吸引了全国范围内大批受众的广泛关注，满足了受众对特定文化多方面的需求，但也因为故事桥段与打斗情节无可避免有诸多雷同之处，导致了文化同质化现象比较严重，在很大程度上削弱了广东文化形象的多样性。通过这些影视作品，我们只能从表面对影片的主人公与武术流派进行初步的了解，但若想要了解关于广东省特定武术文化更深入的内涵时，这些影片将很难满足需求。因此，省内媒体应当充分挖掘广东文化资源中新的文化精神、核心价值观等，全力树立起当代广东文化形象，进而为明确广东文化形象传播的落脚点提供依据。

（二）广东省传统媒体传播渠道的单一单向性

在传播广东文化形象的过程中，广东省传统媒体传播渠道存在以下不足之处。其一，传播存在单一性。这种单一主要表现在传播载体和传播形态两个方面。在传播载体方面，传统媒体主要是报刊、电视等，这些媒体通常各自为政，而很少对多种媒体进行整合，实现多元复合的传播。在传播形态方面，传统媒体一般以专题、纪录片、电视节目等方式制作传播内容，而较少利用广告、电视剧、电影等方式。其二，传播存在同质性。同质性主要表现在传播手段的同质，由于文化形象营销方式过于落后或只是

---

① 冯兴刚，李阳. 武术文化形象构建与国家形象塑造的契合 [J]. 沈阳体育学院学报，2015, 34（01）：131-134, 139.

简单地将其他营销方式移植过来，广东省传统媒体仍然未能够找到有效营销广东文化形象的途径。一般说来，文化重在追求真、善、美，相应地，文化形象营销则主要追求理性化、人情化与艺术化。若文化形象营销未能够达到这些预期的目标，那么文化形象的传播也很难获得理想的效果。其三，传播存在单向性。在文化形象传播反馈机制的建设上，传统媒体也有一些不足。传统媒体提供的传播渠道属于信息单向传播模型，也就是说，文化形象的传播是以传播者为中心的，所传播内容主要由传播者到受众，这种传播渠道的单向性，导致了传统媒体在文化形象传播效果上被极大削弱。在传统媒体所提供的单向传播体系中，受众毫无疑问是处于弱势地位的。但这并不表示受众的主动性对文化形象传播是毫无用处的，相反，若媒体忽视受众的能动性，或者不注重收集独特的信息需求，那么文化形象传播的通道必然不会通畅。

## 二、新媒体对广东文化形象传播乏力

我们已经步入了 web2.0 时代，而随着移动通信技术的持续发展，新媒体发展也日趋成熟，并在广东文化形象传播过程中发挥着重要的作用。2019 年，快速兴起的移动互联网已经渗透到社会生产与人民日常生活的各个方面，移动用户的规模呈现爆炸式增长。统计数据显示，2019 年我国移动互联网网民数量已突破 9 亿，其所创造的移动互联网市场规模也已接近9 万亿元人民币。2020 年我国移动互联网网民与市场规模将进一步增长，市场规模水平达 11.76 万亿元人民币。① 这都说明网络对社会大众的影响力正不断提升，而网络所具有的诸多优势，如传播速度快，可跨时空进行互动式的交流等，都为人们的沟通交流、休闲娱乐增加了极大的乐趣。

---

① 许同文. 媒体平台与平台型媒体：移动互联网时代媒体转型的进路 [J]. 新闻界, 2017, 38 (05)：65-68.

（一）新媒体对广东文化形象传播的意义

网络新媒体以其传播速度快、范围广、互动性强的优势迅速发展。新媒体不但受到整个社会的文化环境的影响，同时这类媒体本身构建了一种全新的文化环境，因而新媒体可以对文化形象的传播产生巨大影响。新媒体对文化形象传播的积极意义主要体现在四个方面：其一，若在整个社会信息系统视角下看，新媒体技术的兴起与发展，带动了文化形象传播系统的改造和优化；其二，新媒体革新了传统的文化形象传播模式；其三，新媒体通过构建全新的文化环境，在平台上创造出多样化的文化形式；其四，新媒体平台提供了各种交流沟通方式，为多元文化对接和交流提供了极大的便利。①

从新媒体技术对文化形象传播的影响来看，新技术的迅速发展，使得新媒体在文化形象传播过程中的渠道功能进一步加强，新媒体通过提供不受时间与空间限制的沟通交流方式，空前地满足了受众日益增长的信息需求。从新媒体提供的文化传播模式来看，新媒体属于典型的"UGC模式"，也就是受众可以自主地参与到文化形象传播之中，从而使得新媒体所传播的文化形象相关内容更加贴近受众实际需求，新媒体所提出的传播渠道，不仅极大地提升了受众参与文化形象传播的主动性，同时建立和完善了文化形象传播的反馈机制。从新媒体所创造的多元文化内容与形式来看，在技术不断进步的背景下，新媒体所构建的符号系统、逻辑系统也在持续地展现新的活力，日益呈现多元化的文化形态，从而可以适应各类受众的个性化需求，这也催生了多样化的文化发展形态。从新媒体为多元文化沟通与交流带来的便利来看，新媒体作为当前重要的文化形象传播渠道，在人际沟通方面表现出其独特的优势，这使得多元文化可在新媒体这

---

① 许敏佳. 新媒体语境下大众传播与民族文化形象构建［J］. 贵州民族研究，2017，38（05）：65-68.

一共同的平台上共存和发展。

（二）广东文化形象传播在新媒体应用上的不足

需要注意的是，在实际情况中，广东省在进行文化形象传播的过程中对新媒体应用还存在一些不足，具体归纳为以下三点。其一，新旧两类媒体在沟通与交流上并不顺畅，具体表现在传统媒体运用新媒体的过程中方式过于简单，仅仅是将传统媒体上已经发布的内容重新发到新媒体平台之上，传统媒体对新媒体的优势理解并不是特别清楚，因而未能有效发挥新媒体所固有的优势。其二，传统媒体向新媒体的过渡，只是停留在内容宣传与推广层面，而较少结合传统媒体的优势或本地文化资源的特点，探索一条适合传统媒体在新媒体时代文化形象传播之路。例如，传统媒体虽然也开通了微博、微信公众号等新媒体账号，但未对微博、微信的媒介属性与特点有足够清晰的认识，在宣传过程中只是停留在新媒体发布消息等表面功能上，没能够依据新媒体的社交性与交互性，制定可以发挥新媒体传播特点的方案，这也导致传统媒体对新媒体的利用远远不够。其三，传统媒体对新媒体的商业价值挖掘不够。新媒体作为一种新的传播渠道，具有产业属性和很大的潜在商业价值，若未能合理分配新媒体聚合的各种资源，将难以创造更多商业价值。

## 第四节　受众与效果分析：受众广东文化认同感较低

受众在文化形象传播过程中的角色定位是客体，是决定文化形象传播效果的关键因素，因此，文化形象传播应重点关注受众的反应。受众的心理与行为直接影响了文化形象传播的感染力，这进一步决定着文化形象传播的效力，若文化形象传播的受众不明确，那么文化形象传播的效力也会受到极大的削弱,从而对文化形象传播产生不利的影响。

从受众的角度来看,广东省在文化形象传播的过程中主要存在以下问题。一是受众定位的模糊性。广东文化形象传播的主体在开展文化形象内容传播的过程中,并不是以各类受众的实际需求为出发点进行的,而是站在宏观传播的角度,对广东文化形象传播内容进行简单的复制传播,这种未能够充分考虑受众需求的传播模式,往往难以取得较好的文化形象传播效果。由于传播受众在定位上存在一定的模糊性,文化形象内容的信息传递也受到了相应的阻碍,这进一步制约了传播主体的文化形象传播能力的形成与提升。二是文化形象传播受众在信息反馈渠道上具有一定的闭塞性。若受众的信息反馈渠道难以通畅,受众将很难有效地接收传播主体所发出的文化形象内容信息,从而使得受众难以提起兴趣。因此,为受众提供相应的信息反馈渠道,以此制作与受众需求相符的文化形象传播内容,这是广东省媒体在今后的文化形象传播过程中应当重点改进的方面。三是文化形象传播受众的积极性不高。受众的积极性,既受到了文化形象传播内容本身吸引力的影响,又受到了受众自身对文化形象的需求是否得到满足的影响。广东省在文化形象传播过程中之所以存在着受众定位模糊、信息反馈渠道闭塞、参加积极性不高等问题,与受众自身的域内文化需求与认同缺乏有很大关系。

**一、尚未培养受众的域内文化需求**

根据中国人民大学文化产业研究院发布的 2019 中国文化产业发展指数和文化消费指数,在综合指数排名全国前 10 的省份中,广东省以 80.37分排名第四,落后于北京、浙江、江苏三个省(市)。具体来看,广东文化产业效益不高,本省区域内的文化消费需求也不是很旺盛。值得注意的是,广东文化形象传播受众的参与性不高,已经成为广东文化形象传播过程中的主要问题之一。要解决这个问题，需重点从两方面入手：一方面，广东省需要进一步提升本省居民的文化消费意识，不断开拓本省的文化消费市场需求；另一方面，广东省政府应积极引导文化企业的发展，激励其为社会各阶层提供多元化的文化产品与服务，并不断提升文化消费市场的潜力。通过完善本省的文化保障制度，为广东省发展相对落后的农村地区提供相应的文化消费优惠与补助政策，推动广东省"经济惠民"转变为"文化惠民"战略。

## 二、缺乏对省内文化认同的传播

毫无疑问，地域文化形象的传播者与受众在文化认同上需要保持一致性，人民群众是整个社会的主体，而在地域文化形象传播中最直接、重要的主体就是该地区的人民。地域文化形象受众与传播者在文化认同上所存在的一致性主要体现在，每当本地人民外出或者外地游客到本地旅游时，会不自觉地接受某一地域文化的价值观念、规范以及行为习惯，并内化为社会个体自身的个人价值观与行为准则。

通常来说，文化形象传播的效果与传播客体有很大关联性，对文化形象传播效果的测度标准主要有两个方面的考量，分别是文化形象传播的传达力与影响力。其中，文化形象传播的传达力主要指的是文化形象传播对受众产生影响的广度与深度，涵盖了传播信息量的规范性、覆盖面的广泛性以及形象传播的速度与准度等；文化形象传播的影响力主要指的是文化形象传播受众借助各类媒介渠道，对文化形象传播内容所表现的认同程度，或者说是文化形象传播者所传播的文化形象相关内容对受众的心理与行为产生的作用，因而文化形象传播的影响力可以理解为受众对传播内容的认同度和传播主体所传播内容的影响力。从广东文化形象传播的实际效果来看，目前所面临的最主要的问题就是这种文化形象对内及对外传播的不足。在对内传播过程中，广东省还需要加强对本土文化的宣传，选取最合适的形象来感染、带动本地居民，引导和增加本地居民对本土文化的认知和认同，使之形成关于广东文化形象的系统观和历史观，自觉接受和宣传本土文化；而在对外传播过程中，广东省还需要加强对外来文化的选择性吸收，使之更好地与本地文化相融合。在对外宣传的过程中，应选取最具代表性的广东文化加以重点宣传推广，使国内其他地区以及海外人民更好地接受本土文化，以提升广东文化形象的影响力。

# 第六章 广东文化形象传播策略

## 第一节 整合传播主体，形成文化传播合力

尽管广东在文化形象传播方面做出了巨大努力，也取得了一定的成果，但传播的信度、效度仍有待提高。分析发现，文化形象传播各主体存在着一些问题，如缺乏文化形象传播合力，不同主体之间的竞争合作关系并不是特别突出，在一定程度上削弱了文化形象传播的影响力。因此，本研究提出了进一步对文化形象传播主体进行整合，进而形成文化形象传播合力的策略。

### 一、建立和完善以政府为主导、非政府组织以及公民个人为主要力量的新型文化形象传播模式

在广东文化形象传播中，政府部门毫无疑问是主导力量。政府为文化形象塑造以及传播创造了各种有利的环境，包括制度、体制、政策和思想等方面，在物质与精神两个层面都为文化形象的传播注入全新的活力。相应地，非政府组织及公民个人在广东文化形象传播的过程中所发挥的作用

则刚好与政府形成互补。非政府组织以及公民个人群众基础庞大，是主要的参与力量。以 2010 年广州亚运会为例，一些学者认为政府的主导作用主要表现在，能够将广东文化与普世的体育精神进行有效整合，并借助亚运会呈现给世人，进而在一定程度上传播和提升了广东省的文化形象。同时，我们还应当注意到其他主体，如非政府组织以及公民个人，在亚运会期间对广东文化形象传播所起到的重要作用。从志愿者组织的作用来看，他们的加入极大地提升了广州亚运会的活力和亲和力，广东文化形象得以在亚运会期间展示和传递。从公民个人来看，他们不仅亲身参与广州亚运会活动，面向外界展现了广东省良好的文化形象，同时在网络中积极参与广州亚运会的宣传与推广活动，这在很大程度上为广州亚运会提供了有力的支持鼓励，并增强了他们对广东文化形象的认同。

整合这三个主体所形成的文化形象传播模式能获得一些独特的优势。一是多主体参与，发出更多元的声音，从而提升广东文化形象传播力量。与以往单一的政府主导型文化形象传播模式相比，非政府组织及公民个人的加入，可以在很大程度上扩大文化形象传播的广度与空间，从而在多个层面展开文化形象传播，进而提升文化形象传播的效力。二是不同主体之间的相互统合与协力，增强文化形象传播的聚合力与冲击力，从而通过缩短文化形象与受众的距离，增强文化形象传播互动，推动文化形象传播良好发展。三是不同主体之间相互补充，共同塑造广东文化形象传播内容。借助这种文化形象传播模式，可以最大限度地深入挖掘广东省地域性文化，从而满足受众在时间与空间两个层面的文化需求，并确保文化形象传播内容有足够的深度与可选择性，进而提升文化形象传播的效力。

**二、明确各类传播主体在文化形象传播中的定位，在确保各自独立性的同时，要加强各主体之间的分工合作**

在以往的广东文化形象传播过程中，政府、非政府组织及公民个人等不同主体在发挥自身的功能时往往各自为战，分工不明确，相互交流与合作较少，这也使得广东文化形象传播不可避免地出现了一些问题，包括文化形象传播出现真空地带，以及传播内容往往是由一方到另一方的单向传播——这主要表现为政府单向对社会大众进行传播，而社会大众对文化形象传播的参与度比较低。因而，如何在广东文化形象传播过程中充分发挥非政府组织以及公民个人的独特作用，激发其积极性并使其主动参与传播，这是值得思考的问题。要解决这些问题，首先就要建立确保不同传播主体相互独立但又相互协作的保障机制。在此过程中，政府发挥着主导作用，这种优势地位是无法撼动的，而要在文化形象传播过程中充分发挥政府自身的主导优势，完善、执行文化形象传播策略，重点推进发展政府的文化形象传播主体地位，具体可从以下两个方面着手：一是政府应当明确自身在文化形象传播中的任务与使命，避免出现以政绩作为主要目的的功利取向，建立恰当的机制，推动广东文化形象传播策略的创新与发展，并加强这些传播策略执行力，为不同传播主体合力推动文化形象传播创造有利的平台条件；二是政府在发挥自身的作用时，应当改变以往的"家长式"作风，形成"政府搭台，非政府组织、公民个人唱戏"的广东文化形象传播模式，确保其他主体能够在文化形象传播过程中充分发挥自身的作用。

政府应当在政策层面为其他主体参与广东省本土文化挖掘与推广，进而为塑造和传播文化形象提供必要的支持和鼓励，包括经济、技术等多方面的支持，为他们发挥自身作为广东文化形象传播主体的作用提供基本条件。政府与非政府组织及公民个人开展合作过程中，应当开放和拓展更多的文化合作领域，依托一些文化形象传播活动，壮大非政府组织及公民个人的传播力量。除此之外，非政府组织在广东文化形象传播过程中发挥作用应获得法律层面的支持，包括赋予和认定其合法地位、挖掘其文化、推广并保护其成果等，从而保证非政府组织能够合法行使其权利，并在健康的文化市场环境下确保其劳动成果不受侵害。具体来看，基层组织如居委会、村委会可成为广东文化形象传播的重要阵地，通过在村与社区等基层单位开展各类地方文化活动，逐渐提升公民个人对本地文化形象传播的兴趣，并指导公民个人积极投入广东文化形象传播之中。若想有效地激发非政府组织的文化形象传播活力，不仅要加强这些组织与政府之间的合作，使之获得政府必要的政策、法律等多方面的支持，同时需要创造以下有利条件：一是非政府组织发挥其文化形象传播的作用时，不应过于追求传播效果，而应当从长远发展的角度出发，将发掘与传播文化进而建立广东文化形象，视为一个漫长而持续的过程，以推动文化形象传播的深入发展；二是应该为公民个人创造更加广阔的传播平台，借助非政府组织，消除组织传播与公民个人传播之间的隔阂，使组织传播的平台成为公民个人发挥传播优势的重要平台。

非政府组织与公民个人之间的合作具有两方面的重要意义，不仅增强了非政府组织的传播力量，同时给公民个人提供了相应的组织保障与经费支持，因而出现了互惠互利的局面。对公民个人来说，不仅应积极参与非政府组织，发挥自身对于文化形象传播的作用，还要自觉推广优秀文化，抵制不良的腐朽文化，从周边的生活入手，通过周围的人群进行文化形象传播，并借助网络平台构建文化形象传播圈，进而提升文化形象传播的效力。显然，只有不同文化形象传播主体共同努力，明确各类传播主体分工，充分发挥各自的职能，才能更有效地提升文化形象传播的效力。

## 第二节　丰富文化传播内容，强化文化传播素质

广东文化形象传播在内容上的发展并不是平衡的，这种不平衡主要表

现在传播的内容偏重于广府文化、主流民族文化，而相对忽视广东省的其他文化，如客家文化、潮汕文化以及其他少数民族的文化，从而造成了传播广度和新兴文化内容不足的问题，因而在广东文化形象传播的过程中应当采取平等与多样并重、深度与新兴共荣的平衡传播策略。

### 一、采取平等与多样并重的传播内容选择策略

针对传统文化形象内容传播中出现的不平衡发展问题，我们应当建立一个恰当的传播内容选择机制，确保能够兼顾平等与多样两个方面，形成文化形象传播内容的金字塔式选择模型。

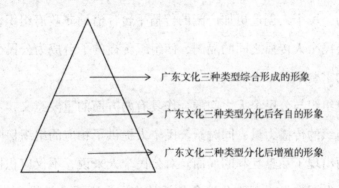

广东文化三种类型综合形成的形象

广东文化三种类型分化后各自的形象

广东文化三种类型分化后增殖的形象

**图 22　文化形象传播内容的金字塔式选择模型**

在金字塔的顶端，选择广东省传统文化最精华的内容，吸取广府文化、客家文化、潮汕文化等各类传统文化之所长。通过将广东省的多种文化进行综合，形成极具广东特色的文化形象传播内容，以实现广东文化形象传播的效力最大化，使所传播的内容有别于其他地区的特色文化形象。

在金字塔的中部，建立广东省各类子文化系统的文化形象内容传播选择机制，以确保广东文化形象传播内容能够涵盖各类文化，呈现百花齐放、百家争鸣的局面。广东省每种子文化系统都有其自身特色，如广府文

化的本地特色、潮汕文化的海外特色、客家文化的中原特色、少数民族文化的稀有特色等。对不同类型的子文化内容进行挖掘和挑选,如对潮汕文化中的雷州文化进行挖掘,传播雷州半岛天下四绝之一的雷州换鼓、南方兵马俑的雷州石狗以及非物质文化遗产雷州歌、傩舞等;又如对客家文化中的梅州文化进行推介,挖掘土楼、围龙屋、走马楼、五凤楼、四点金、多杠楼及中西混合式等多种形式建筑文化,从而实现文化形象传播朝着越来越精细的方向发展,使广东文化形象更加厚重。与此同时,子文化内容的异质性对文化形象传播力产生很大的影响,可以使文化形象传播更加细分化,便于根据不同受众提供不同的传播内容,有助于提升广东文化形象的传播效能。在金字塔的底部,建立广东省各类子文化形象的内容增殖机制,以此进行文化形象传播内容的选择。要实现文化内容的增殖,除了可以通过文化发展实现以外,也可以通过对各类文化子系统的持续挖掘与再认识实现,可以说该过程是循环往复的,这构成了不同类型子文化的同质性与异质性的重要基础。在进行广东文化形象传播的过程中,那些处于相对较弱的子文化系统应当受到足够关注,以对其进行扶持,在巩固诸如广府文化等优势子文化系统的基础上,确保不同类型的子文化系统都能获得相应的发展,从而形成广东文化形象传播的合力,使广东文化形象传播的内容更具历史厚重感和当代时代感,促进广东文化形象传播力和本省文化软实力的提升。

### 二、采取深度与新兴共荣的文化形象传播内容实践

(一)广东省必须突出和强化主流文化形象的传播内容优势

在当代中国,中国特色社会主义新文化仍然是主流,这种新文化以马克思主义为指导,以马克思主义最新理论——习近平新时代中国特色社会主义思想为旗帜,深刻地反映了我国的经济社会发展要求,包括中华优秀

传统文化、革命文化、先进文化三大类。因此，广东在推进主流文化形象传播的过程中，应当结合三类文化特征，着重发展公益性文化和产业性文化。

以公益性文化为例，广东省在大力构建和传播本土的传统文化形象过程中，要加强以广东精神为核心构建和传播广东文化新形象。通过积极在文旅融合中实现历史文化传承创新，截止到 2022 年，全省已经推出历史文化游径 70 条、广东省粤港澳大湾区文化遗产游径 44 条，大力推广南粤古驿道 11 条重点线路和 10 条全省精品红色旅游线路；统筹城市建设和文化保护，通过开展"广东社科专家话地方城市名片"等社科普及活动，挖掘、整理、打造了广州永庆坊、汕头小公园等一批城市文化名片，白鹅潭大湾区艺术中心、广州国家版本馆、广东画院等标志性文化设施已建成并投入使用，实现省市县镇村五级公共文化设施全覆盖，持续提升本省人民对广东文化的认同感与凝聚力，提升广东文化软实力，并对外积极展现优秀的文化形象。

以产业性文化为例，广东推动文化产业发展，需要持续增强本省文化产业的市场竞争力，从内容上进行创新，运用成熟技术支持和带动本省文化创意产业发展。看着《熊出没》《喜羊羊》，听着荔枝 FM、酷狗播放的歌曲，在腾讯电子竞技平台上娱乐，在融创乐园游玩……这些都是广东文化产业所带来的成果。充分利用我国广阔的文化产业市场，尤其是与科技的融合，推动广东省文化创意产业的整合，形成以"文化+""互联网+"为主要形式的新业态，全面重塑广东文化产业格局，进而提升本省文化产业的竞争力。

（二）注重精品意识在文化形象传播过程中的重要作用

党的十九届五中全会通过的"十四五"规划纲要中，明确提出："实施文艺作品质量提升工程，加强现实题材创作生产，不断推出反映时代新气象、讴歌人民新创造的文艺精品。"广东省委十二届十一次、十二次全会均指出，要"围绕全面建成小康社会、建党 100 周年、开启全面建设社会主义现代化国家新征程等重大主题，不断推出反映时代新气象、讴歌人民新创造的精品力作"。广东要在更高水平建设文化强省，文艺创作是重要内容和应有之义，必须系统化实施新时代广东文艺高峰工程。

为此，广东省充分发挥精品意识在人文关怀、批判精神与价值理性等方面所具有的独特优势，坚持多元性与开放性的发展，加强对包括学术理论作品、文艺创作、音乐会、展览等在内的精品文化内容的深度挖掘，以线上线下为平台，以展览展演为中心，持续加强对文艺工作的支持保障力度，坚持出精品、出人才、出效益，不断提升广东文化形象传播的品位与厚度，持续提升文化形象传播的活力，提升社会效益和经济效益。据"广东经济社会发展成就系列新闻发布会——推进文化强省建设专场"数据统计：广东共有 9 部作品获评全国"五个一工程"奖，"文化+"新业态成为文化产业体系的新增长点，数字出版产值、动漫产值、电影票房收入等多项指标居全国第一，文化及相关产业增加值占全省 GDP 比重达 5.59%，占全国总量的 13.8%，连续 18 年居全国首位。

（三）重新建立起广东大众文化在全国范围内的优势地位

充分发挥大众文化在广东文化形象传播过程中的作用，在市场利益的驱动和高新技术的支持下，一是深入落实文化惠民政策，让党的创新理论更好地通过文化艺术和社科普及等形式进入寻常百姓家。高举旗帜，把好导向，抓好重大题材的创新创优，让广东文化内涵真正呈现党的创新理论，在全社会宣传党的政策理论、弘扬优秀传统文化，坚决守好意识形态安全"南大门"。二是引进和借鉴西方优秀的流行文化，将其与广东本土文化进行有效结合，持续广泛开展文化惠民活动，推进社会科学知识、文化艺术形式进农村、进校园、进社区，组织办好群众文化品牌活动。以中国受众的需求与审美特点为基础，制造具有广东特色的优秀主流文化，以占领文化形象传播的高地。三是发挥广东区位优势，加强粤、港、澳三地文化的交流与互补，围绕粤港澳大湾区世界级文化旅游目的地建设的目标，打造世界知名的大湾区经典文艺节目、文化艺术节、学术研讨交流会等，并实行常态化展示，用百姓通俗易懂的形式讲好中国故事、湾区故事、广东故事，更好地满足人民群众对美好精神文化生活的需要。四是广东省还应在政治、经济、文化等多个方面的内容传播上进行创新和突破，通过对广东文化的优势内容进行多元整合传播，深化"学术理论+科普""文化艺术+旅游"融合发展，举办"广东社会科学普及周活动""走进华南教育历史研学基地系列活动"等，推出更多更好的科普文化节目，以实现传播内容的自我增殖，不断提升广东文化形象传播内容的新鲜活力与传播效能。

### 三、广东文化形象传播素质提升策略

思想政治教育理论研究人员对"素质"也有各自不同版本的理解，其中费萍同志对于"素质"做出如下的定义：人在禀赋的基础上，受后天环境影响和教育训练，通过自我修养和社会实践形成和发展起来的、长期发挥作用的素养。这是一个比较为大众接受的观点。在此理论基础上延伸解释文化传播中的素质应该是指，文化传播中主体和受众分别在智力、体魄、性格、能力等先天基础上，受到环境、教育水平等后天因素的影响，以自我提升和社会实践方式完成训练培养，能在文化传播中长期发挥作用的素养。目前在广东文化形象传播中，主体和受众本身素质良莠不齐、观念更新不及时、传播方法落后等因素，大大降低了广东文化形象传播的实效性，应当从以下三方面入手提升。

（一）优化传播环境

广东文化形象传播中的素质培养需要创造一个良好的外部环境，通过外因刺激，积极发挥主体和受众的主观能动性。在共同致力于实现中华民族伟大复兴、助推广东在新征程中走在全国前列、创造新的辉煌的宏大背景下，为保障广东文化形象传播中主体和受众的素质培养工作良性开展，通过大力宣传，努力营造氛围重视广东文化形象传播，形成对加大广东文化形象传播中主体和受众素质培养的重要性与紧迫性的一致认识。以确定科学的评价标准为基础，构建正确的评价体系，肯定广东文化形象传播中主体和受众的劳动价值是素质培养的最好归宿。

（二）完善落实传播制度

将广东文化形象传播活动中主体和受众素质的培养纳入制度化、常态化轨道。第一，专业人才培养制度。从事广东文化形象传播的从业人员素质提高应着力在队伍专业化建设上下功夫，把研究岭南文化、广东文化的社科专家、文艺专家培养成广东文化形象传播的权威专家，也可鼓励更多的人报考关于广东文化研究方面的硕士、博士，以提升队伍的学历层次以及专业化程度。第二，岗位培训制度。根据文化传播岗位相关需求，结合传播主体的特点有效提升其能力水平。第三，专业建设经费保障制度。广东文化形象传播作为一项持续性发展的工作，要设立专门的传播素质保障经费，不仅保障广东文化资源源源不断地被发掘、整理、提炼、推介，还要保障广东文化形象传播队伍的稳定，更要保障广东文化形象传播受众具备基本的社会科学素养和文化艺术水平。

（三）拓宽传播渠道

推进广东文化形象传播中主体和受众素质提升工作，可在培养途径上寻求突破，采取社会培养和自我培养的方式。所谓社会培养就是由社会或社会的某级组织，运用教育、培训等手段，大力提高广东文化形象传播中主体和受众的素质。采取的方式包括有步骤、有计划地举行各种形式的专门培训、外出调查研究、参观考察、学术交流、社科普及等活动。社会培养模式具有人才门类齐全、规模大、覆盖面广、人员易集中等优势，使其成为素质培养的首要方式。自我培养是指主体和受众加强学习完成自我教育，加强自律完成自我改造，不断丰富自己的头脑，拓宽知识面、完善知识结构、打造完美形象以符合广东文化形象传播的需要。自我培养模式具有灵活机动、适时调整、全面优化的优势，是素质培养的有效模式。这两种模式将对传播主体和受众的政治素质、人格素质、理论素质和能力素质进行全方位、多角度的提升，以保障广东文化形象传播的高效性。

## 第三节　构建传播渠道，夯实文化传播基础

传播渠道通畅，直接影响了传播主体与受众之间的文化形象传播内容的有效性。从当前广东文化形象的传播渠道来看，还需要从媒体与实物两个方面建立起更加有效的传播渠道。

### 一、媒体传播渠道的建立

（一）应加大对广东文化资源的挖掘力度，找准广东文化形象定位，充分利用传统媒体及其网络化的优势，全面推进文化形象传播

这不但需要加强对广东省文化产业、文化建设成果的传播，同时需要打造广东省本土文化品牌，深入挖掘不同类型媒体渠道的独特优势，以实现广东文化形象更好地传播。广东省 21 个地市，分别有代表本地区的富有特色的文化品牌，根据广东省精神文明建设委员会办公室、广东省社会

科学界联合会等单位举办的广东文化名片活动评选结果,广东各地市文化资源情况如下:

1. 广州

广州塔、广交会、白云山、中山纪念堂、广府菜、粤剧、广绣、长隆旅游度假区、珠江夜游、越秀公园、黄埔军校旧址、荔湾西关大屋、迎春花市

2. 深圳

莲花山·邓小平塑像、大鹏所城、中英街、深圳文博会、华侨城·世界之窗、梧桐山、大小梅沙、地王大厦、东门老街、光明乳鸽、高交会、红树林自然保护区

3. 珠海

珠海大剧院、渔女雕像、珠海国际沙滩音乐节、珠海情侣路、长隆海洋王国、圆明新园、珠海航展、港珠澳大桥、横琴蚝

4. 汕头

潮语·潮汕话、潮汕菜、潮汕美食节、澄海灯谜、潮阳英歌、蜈蚣舞、陶瓷微书、潮汕橄榄菜制作技艺、潮式月饼制作技艺、潮式粿品制作技艺、陇美金漆画、镶嵌(嵌瓷)、广东内画、潮汕乡土建筑装饰

5. 佛山

祖庙、西樵山、黄飞鸿、康有为、詹天佑、李小龙、陈启沅、佛山醒狮、石湾公仔、佛山武术、佛山粤剧、佛山秋色、顺德美食

6. 韶关

丹霞山、云门寺、乳源瑶族风情园、西京古道、马坝人遗址、南华禅寺、韶乐、珠玑巷·梅关古道、广东省委粤北省委历史陈列馆、朱德部队(犁市当铺)旧址、梅岭三章

7. 河源

岭南首邑、客家名城、温泉之都、恐龙之乡、东江源地、万绿湖、龙

川杂技、紫金花朝戏、连平采茶戏、和平纸马舞、舞春牛、船灯舞、花灯舞、客家婚庆、客家擂茶

8. 梅州

百侯古镇、世界客都（包括世界客商大会、围龙屋、梅江桥、中国客家博物馆、东山书院、程旼故居等）、中国移民纪念广场、球王故里（李惠堂故居）、"版画之乡"兴宁、客家山歌、广东汉剧、叶剑英、黄遵宪、林风眠、世界长寿乡、雁南飞、丰顺温泉、五指石、客家娘酒

9. 惠州

葛洪、罗浮山、惠州西湖、东坡祠、民主革命"惠州三杰"（廖仲恺、邓演达、叶挺）、银岗古窑场遗址、东江纵队、惠东渔歌、罗浮山百草油、龙门农民画、元宵舞龙、龙华大鼓、大亚湾渔家婚嫁

10. 汕尾

红宫红场、中国民间文化艺术之乡（甲子英歌舞、河田高景、滚地金龙、麒麟舞）、四大稀有剧种（正字戏、西秦戏、白字戏、皮影戏）、汕尾渔歌、彭湃、马思聪、钟敬文、碣石玄武山、品清湖·汕尾凤山妈祖、红海湾、陆河万亩梅园、大安石寨

11. 东莞

太平手袋厂陈列馆、燕岭摩崖石刻、莞香、松山湖（生态园）、虎门销烟、东莞音乐剧、可园、袁崇焕、蚝岗贝丘遗址、东莞篮球、茶山南社古村落、东莞制造

12. 中山

中山粤剧、阜峰文塔、小榄菊花会、中山温泉、五桂山、长江叠翠、詹园、石岐乳鸽、中山杏仁饼

13. 江门

开平碉楼与村落、江门五邑华侨华人博物馆、小鸟天堂、川岛海滨旅

游、新会陈皮、圭峰山、崖门古战场、蔡李佛拳、梁启超、陈白沙、冯
如、李铁夫

14. 阳江

"南海Ⅰ号"及广东海上丝绸之路博物馆、阳春凌霄岩国家地质公园、
冼夫人冯盎将军纪念公园、阳江海陵岛、关山月、何士德、阳江小刀、阳
江风筝、阳江漆艺、南海（阳江）开渔节、北山石塔、阳东东平大澳渔村

15. 湛江

光岩、雷州古城、雷州石狗、广州湾法式风情街、湛江港、雷州三陈
（陈瑸、陈昌齐、陈乔森）、中国海洋经济博览会、中国海鲜美食之都、徐
闻古港——海上丝绸之路始发港、雷州青年运河、硇洲灯塔、吴川飘色、
东海岛人龙舞、遂溪醒狮、雷剧（雷歌）

16. 茂名

好心湖、冼夫人、茂名石化、电白沉香、信宜玉雕、古荔贡园、化橘
红、茂名年例、潘茂名、浪漫海岸

17. 肇庆

包公文化、端砚、龙母文化、摩崖石刻、广信文化、封开杏花鸡、德
庆竹篙粉、五马巡城、高要春社、广宁玉雕、肇庆梅庵、肇庆古城墙

18. 清远

清远鸡、英石、英德红茶、飞来峡、清远布袋木狮舞、三人燕尾龙
舟、千年瑶寨、牛栏洞遗迹、粤北古道、朱汝珍、"黄花岗七十二烈士之
一"李文楷、"北伐名将"陈可钰、"人民军队航空先驱"冯达飞、"党的
好女儿"向秀丽

19. 潮州

潮州七日红、"茂芝会议"旧址、中央秘密交通线、潮澄饶革命"一
老家"——佘厝洲村、潮州工艺美术（潮绣、木雕、抽纱等）、广济桥、

牌坊街、潮语、潮剧、潮州牛肉丸、潮州工夫茶、左翼文化运动潮州英杰

20. 揭阳

揭阳学宫、翡翠玉都、五金名城、普宁豆腐、揭阳书画、"中国核潜艇之父"黄旭华、"岭南第一名臣"翁万达、青狮文化、行彩桥

21. 云浮

六祖惠能、邓发、蔡廷锴、陈磷、云浮石材、南粤红旗渠长岗坡渡槽、磨刀山遗址、龙龛岩摩崖石刻、云雾山、邓发、叶季壮、梁桂华故居、龙岗村、西江上游农民暴动中心（云浮城头）旧址、荣昌堂、三罗解放第一枪、蕉山战斗、连州战斗

在挖掘这么丰富多元的广东文化资源时，传统媒体应全力提取和保留广东文化的精髓，让受众可以充分地体会到原汁原味的广东文化。当代的商业手段和消费属性，在某种程度上增加了文化传播渠道，但难以实现持久的效力，因此传统媒体在当前盛行的商业氛围与行业场域下，应加强对传统文化的挖掘，尽可能对传统文化去粗取精，挖掘其当代价值，以提升对文化形象传播的效力。从新兴文化来看，传统媒体在充当传播渠道的过程中应该发挥其固有的优势，对改革开放以来的广东文化形象进行重点塑造和宣传。此外，广东省还要善于发现新兴文化的特性，包括新兴文化的开放性与民族性，以更好地促进广东文化形象的塑造与传播。

（二）充分发挥广东省媒体网络的优势，对广东省的各类媒体进行整合，更好地实现广东文化形象传播与发展

报刊、广播、电视等官方传统媒体代表着社会主流价值体系，组织严密、流程规范、传播力强，是舆论引导格局中的把控者，引领着舆论发展的方向。而新媒体时代呈现舆论主体多元、传播渠道丰富、内容鲜活生动的新局面，容易造成传播泛化、内容混杂、信息虚假等问题，使舆论引导变得复杂起来。因而，报刊、广播、电视等官方主流传统媒体要做好新媒

体时代的舆论引导工作，必须相互融合发展，抢占主导地位。

在整合传统媒体与新媒体的过程中要注重一些问题，主要概括为以下三个方面。一是两类媒体在文化形象传播过程中是两类不同的传播渠道，应当保持一定的独立性，发挥各自的独特优势，避免其中一种渠道挤压另一种渠道的情况，始终坚持二者均是广东文化形象传播的重要渠道的信念。二是传统媒体应加强对新媒体的了解与认识，充分利用新媒体的优势，提升自身的文化形象传播效能，并与新媒体共同构建传播平台，以更好地实现文化形象传播。三是改变以往文化形象传播过程中的线性传播思维，提倡新旧媒体融合的"混合式传播"，应充分尊重受众的感受，在不同类型的媒体之间形成良性互动。

从传播过程的整合来看，这种整合在本质上就是要实现内容在渠道中良性传播，不仅要对报刊、电视等媒体渠道进行整合，同时需要对广告、电视剧、电影、网络剧等传播渠道进行整合，使之成为文化形象传播渠道的重要元素，在传播内容上，应避免内容同质趋向的现象，让不同类型的传播载体能够形成文化形象传播的合力。

（三）在媒体渠道的构建中，广东媒体还应积极地与政府、"意见领袖"等其他传播主体，以及受众之间建立良好的关系

充分发挥广东媒体自身在传播中的中介作用，担负起树立认同、为社会中的新老群体表达需求并为社会和谐做出贡献的职责。要把新闻宣传和舆论引导工作放到整个文化形象构建与发展的全局来思考、来把握、来运筹，将新闻宣传和舆论引导工作与业务工作同研究、同部署、同落实。紧紧围绕广东文化形象的塑造、宣传、推广主动发声，发挥好文化相关行业主流媒体作用，支持打造一批重点品牌栏目和深度专题报道，主动宣传本地区广东文化形象的历史路径、现实情况和发展趋势。

同时，要为各传播主体与受众之间的交流提供有效的平台，强化传播

者与受众之间的交流，尽可能地展现更加多元化的声音，不仅要积极宣传政府大力推行的主流文化形象，还要加强对精英文化与大众文化等其他类型文化形象的传播。

**二、构建虚拟和实物两类载体相结合的传播渠道**

相对于媒体传播渠道，实物传播渠道往往容易被忽视，这种传播渠道的构建可以作为媒体传播渠道的重要补充。具体来看，实物传播渠道的形式是多样的，包含文化建筑、文化交流会议、文化展览等多种宣传形式。要提升广东文化形象的传播效力，不仅要发挥传媒的优势，还要充分利用贸易、会展、旅游等其他传播渠道。虚拟和实物两种传播渠道给受众带来的体验与感受是有很大差异的，前者能够借助各种媒介载体，构建出引人入胜的"媒介景观"，而后者构建起实实在在的"文化生态景观"。

以广东会馆为例，有学者研究发现，广东会馆不只是广东商业文化对外输出的窗口，也是对外传播广东精神文化的重要阵地。会馆往往分布于广东省外的各个地区，在自身发展过程中通常会选择与异地合作的发展模式，以共同开发广东文化，这对广东文化在外地的传播和文化形象的建立都是很有利的。会馆就是一种典型的实物传播渠道，这种渠道通过构建独特的文化意涵，在广东省与其他地区进行跨文化交流与传播的过程中发挥着重要的作用。

再以广东省举办的会展活动为例，这种形式是广东文化形象传播的重要实物传播渠道，可以有效提升广东文化形象传播的辐射力，并能够通过提供互动交流空间，较好地面向受众传递广东省的文化形象。

以广州"文交会"为例，自2017年以来，广州"文交会"已成功举办四届，这一文化"广交会"，已成为广州市一年一度传播广府文化的盛宴。"文交会"主要有四大特点：一是突出市场化办会，二是新产品、新

206

业态云集，三是湾区文旅融合特色明显，四是高端文化产业资源聚集。全面利用传媒媒体和网络媒体，进行全方位立体传播，通过举办"文交会"，提升了文化产业影响力，提升了城市文化形象，展示了一个鲜活的广州文化产业形象。2021 年广州"文交会"主体活动有粤港澳大湾区（广州）数字文旅新业态成果展示会、演艺影视展、2021 广州国际旅游展览会三大主题展，面积约 6 万平方米，加上已举办的第十四届中国国际漫画节和即将举办的中国（广州）艺术博览会等"文交会"系列活动，展览总面积超过 10 万平方米。

## 第四节　锁定传播客体，提升传播效果

针对广东文化形象传播过程中存在的客体定位不清晰、传播效果不佳的问题，我们根据受众分类模型，提出了锁定传播客体以提升文化形象传播效果的策略。受众分类模型理论认为，要区分不同信息系统的关键变量，需要重点把握两点，分别是信息的储存和信息的控制。根据该理论，广东文化形象传播的受众可分为以下四类。

### 一、训示型受众

主要指的是在单向传播模式下的受众，通常产生在欣赏音乐会、听演讲、看电视、阅读书籍等情形下，这类受众最主要的特征是借助传统媒体渠道和实物传播渠道获取文化形象传播的信息，其反馈能力受到了一定的限制，也就是说文化形象内容的传播主要是由传播者单向传递给受众的。广东在针对此类受众进行文化形象传播的过程中，应当注重对本土文化资源进行有效挖掘，尽可能将本土文化的精髓准确抽取、直接展现，通过展

现广东文化中的精彩部分，持续提升文化形象传播的效力。具体来看，需要做好以下三点：一是克服文化维模，若在文化输入地区出现比较强烈的文化抵抗时，应重点提升广东文化形象的输出能力，在输出过程中尽可能降低交流冲突所带来的不利影响，坚持在和谐文化传播理念的指导下进行文化形象的传播；二是促进文化适应与融合，推动广东文化形象的本土化发展，在冲突交流中努力打造文化高地的同时，积极适应和融入当地的文化；三是文化增殖与沉淀，通过增殖与沉淀，在广东文化形象传播的过程中不断创造新的意义与价值，以提高广东文化形象传播的影响力。

## 二、咨询型受众

这类受众往往希望在特定的时间获取某种信息内容，这类受众的产生是对传统大众传媒的一种新的拓展。这类受众的出现，表明社会大众开始希望以信息使用者的身份争取自己对信息的选择权，而针对这类受众的传播主体、策略与机制也与以往有很大不同。满足咨询型受众信息需求的主体通常是新兴媒体，其本质在于如何使该类型受众实现信息的选择最大化，因而需要为其提供有效的传播内容选择机制，为受众主动选择提供相应的便利，以进行文化形象的有效传播。这类受众在进行选择时，可基于新媒体平台，依据自身的个性化需求，自行选择符合自己需求与特点的文化形象传播素材，也可从传统媒介已制作好的相关素材中挑选相应的视频、文字材料，进行新的组合，以形成新的文化形象传播内容。

## 三、对话型受众

这类受众明显与训示型受众相区别，最显著的特征是对话型受众与其他受众或传播主体开展交流，对话的双方一般由个体控制。例如，多个个体在传播活动中可进行思想与意见的交流、互动，从而形成多方面的联系。训示型受众和咨询型受众的传播策略模式主要是以点对面的对话为主，对话型受众的传播策略模式则主要是点对点的对话。要实现这种传播模式，首先就需要为受众提供交流平台，根据受众的兴趣，在网络环境下建立相应的论坛、贴吧、话题或群组，借助多种方式根据受众需求将广东文化进行细分，进而塑造和传播不同子文化系统的形象。

### 四、注册型受众

这类受众在接触媒介的时候，其接触情况和内容都会被监测和记录，在针对该类受众进行文化形象传播的过程中，应通过相应的测量手段或信息处理与分析手段，充分了解受众的现实需求与兴趣，以此完善文化形象传播的策略，进而提升文化形象传播的能力。

# 第七章　广东文化形象传播战略研究

## 第一节　广东文化形象传播过程研究

传播学在事物发展研究过程中占据着指导地位，特别是对于区域文化形象的传播来说意义非凡。传播学是指在原有事物发展研究的基础上，深度挖掘区域文化自身发展的特色及规律性，以达到更好的传播效果。[①] 在整个信息传播的过程中，信息传递不仅仅是信息双方进行信息交换的过程，同时是在一定的社会背景下的深层次沟通和交流。区域文化形象传播涉及较为复杂的传播过程，因而在具备信息传播基本特征的前提下，也需要具备双方交流互动的特性和互动精神理念。我国现有的地域文化宣传研究，均是以辩证的方式为主要导向的，并没有更多地以集合信息资源的方式去全面、完整地做信息传播的研究。因此，运用具体化的集合方式对整个地域文化进行宣传成为此项研究的起点及终点。此项研究的最终目的不只是阐述运用一些基本传播学原理研究广东文化形象的传播，更强调文化

---

① 张国良. 中国传播学的不惑之惑——写在传播学引入中国40年之际 [J]. 现代传播（中国传媒大学学报），2021（02）：30-35.

传播的具体方式，同时结合时代背景，提出更适合广东文化形象传播的传播途径。

## 一、文化形象传播整合研究的出发点

广东文化形象传播整合研究的实质是在数据信息大量汇集整合的基础上，挖掘其在信息传播过程中所体现的规律及特性。研究广东文化形象传播的过程有着深刻的学术及现实意义。根据以往的研究可以发现，关于地域文化形象的研究大多数是从城市行为出发，传播的重点在于地区政府在文化传播中所获得的满意程度以及评价度，而事实上对于地区文化形象的文字性研究是较为匮乏的，将地域文化形象解析和文字性研究综合起来就更为匮乏。究其原因可以概括为二者有着各自的审核规范和标准，此前没有共同的审核标准。地区在公众心中的文化形象主要是通过调查来整合的，而文字性宣传的内容较多关注文字的叙述，调查性的行为与文字性的宣传没有一个整合的交汇平台。而此文的这一部分就是运用新方式将调查研究与文字宣传综合起来，融合二者的特征，找到相统一的地方，改善地域文化形象研究的不一致性。广东文化形象的研究不只是研究其传播的规律性，同时具有很强的现实指导意义，可以为改善提升地域文化形象建言献策。从目前现有的研究表明，地域文化形象的研究虽然是在理论上强调数据的整合性，但实际上，地域文化形象研究是单一的、孤立的，对于高效地提升解决问题的速率仍不明显。也正是由于存在这种缺陷，本研究将运用新的研究方式将孤立不统一的研究集合起来，以传播地域文化整体性发展研究为出发点，促进地域文化形象宣传的整体性发展。

## 二、文化形象传播过程研究框架与过程

落实整合化研究的前提是方法的统一，即建立广东文化形象调查性的

行为与文字宣传研究相结合的统一平台，分析广东文化形象传播的规律性。

（一）广东文化形象传播整合研究方法选择

广东文化形象传播整合研究方法以核心词解析法为主。核心词解析法属于内容分析法里的一种，有专家研究表明，内容分析法非常适合于传播学研究，内容分析法提出的要求是必须认真解决需要关心的问题内容，将手中所收集到的资料和内容进行分析时，尤其要注重分析原因及其产生的影响。内容分析法允许运用词语、节、篇、章、短语等，因此，核心词解析法在内容分析法里属于一种运用起来比较高效便捷的方法。将核心词解析法运用在广东文化形象整合研究中具有十分便捷的优势，通过根据词、语句、短语等搜索频率高低，将文字性的宣传及调查性的行为综合统一，合理制定一个区域文化形象的评分机制供大众评价。以"创新"这个核心词语为例，可作为广东文化发展的特征，也可作为地域文化形象建设的一个中心导向，还可以作为大众对于地域文化形象评价的一个标准。若我们将原有不统一的评价标准通过"创新"这一个核心词融合在一起，那么原有无法统一的测量标准能通过核心词得到统一。将三项不同参考值进行统一后，就可以很高效便捷地找出三者的差异，社会发展中所需要的创新与文化发展战略实施政策所展示的"创新"以及大众对于创新的期待之间存在差别，地域文化形象整合性传播过程就搭建起来了。

（二）广东文化形象传播整合研究解析方式的适用架构

核心词解析法在研究过程中适合哪些内容的解析，又是用来分析哪些内容，根据本论文研究的导向，核心词解析法适用于地域文化宣传的主要原因有三点。

一是媒体作为广东经济文化发展变化的见证者，具有较为敏锐的行业性质，能够较快地传递出地域发展变化的信息。通过对大量有效数据及准确文字的收集，从最基本的理论研究，到基础项目的开发研讨，再到文化功能在全社会的展示三个阶段，有效合理地报道广东经济文化发展的全过程和大变化。

二是作为被媒介宣传的广东省，其文化形象的定位经历了三个阶段：第一阶段，媒体将其基础项目启动作为地域文化形象最主要的报道内容，反映了城市经济文化发展中独具匠心的特点及其对其他产业影响的辐射程度；第二阶段，对其发展中最具特色的部分进行宣传，主要包括创新的、原生态的广东文化形象，反映了广东经济文化发展从吸引外资招商到自主文化项目功能研发的转变；第三阶段，媒介宣传与报道的重心转移到了经济文化发展与社会和谐全面发展的层面上，充分体现国内经济文化发展与外资融入对外开放之间的和谐关系及二者融合的重要性。

三是广东省的民众对自己所在省的文化形象的变化感知也经历了三个阶段：第一阶段，受到广东省经济文化有力发展的吸引及政府出台的鼓励政策，大量创业型人员不断涌入；第二阶段，随着政府文化经济发展的转型，拥有更多国际及资本化背景的人员迁入；第三阶段，地域文化经济有了脱胎换骨的升级与变化，不断有精英式人才加入，提升了当地金融产业的发展，使得广东经济文化发展有了一次质的飞跃。因此，民众在经济文化发展的三个阶段中，对于文化形象的感知不断地发生变化，对于地域文化形象的要求也随着变革的发展不断地在提升与改变。

（三）广东文化形象传播整合研究设计方案

本研究的主要依据是以文章内容分析中排行较前或使用频率最高的词语搭建测试平台。

第一步：从收集到的近年关于广东文化形象的文字文本中筛选若干核心词，根据使用频率高低将核心词形成测试的基础数据，高频率使用的核心词汇将被用于后续的每一项测试环节中去。

第二步：将受众进行分组，先将第一步中处理好的核心词整合，以此为依据对受访者开展问卷调查，再根据此问卷调查的结果对公司工作人员、国内居民及外国居民进行更为详细的问卷调查。

第三步：将获取的不同受众人群反馈文本中的核心词进行排序，例如，对政府工作人员中认知的核心词进行排序，将普通市民反馈问卷中的核心词进行排序，并将二者进行解析及对比，找出在时间序列和评论序列上的不同数据，进而全面地掌控文化形象的宣传过程。

## 第二节　广东文化形象传播的原理

### 一、广东文化形象传播原理的概况

根据实地的宣传情况与本次数据调查解析结合，研究后发现，广东文化形象宣传原理构架可以从以下几个方面进行参考。首先，文化形象传播的出发点在哪里？动力是什么？其次，政府在其中架构的是文化形象，该文化形象的具体呈现状态是什么？再次，广大群众从自身感受到的文化形象和所期望的地域文化形象之间的关系和演变过程是什么？最后，上述因素的整体舆论状况是什么？四个因素环环相扣组成了整个文化形象传播整合研究的架构图。此架构不单单需要考虑广东文化形象中的普遍特征，更要考虑文化形象宣传中的特殊之处，例如，地域的文化形象具备的社会形态较为丰满，这个特征也是有别于其他形象研究最为突出的一点。

（一）广东文化形象宣传理念的基本阐述

广东省实施改革开放后，经济水平得到了质的飞跃，广东文化形象也随着地域知名度的提升发生了质的转变。正如前文中所阐述的，通过对核心词在历史变迁中的历时性、传播者、受众、宣传方式与路径，以及文化传播内容等因素的综合性研究，广东文化形象宣传理念可以总结为"一个框架、两个过程"。"一个框架"是指广东文化形象宣传的理念图示，"两个过程"是广东文化形象在推动力中不断变化的过程。

框架实际上为广东文化形象宣传的固态结构，"两个过程"是在固态结构中各种元素之间相互融合与互动的状态。其中，不论是哪个因素的变化，是增多或者是减少，都会给文化形象的宣传带来一定的改变。广东文化形象构架的各项组成因素的相互触动，组成了文化形象动态性宣传的舆论场地，任何一项组成因素的变化都会使得整个原本动态性的舆论场地产生变化。广东文化形象调整主要囊括了两个方面的内容：一方面是经济的快速健康的增长变化促使文化形象不断地产生变化；另一方面受文化形象调整和变化的影响，大众对于文化形象的了解并不完全依赖媒体这个介质，因此媒体并非传播者与受众者之间的唯一获取信息的途径。

（二）广东文化形象宣传原理图形的固态组成结构

影响此项研究最主要的两个因素为地方文化形象的传播者与受众，后文会对两个因素进行详细介绍。本章主要分析影响文化形象传播原理图形中的重要核心因素。其中，推动源是对广东社会经济进步和发展起到作用的各种因素的总称。此前，通过核心词测量的解析说明，促进整个广东文化形象发展的推动力是社会经济的发展，文化形象的层次水平高低取决于推动力大小，广东经济发展不同阶段的推动源催生了各种不同水平的文化形象。目前，广东文化形象随着广东省经济水平的快速发展而产生突飞猛进的改变，前文进行的相应数据分析得出的结论为，社会经济发展水平的高低决定了文化形象水平发展的高低。文化形象可定义为社会经济发展促进下所产生的地区传统、精神、行为习惯、思维及展现区域文化对外形象等几个要素相互促进的内容。不论是地域文化形象的传播者还是受众，所传播与所感受到的文化形象都是由地域传统、精神、行为习惯及其展露的对外形象所构建起来的内容。大众内心所能接受的理想文化形象，应与政府所需要塑造的文化形象相符。然而在塑造文化形象的过程中，地域所要展示的文化形象应是大众能接受范围内的文化形象。事实上，目前研究显示，很难有地域文化形象以与民众期望完全相符的状态出现。因此，只能说地域文化形象的塑造和形成是相对的，而不是绝对的。文化形象宣传所存在的一种状态，被称为相同的动态性舆论场地，而动态性的舆论场所给予地域文化形象传播的总体概述，整合了推动源、传播者、受众群体、文化形象四个因素，这几个要素的互动过程囊括了大众、组织、人际三个方面的传播。渠道成为地域文化传播者与大众互动的基础平台，实际上文化形象统一动态性舆论场的重要核心因素并非渠道，而是统一动态性舆论场地中不断地变化与互动的内容，互动的内容可以通过文本的形式体现，也可以通过其他方面的形式体现。其中，各项因素不断发生变化，不论是增强还是减少，都会对统一性动态舆论场地产生影响。

（三）广东文化形象宣传原理图示中的两个运营过程

广东文化形象宣传原理图示包括了传播者驱动与受众驱动两个过程，也成为广东文化形象宣传的两种形式和内涵。在整个宣传过程中，我们可将其分为动态文化形象与静态文化形象，其中宣传原理图是静态文化形象的阐述，而整个运行过程是对动态文化形象的阐述。综合前文中数据研究的结果，文化形象运行原理图示中包括了两个方面的运动：其一为政府运动至受众的社会大众，进而形成了地域文化形象；其二则是由受众的社会大众反向运动至地域文化形象的传播者，从而使地域文化形象得到了提升和修正，实际上两者之间的区别核心在于动力推向上的偏向差异。

## 二、广东文化形象传播过程

（一）广东文化形象传播中的传播者推动过程

研究证实，推动力的核心偏向于传播者，以传播者为出发点，通过以文本构建和传播渠道为介质，到达社会大众中。经过社会大众的选择，地域文化形象最终在社会大众中形成。通过这种传播所形成的文化形象会高于传播者原本所设想的文化形象，也可能会低于其所设想的文化形象，而影响其产生效果的主要因素包括文字叙述和传播渠道，由于社会大众自身所具有的特性作用，在传达到社会大众后的文化形象产生了不同的变化和差异。事实上，官方在推动文化形象的传播与发展过程中一直处于绝对地位，官方媒体既可以通过宣传来促成文化形象的形成，又可以通过组织性的宣传方式，或通过人与人直接面对面的宣传来完成文化形象的构建。因此，官方宣传机构在整个文化形象传播过程中起着主导作用，并且引导着文化形象的发展方向。从文章数据分析也可以看出，广东省政府从开始传播文化形象起，就已经掌握了宣传的导向，并且通过各种传播介质及渠道传送了出去。

在整个文化形象传播的过程中，推动力是倾向于传播者的，因此传播者成了重点关注者，而政府作为传播的主流也受到了不同因素的影响。一是经济发展水平的基础决定性因素。经济基础决定上层建筑，文化与经济社会的发展有着密不可分的联系。地区制定的文化形象发展战略离不开社会的经济、政治、法治等方面的发展，以及受众群体对于政府的要求，这些都制约和影响着文化形象的传播。二是传播介质多样性因素。地域官方作为传播者在整个传播过程有着不同的文本宣传方式，不同的文本宣传方式都不能离开一个中心，就是宣传文本与实际采取的行动一致，只有这样的政府才能够受到社会大众的坚定支持。三是文化形象传播具有时代性。

文化形象的发展是随着时代的发展而发展的，不同的时期政府也有着不同的构架与想法。即使是在同一个时代，不同领域中的受众群体对于政府的文化形象也会有着各式各样的想法。四是传播介质中资源具有的优越性。在我国，政府掌握着大众媒体的传播导向权，大众媒体是国家及政府的喉舌，所以，在整个文化形象传播的过程中，政府掌握着强有力的传播方式以及渠道，同时这种传播渠道具有专属性，拥有着强势的形象构建与传播渠道开拓的地位。

（二）广东文化形象宣传的社会大众推动过程

受众群体为推动力的另一主要偏向点，在地域文化形象的传播过程中扮演着重要角色。随着当代社会经济的不断发展，受众群体对于所在地区的文化形象发展有着更高的要求和期待。因此，受众群体会通过各种传播介质及途径，例如，大众传播、团队传播、人际交往传播等方式和介质将有效的信息传递给地区的官方，而官方通过结合这些途径传递的信息对现存的文化形象进行考量，不断提高地区的文化形象。官方媒体在这个过程中便成了大众信息传递中的接收者，社会大众在这个变动性的舆论场地中传递的信息，成为社会大众对于政府所期望的文化形象的基础，这也是社会大众在社会发展到一定程度时，对地区官方媒体所提出的必然要求。目前，广东文化形象发展进入新的阶段，实现了与社会经济文化发展相结合的多年发展目标，因此，受众群体对于文化形象的要求也有了更高的期许。

影响社会大众驱动的因素可以归结为两方面，一方面，文化形象在社会大众中是广泛的，当代的文化从根本上讲是大众的文化，整个社会中的大众可以对地域文化形象进行评论。不同的受众者有着不同的思维方式和评价理由，因此文化形象的传播不具有统一性，也不能同时满足所有受众者的期望。虽然社会大众的评论具有广泛性，但是近些年来也出现了不少小众化的分化特征，由于受到不同经济文化水平地区的差异化影响，部分群体会对文化形象的某些方面比较感兴趣，那些全面而又广泛的宣传方式并没有引起太多的感触，也逐渐被小众化、个性化的传播策略所替代。另一方面，社会大众有着不同的行为特点，差异化的行为会影响区域文化传播的整体性，因此，地区政府在制定文化形象宣传战略的过程中，应该充分地参考传播学上受众可能会展现的一些选择性行为、涵化行为等情况。

（三）在整个过程中环境要素也是不可忽略的

随着广东省社会经济发展的高速转变，社会大众对于文化形象的期许与理解长期处于激烈的变化中，因此社会发展的管理者应该以人为本，切实了解受众群体最真实的需求，不断适应社会大众对于文化形象的新要求。

本研究结合了构建调查实证与文本内容解析的测量平台，从更加宏观的角度去思考文化形象宣传的整体过程，尝试以数据解析为基本出发点完成对广东文化形象整体的架构，同时讨论文化形象在整个原理概述探讨运转中的状态，以及影响其可控性的因素。从本研究出发，广东文化形象从架构到生成，再到传播，一直处于一个特定的动态舆论场地中，随着社会经济文化的不断发展而改变。受众随着社会发展对文化形象的要求不断提高，广东文化形象也与时代的变化有着密切的联系，要与时俱进地进行调整和升级。

## 第三节　广东文化形象传播的战略目标及指导思想

随着时代的发展，广东对于本地区文化形象的发展也有了不断的探索和提升，获得了国内社会大众与世界的认可。广东文化形象在社会大众中不断地清晰化，有着鲜明的时代感与创新性，更具有鲜明的现代文明特征。事实上，在多方面因素的综合作用下，广东文化形象成功获得了社会大众认可。地区合理的文化行为、具有吸引力的外在形象，以及具有较强竞争力的三个特性，使得广东文化形象在当代社会中不断前进与提升。广东省在多年的文化形象建设中，不断积累丰富经验的同时，为广东文化形象的发展与提升奠定了牢固的基石。随着当代社会日新月异的发展，在新机遇、新挑战不断萌发的大时代背景下，广东文化形象若要发生新的升级与跨越必定要不断地研发新型技术，制定全新的文化形象战略方案。只有通过建立起全国性的文化形象评价系统，不断地实践，才能确保广东文化形象在全国范围内处于领先位置，建立起具有中国特色社会主义的全新型文化形象，让世界感受到中华优秀传统文化的魅力，以及中国未来文化的发展走向。

从传播介质分析可以得出结论，广东文化形象在传播过程中依然具有分散性、不科学性的缺点，并存在政府各部门间沟通意识缺乏的现象，这一传播理念并没有深刻地落实到政府日常工作的实施中去，而且政府各部门并没有一个完整的组织架构和较为有效的运转系统。另外，根据社会大众调查结果，广东官方在文化形象传播中存在着缺乏明确文化符号的问题。根据前文的结论，以下将总结广东文化形象在传播中实行的战略规划的初级步骤。

## 一、战略目标

鉴于广东省政府对于未来规划提出的方针，综合本研究中调查得出的数据结论，广东文化形象的总体发展目标可分为以下三方面。

（一）让广东成为世界了解中国文化的一扇窗

随着文化成为国际竞争中的软实力以及中国国际地位的提高，中国的文化形象日益引起关注。① 塑造良好的广东文化形象，能让世界更快更全面地了解广东，了解广东文化形象，同时助力中国文化走向世界舞台，发挥更多的作用，彰显中华文化的未来，让世界更真切地了解中国文化，了解中国。广东文化形象应由全国的标榜转变为地域文化形象的代表。社会调查的数据显示，我们已经从原来的让世界了解中国、了解广东文化，将广东文化推向全世界的论调，转变成世界知晓广东文化，也更加深入地了解广东文化。习近平总书记在关于国际传播的论述中也不断强调要"讲好中国故事，传播好中国声音"。② 然而事实上，世界对于广东文化形象的了解还是有所欠缺的，因此，向世界推广广东文化形象还需要努力，广东省政府需要在新时代新背景下展现独特的地域文化形象魅力，让世界通过对广东文化形象的了解来领略中国文化未来发展的趋向，这是一项重大的任务与目标。

时代不断发展衍生新的机遇与挑战，赋予广东文化形象构建和传播更为重要的使命。广东文化形象不只是广东省的代表，它更代表着中国文化未来发展的趋向，是世界了解中国文化、广东文化未来发展趋势的一面镜子。如何通过广东文化形象传播实现不同地域、不同国家之间的文化对话，加强不同文化主体之间的文化认同，进而助推其他领域的交流与合作，这是未来广东文化形象传播工作的使命和方向。

（二）塑造强有力的广东文化形象，为广东文化发展增添新动力

虽然文化形象具有软实力这一特性使得整个传播过程能产生较大影响力，然而文化形象的塑造与发展仅凭影响力是远远不够的，因此增强文化形象宣传中的生产力是重中之重。优质地区文化行为能够为广东文化形象

---

① 姚云. 中国文化形象的研究现状及版图 [J]. 湖北社会科学，2018 (05)：174-181.
② 申雪凤. 中国文化形象在东盟国家的传播认知分析——基于对东盟六国调研 [J]. 广西社会科学，2018 (12)：68-71.

创造更为有利和谐的发展环境，能够吸引更多的投资者与人才为之效力，从而赢得更为优良的舆论环境。在文化形象传播过程中，应尽量避免使用老方法、老思想，不对社会大众运用同一种宣传手段和方式或宣传同一种内容等，因为这些方式对于塑造和发展新型文化形象没有太多意义。未来广东文化将步入快速发展的时期，2021 年 11 月 26 日《广东省文化和旅游发展"十四五"规划》正式印发，社会经济各方面的发展都已经制定了规范化发展蓝图，政府发展的框架已经搭建，今后的广东将会更加多元化、国际化、信息化、现代化，一个独具广东魅力的文化形象将会吸引全国其他地区更多目光，同时赢得世界更多关注。广东文化形象的塑造应该将增强文化生产力作为中心与目标，为地域文化形象的发展创造新的动力。

（三）抓住时代机遇，全面提升广东文化形象

时代的不断发展与进步，衍生着不同的机遇与挑战，历史机遇成为文化形象发展的风向标，而时代的机遇为文化形象的不断发展提供了较好的历史舞台。抓住时代发展的机遇与挑战，成为广东省政府发展文化的重要步骤，也为全面优化提升广东文化形象提供了条件。

制定广东文化形象传播相关政策，可以借鉴外省经验。例如，北京东城区 2022 年 3 月制定出台《东城区进一步推进"戏剧之城"建设发展的实施意见》，首创"5+4+3"促进体系，围绕建设中国戏剧创新中心、国际戏剧展示中心、多元戏剧消费中心、京味戏剧体验中心总目标，布局创作、演出、交流、展示、消费五大平台。上海 2014 年的《关于加快发展本市对外文化贸易的实施意见》和上海文化出口重点企业认定标准，积极鼓励本市文化企业参与国际竞争与合作，还推行了鼓励上海电影企业"走出去"的若干政策。2015 年，上海出台了《推进文化创意和设计服务与相关产业融合发展的实施意见》，鼓励文化创意、设计服务与贸易融合发展，提升上海对外文化贸易发展层级。"十二五"期间，上海还制定了国

家对外文化贸易基地（上海）、上海国际传播能力建设等多项"三年行动计划"，指导推动文化"走出去"基地建设，规划城市品牌建设、对外新闻服务、民间对外传播等工程。《浙江省文化改革发展"十四五"规划》规定要推进全域精神文明创建，实施全域文明创建行动计划，巩固提升全国文明城市创建成果，全面推动文明创建从城区向乡村延伸，从局部向全域覆盖，从风景向全景跃迁。深化拓展新时代文明实践中心建设，构建覆盖县（市、区）、乡（镇、街道）、村（社区）三级的新时代文明实践体系。健全现代志愿服务体系，广泛开展志愿服务关爱行动。实施新时代文明生活行动，深化移风易俗，探索实行文明积分制。实施文明好习惯养成工程，提升"礼让斑马线、聚餐用公筷、排队守秩序、垃圾要分类、餐饮不浪费"等文明实践品牌。加强网络文明建设，发展积极健康的网络文化。

　　如今已经是互联网时代，如何利用好、发挥好互联网在广东文化形象传播中的作用显得更为重要。一是在战略方面，重视运用新媒体进行品牌传播。与传统的品牌传播手段相比，互联网、手机移动终端等新媒体本身就拥有成本低廉、传播速度快、覆盖范围广等诸多优点，利用新媒体对品牌进行传播具有极大的优势与潜力。所以，除了继续选择传统手段进行品牌传播以外，还要充分意识到新媒体为品牌带来的机遇和影响，从而根据自身品牌的特点选择并利用合适的新媒体来实施宣传。二是在策略方面，精准定位新媒体时代下品牌传播的目标受众。有效的品牌传播对于品牌占据受众内心位置和塑造品牌竞争力具有重要作用。在新媒体作为重要传播工具的背景下，品牌为了实现自身的可持续发展，在进行品牌传播活动之前，必须对使用新媒体的受众精准定位。除了巩固传统媒介进行品牌传播外，还要分析当前使用新媒体的受众特征，了解他们对新媒体的使用方式和程度，这样才能够对他们有一个精准的宏观乃至微观的把握，才可以投其所好地对他们进行有针对性的品牌传播。三是在战术方面，巧妙整合新媒体进行品牌的全方位传播。当前，以网络为核心的新媒体传播方式正在逐渐超越甚至取代传统的传播媒体。20 世纪八九十年代出生的受众是使用新媒体的主力，他们对移动生活方式最为热衷，移动互联网传播对这一代受众则更为有效。因此，在使用新媒体进行品牌传播时，传播目标的受众群体多定位于年青一代，而传播形式和传播内容务必要吸引年青一代的受众。因此，广东省政府在进行文化形象建设的每一项工作上都需要慎之又慎，每一步都要以优化提升文化形象为出发点，促进广东文化形象不断优化到最佳。

## 二、战略构想

### （一）将广东文化形象战略规划作为一项长期工程

随着社会日新月异的发展，文化形象的发展不仅限于官方的文化行为方式、理念等系统，同时需要从文化的软实力与生产力两个角度来衡量，将广东文化形象更加丰满地展示在国内社会大众以及世界面前。在整个过程中，政府应通过制定长期的规划制度来确保地域文化建设，进一步提高地域文化整体形象。① 由于文化形象作为一个整体展示，必须由官方整体行动才能取得较好的成效。实际上，我国很多地区很少从战略规划的角度将文化形象的发展纳入整体发展中，而广东省实施这一规划证实了其重要的价值性。

### （二）建立文化形象的评价系统，进行定期监测评估

文化形象发展是一个闭合的架构，因此文化形象从建立到展现囊括了

---

① 新华社. 中央关于深化文化体制改革若干重大问题的决定［EB／OL］. 新华网，2011-10-25.

两个基本环节。一是文化形象战略的确定。参考文献资料以及理论性评论将其组成因素确定为文化形象建立的基础。二是文化形象战略的落实。文化形象的切入是落实文化形象的基础方式，文化从理念、符号、行为三个方面构成了文化形象。

### 三、效果评估

评价不只是对于文化形象的认识差别和满意程度的评估，同时包括了时间和空间上的判别与评价。增加对于文化形象评估的次数，将积累多次评估数据进行参照比对，能够从较为宏观的角度去掌握广东文化形象在这个时代的变化，以及总结影响变化的因素。通过一般性的文化形象的评估方式对地域文化形象进行评估是不够的，还需要与文化形象传播中所具有的特征相结合，评价时应从执行、后果、效率这三个方面进行。

与其他地域文化形象传播相比，广东文化形象的宣传不论是在文化形象还是在建设意识等方面都是位列前茅的。然而，随着我国经济文化的不断发展，社会大众对地域文化形象的要求也在不断提高，因此广东省政府在文化形象传播中应该对自己有更高的要求。

随着时代的变迁与社会的进步，广东省政府应将其文化形象体系不断更新完善，使得文化形象能够不断提高其生产力；运行完善而健全的政府体制能赢得更多国家的青睐，取得更多社会大众的信任。为建立健全彰显中国特色社会主义的文化形象，本研究主要是从四个方面提出建议。一是建立健全体制，运用强有力的改革措施来促进文化形象的建设，从群众利益出发，以群众的要求来改善文化形象传播工作中的行为方式。二是需要考虑影响文化形象评价的因素。首先考虑广东自身因素；其次是全国因素，广东并不是完全独立的发展体，而是与其他省份共同存在于国家体系之中，各省份之间的关系对于省域形象的建立有着重要影响；最后是全球因素，全球是一个大的系统，各种因素相互影响，相互制约。三是结合科研院所的权威数据，深入分析并拓展对文化形象的研究。广东文化形象的研究评估可结合本研究的内容做深入探讨，结合今后几年国内社会经济发展的趋势，充实其内在，汲取更多、更新、更全面的研究成果，不断地进行实践性论证，从而形成完整的具有广东省特色的文化形象战略体系。四是对于文化形象的评估应具有定期性，应采取多样性、定期性的评估方式。随着地域文化的不断发展，从"标尺""效应""信度""常横"四个基本架构进行评估。"标尺"是测评的准则和依据，决定了采用什么工具去评价；"效应"是测评的有用程度；"信度"是评价的可靠程度；"常横"是通过剖析地域文化参数解释整体地域文化的发展态势。具体从人气、素质、环境、发展四大指数来构建评价体系。

## 第四节　广东文化形象传播战略

让广东文化形象传播建设成为广东文化形象总体目标发展体系中的组成部分，运用科学的研究方式进行调查与评价，建立健全文化形象评估体系，为文化形象建设提供科学可靠的依据，也为国内其他的文化形象的发展提供了科学的借鉴。公关能力在文化形象传播中具有很重要的地位，应不断培养和提升政府的公关意识，加强公关意识在文化形象传播建设中的地位和作用，促进技能水平的不断提升，全面掌握传播中的技巧。抓住时代变化与发展的机遇，充分发挥组织传播和人际传播在文化形象传播中的重要作用，通过二者的传播方式有效提升广东文化形象。

### 一、传播主体战略

（一）文化形象取决于传播主体自身文化行为水平这一核心因素

文化行为是文化形象中的重要核心组成部分，文化形象在社会大众中的高低取决于地区的文化行为是否符合社会经济的发展，是否给社会带来了巨大的变化与发展。如若政府行为在整个社会经济发展中忽略了社会发展的需求，那么，文化形象必然不会有较高的评价。因此，广东文化行为的好与坏决定了广东省传播者在整个文化形象战略发展中的好与坏，也是其是否能够较好发展的最根本影响因素。地域文化行为同时决定了其他文化形象战略的发展，只有在地域文化行为得到较好发挥后，其他文化形象战略才能够得到较好的发挥。地域文化形象战略的发展也反作用于地域文化行为，为地域文化行为添砖加瓦。调查研究表明，广东省民众对于地域文化行为的评分如果比较高，对于地域的文化理念及其外在的文化形象的评分就比较高，反之，如果民众对于文化形象的评分不高的话，那么对于文化形象组成的其他两个方面的评价也会比较低。

（二）推动广东文化形象建设，加强政府公共关系的建设

1. 扩展广东文化形象的公关目标

扩展广东文化形象在国内甚至是国际上的知名度与社会能见度，提升文化形象的美誉程度。国内与国际的双向舞台对广东文化形象在新时代的定位与发展进行有效评估，强有力地促进着文化形象的不断提升与发展，让世界更多地了解广东文化发展的趋向，更多地了解广东。

2. 广东省政府公共管理关系部门架构升级——广东省政府新闻办职责的扩展

鉴于广东文化形象构建与传播工作的专业性与特定性，整个公共关系建设与运行必须由政府部门进行，因此，对于文化形象传播中公共关系建

设与运行这项工作，必须在政府内部确定一个能够接管的替代组织机构。综合政府内部各部门职责与工作重点来看，广东省政府新闻办具备了该项职能的优势。由于政府新闻办在日常政府宣传工作中占据重要的位置，在公共管理关系运行开展方面具有经验与优势，本身就已经有较为成型的文化形象宣传文案与方法；同时由于工作性质的原因与社会大众有着全面的接触，政府新闻办拥有丰富且稳定的媒介网格关系，擅长公共管理关系活动的策划与执行等，就其优势而言，政府新闻办为文化形象传播进行公共关系建设与运行是最为合适的选择。在今后发展的几年时间里，广东省政府可以将新闻办部门原有单面的功能性定位转变成具有全面公关性的定位，及时有效地搭建文化形象公共关系框架，给予政府新闻办全面参与文化形象公共关系管理的扩展职能权利。

3. 广东省政府相关部门对广东文化形象传播的战略规划

首先，构建良好的广东文化形象公共关系必须加强各政府部门的沟通与协调能力。只有构建良好的政府内部公共关系，才能有效促进与提升广东文化形象的全面性发展。良好的外在文化形象与政府内部公共关系是相辅相成的一个良性循环过程，对于良好文化氛围的形成是非常重要的。良好的地域文化形象发展的文化氛围，有利于在内部不断地培养文化宣传工作人员的公关观念。其次，建立和完善政府外部公共关系。通过外部公共关系加强宣传部门与传播介质的联系，可以使广东文化形象的影响力在社会大众与宣传部门的互动中不断增强。最后，建立形成完整的文化形象国际公共关系。建立优良的政府国际文化形象是打造国际公共关系的核心。①建立良好国际公共关系的最终目的是促进广东省与国际之间在今后广东文化形象的构建与传播中的高效沟通与声誉，加强各国民众之间的友好交流。就此主要从三个方面来进行探讨：一是按照需求建立国际公共关系组

---

① 赵永清. 国际公关与跨文化传播 [J]. 公共论坛，1998（02）：7-8.

织机构，并由政府新闻办作为其负责部门，或另设专门委员会负责公共关系发展；二是增强政府内部政府工作人员公共关系管理意识，培养公共关系管理能力，打造一支具有高水平高业务能力的国际化公关团队；三是提升广东文化形象公共关系管理传播能力，在注重塑造良好的广东区域文化形象的同时，因地制宜、全方位考虑文化传播方式的选择。从传统的公共关系学的观点看，组织、公众和传播媒介是公共关系的三个基本要素。将公共关系引入文化传播领域，是文化传播要达到的一个新境界。只有在文化传播中追求"真""善""美"，才能将公共关系有机地融入文化传播之中。

以满足公众需求为出发点的利益一致性原则是公共关系的基本原则之一。在文化传播中，我们要努力寻求文化传播活动与大众利益一致性的切入点、契合点。建构公共关系视域下的文化传播范式，在文化传播中融入公共关系的元素，使文化传播更具人文色彩，更富人情味。

（三）通过加强危机公关管理意识增强文化形象

广东地处改革开放和意识形态"两个前沿"，面对更趋复杂严峻的内外部环境，亟须树立危机公关管理意识，正确传播健康积极向上的文化形象。

危机公关管理意识的整体趋向是：将打造和谐、创新、国际化的广东文化形象作为主要趋向，为广东省社会经济发展提供优良的成长发展环境，积极推进政府的管理创新与制度改革，增强广东文化在社会大众心目中的优良外在形象。掌握广东文化形象在危机公关管理中的规律性及时间性，能够提前准备与制定危机发生前的措施，能够做到有序有章有法地进行防范，即使是在文化形象传播面临危机时，广东省也能够有效、及时、准确地引导与疏通，另外要及时做好危机发生后的收尾工作。

危机公关管理须遵循以下准则：第一，将社会大众的利益摆在首位的原则。文化形象危机发生后首先需要考虑社会大众的感受，及时赢取大众的同情和支持，采取积极有效的补救措施。第二，秉承人道主义原则。文化形象的公共危机事件包括了很多方面，其中对于重大人员伤亡事件的处理上应当秉承人道主义的原则。第三，真挚坦诚的原则①。在危机事件发生之后，政府组织机构应在第一时间向社会大众公布事件发生的真实原因以及政府组织采取的态度与处理意见、处理进度以及最终结果。第四，及时快速反应原则。文化形象中信誉度是十分重要的，在危机发生之后，政府对危机的处理方式也是社会大众关注的焦点。因此，需要政府提前设立完备的反危机战略管理系统，只有这样才能够更好地发挥广东文化形象的魅力。

构建完备的政府反危机战略管理系统，也需要注重以下问题。

1. 确定潜在危机发生的危机战略方针

建立健全预防潜在文化形象危机发生的相关体制，确保对可能发生危机的环境进行有力的预判，需要我们对其外部所处的经济、政治、文化等方面的环境因素进行深入的了解、调查、评价与分析。对于那些影响和限制危机发生的核心问题，我们称为危机战略问题，政府内部组织要对可能影响危机发生的核心因素进行解析和深入研究。文化形象危机事件对于人数和社会群体的影响是不确定的，所以，危机核心因素的解析需要建立在甄别危机发生事件中所涉及的人和组织的现状上，从而确定可能会引起政府危机的个人和群体，再在此基础上掌握和了解社会大众在危机事件发生时的相应态度、不满情绪的表露、攻击性言论和对抗性表现。

2. 有效制定文化形象危机情况下的管理战略规划与应急计划

只有完备的计划才能够充分地应对各种挑战。规划制定要严格以社会发展的总体规划战略为指导依据，针对广东省应对危机状况制订一个长期

① 黄熙频. 企业媒体公关策略研究［J］. 中国管理信息化，2023，26（04）：107-109.

的规划方案，让此方案能够作为社会发展总体规划战略中的一项重要组成部分。广东省应对文化形象危机所制定的战略应是一项具有全局整体性、长期有效的管理方案，需要明确显示广东省应对文化形象危机的思路、取得的效果目标，以及整个过程中需要坚持的原则及指导方针，有效显示广东省在危机处理中所具备的能力与重要性，并将其作为管理部门在反危机状态下所采取具体措施的理论出发点和依据。文字书面性的范围及管理规划方案包括广东省在处理危机情况下的指导思想、处理危机的原则及方案、所具有基本职能和处理文化形象危机的效果；能够在危机潜在的背景下预判和解析危机中的战略性问题，综合测评其关键影响因素；有效解析广东省在文化形象反危机中的预防性措施，以及预防性措施解决问题的原理和方法；建立健全广东文化形象公共管理关系中危机沟通的途径。

3. 组建适合广东省政府处理文化形象危机的管理系统

广东省在处理文化形象危机的整个过程中需要组建起包括文化形象危机测评、预防与快速准确反应的体制和运行系统，将广东省各部门的职责和任务进行明确的划分和要求，构建各部门职责分明、组织完善、运行灵活、统一便捷的管理体系。要将预测、防控、抗争、救助综合在一起的管理决策系统置于文化形象危机管理系统中的核心地位。另外，与民间力量合作，形成文化形象危机管理信息参谋咨询的组织系统。第一，官方性的行政决策内容、咨询机构，仅是指在政府、党的有序组织中，归属于各级党委和政府以及下属部门，主要从事信息采集、研究的部门。第二，鉴于政府与民间存在的半官方组织咨询研究机构，具有独立性和客观性的特征，不会过多地被政治问题所干扰，是一支较为专业化的政策分析组织。第三，依托民间的一些研究组织协会、公司或者大学的研究所等力量，协调文化形象危机管理，使之成为危机管理组织机构中的基础辅助部门。在危机发生状态下，对各职能部门进行协调，使各部门的合作更加的紧密，有一致抵抗危机的能力，能够较快恢复正常的秩序。不同部门根据自身所具有的技术特长、不同的业务范畴，各种资源设备以及能力，根据主要管理实务中的不同性、特殊性，担任起在危机管理中的某项特殊性的职责和任务。

4. 有效完善广东省政府在文化形象危机管理中的善后方式，有效推进文化形象的发展建设

互联网时代，广东文化究竟以何种形象出现，给大众留下什么形象，不仅取决于其自我表现，更取决于其如何传播以及在传播中的解读和评价。广东被误判为"文化荒漠"的原因主要是先入为主的印象：岭南自古就是偏远地区，属于文化独立区，长期远离中原文化，现代发达起来了，广大内陆地区需要到这里来讨生活，这种鱼龙混杂的情形让广东有一种乱象现象，容易形成主观武断。广东欠缺的是对这些"文化"的系统整理、挖掘、包装，缺少的是对这些璀璨文化的宣传。

在已经形成的"文化荒漠"形象概念中，如何化解这种形象危机，建立健全广东文化形象在社会大众和国际社会中的公共形象，是危机恢复期里最为重要的一个目标。要做到借力而为，规范媒介传播，端正广东文化形象的权威属性。要重构广东文化形象，把"文化荒漠"的形象通过不同媒介方式抹去，向大众传播全新的广东文化形象内容，把广东文化三大主流形态（广府文化、潮汕文化、客家文化）分别阐释清楚，串珠成链，形成体系，强化正面形象。同时应杜绝对广东文化形象的虚假宣传。媒体应成为优质文化的传递者，要不断提高广东文化形象信息资源传播的质量，在影视、刊物等方面严格把关，杜绝低劣文化的传播。

## 二、传播渠道战略

随着当今社会经济的不断发展与进步，广东不能仅仅把目光放于国

内，更应放眼于国际舞台，整合自身资源优势，大力将广东文化形象传播至世界，在大众传播媒介传播广东文化形象的同时，政府新闻办可为广东文化形象传播提供相关的方法与举措。

（一）电视传媒渠道方式

种种数据调查显示，在众多传媒介质中，电视传媒是社会大众接触最多，也是社会大众较为熟悉的一种方式，所以，在广东文化形象传播中应将电视传媒这个渠道作为首要战略，制订相应的计划。一是地区性战略，以所在地区较为知名与权威的电视频道为基础，由正面的新闻报道点出发，建立塑造正面的文化形象。二是全国性战略，结合央视各新闻频道集中进行地域文化形象的传播，以全国社会大众普遍关注的问题与内容为报道核心。三是转变原本固有的思维模式，采取创新的对外宣传战略体系，将国内与国外的宣传结合起来同步进行。

政府应及时抓住当今社会发展进步中不断出现的机遇与挑战，可以将对外信息服务这一方式建立起来，不断让国外的人群了解广东文化形象；可以结合国外各种传媒介质频道进行报道与宣传，结合多渠道整合式发展战略，使传播渠道的价值得到最大化发挥。同时，在传播过程中可将社会大众进行一定分类化宣传，即分众化传播，让文化形象对社会中的不同受众人群产生强烈的感触和吸引力，将其转变为强大的生产力。

（二）报纸渠道传播策略

统计数据调查显示，广东省内报纸覆盖率达到百分之八十，报纸的高覆盖率对于文化形象的宣传是非常有好处的。因此综合数据研究认为，广东应结合大数据分析、统筹，合理高效地选择有效的传播渠道进行有针对性的宣传，高效地利用各种途径渠道的优势，满足不同社会大众对文化形象的不同需求。结合数据分析，广东文化形象报纸渠道传播策略可以概括为以下四点。

1. 文化形象在报纸宣传渠道中应该走平民亲民路线

应该注重地域公众的偏好和特点。比如，结合地区知名报纸期刊进行有效传播，使得社会大众能够切身地感受到文化形象中以民众利益为出发点的思想，从而增强当地知名报纸期刊在群众中的影响力和渗透力。

2. 充分利用官方党政报刊进行宣传

除地方较为知名的报纸期刊外，官方的党政报刊同样是一项很有效的宣传渠道，党政报刊因其具有权威性的特征，所传播的信息内容在社会大众中将会有一定的权威性与公信力，让大众相信与信赖。

3. 加强对省内外国群体的文化影响

结合当地对外宣传的报纸期刊，主要针对广东省内的外国群体大众传播信息，多培养一些擅长外语、精通对外沟通的人，增强广东文化形象的宣传，通过对外宣传报纸期刊这个窗口提供适当、合理的信息给外国人，让外国群体受众更多地了解广东文化形象。

4. 整合多渠道传播途径

实际上报纸期刊的发行量也应该以节省成本资源为出发点，将其整合后的传播效果最大程度地发挥出来，提升文化形象宣传的整合动力。

（三）广播有声媒体传播渠道策略

结合广播电台有声媒体的宣传平台，将新闻报道以新鲜、简短、快速的宣传方式有针对性地进行宣传。

结合本地知名电台频道，进行多渠道相结合的宣传，使其产生的效果得到最大限度的发挥，可以将文化形象的宣传与海派风格文化节目相结合，提高广东文化形象的知名度。实际上，各种电台频道的竞争就是节目内容与形式的竞争。例如，以往更多的是以电台作为传播平台，而现在是将节目频率作为其传播的基础，广播节目的形式以及传播的内容也随着时代的变化不断地创新，文化形象传播的内容与形式随之转变。与交通电台频道结合，开办广东英文及其他外语频道路况实时播报的节目，以更加亲切、近距离的渠道开展与受众之间的沟通，实现广东文化形象的传播。

（四）网络传播渠道策略

互联网技术的发展为各领域事业的发展带来了契机，以互联网为依托的各种信息传播渠道如雨后春笋，利用好该媒介，能够有效地促进文化形象传播的发展。调查数据显示，广东省内大众在网上主要有三种类型的活动：第一，阅读新闻报道；第二，通过搜索引擎搜索信息；第三，收发邮件。网上发布新闻报道，应该是能准确地建立起对广东文化形象传播较为有利的搜索内容信息。广东在文化传播过程中应该努力地提升信息质量，使所传播的信息内容更加丰富，如增加大尺寸照片、高分辨率视频以及国外各国语言的介绍。对于收发邮件这个途径，广东省应该提升和发挥政府系统邮箱的利用率，提升政府系统邮箱的知名度。对于以上三种类型的活动，广东省政府应加强管理：一是有效管理和广东文化形象传播相关联的信息，运用合理的方式渠道进行引导，高效地进行反馈，及时把控住网上舆论的主导性；二是对于搜索引擎的搜索效果应该有较大的运作，如利用网络搜索排名，对政府官方邮箱加强宣传；三是组建一支能够熟练使用外文并且懂得网络宣传的团队进行网上外文工作的宣传，提升外文宣传板块的内容和质量，提高文化形象传播的范围和效率。

### 三、传播内容战略

根据数据调查研究结果，提高传播的信息质量能够有效地、全方位满足广大受众群体对于信息的需求，而这是做好文化形象内容宣传的基本出发点。因此，加强扩展性的宣传、多形式多渠道的传播，做好文化形象传播的实质内容显得更加迫切。根据调查中不同受众群体提出的要求，应制定不同受众需求的信息，提供相适应的形式结构。调查显示，不同的受众群体对所塑造的广东文化形象有着不同的期许。因此，广东省应当依据不同的社会大众的信息需求量对信息内容进行相关的调整。具体方式如下：

（一）将政府新闻办的功能性职责转向公共部门

广东省政府新闻办在文化形象传播中应将新闻宣传与公共关系相结合。调查显示，社会大众对于政府新闻办的整体要求是非常严格的，因此，作为政府部门组成的一部分，不仅仅需要完成党交办的任务，同时需要以政府门户的角色将公共关系运用到新闻办日常政府宣传工作中去，整合好文化形象的包装和推广。一是政府新闻办不单单需要有自己本部门的工作宣传口号，更应该形成自己独具特色的推广性语言。二是政府新闻办在对政府文化宣传中，应该整体地、全面地、准确地开展工作，所传播的文化形象信息内容应该具备高度可信、高度准确和高度指导的特征。三是政府新闻办应该充分掌握和运用传播信息过程中的各项技巧。事实上，文化传播内容是否形象生动，并非社会大众所关注的重点内容，但是作为政府而言，传递的信息内容一定要得到大众的认可，因此必须具备强有力的传播技巧。政府新闻办的传播工作应该以传播的规律性为切入点，拓展信息传播的效果。四是政府新闻办需要及时准确地梳理清楚政府在各种渠道中传播信息所存在的问题，督促各部门提高信息传播政策的推广力度和强度。

（二）对内对外做好文化形象的宣传

现代社会发展是瞬息万变的，不断衍生的机遇和挑战对于广东文化而言是提升其自身形象很好的环境，宣传文化形象的新闻传播应当是全面的、及时的，对于地域文化形象文化的不断创新与升级不仅仅是让国内的大众去了解、感受、认可，也需要与国外进行沟通和宣传，通过地方的新闻媒体这个传播的窗口，让世界更加了解广东文化形象，同时极大提升广东文化形象在国人心中的地位。

（三）强化政府政策信息、成果信息、规划信息的传播

一是对于政府颁布执行的广东文化发展政策性信息应该及时、公开、透明。建立信息传递窗口，为社会大众提供全面的文化政策信息的咨询以及相关性解答，能够及时地解决社会大众的问题以满足其对文化形象信息的要求。实际上，现存的问题并非报道有无的问题，而是政府对于这些问题报道次数多少的问题。二是传播渠道应该多样化，传播渠道不应只局限于大众传播，也可以依托组织传播，同时需要关注文化宣传部门的官方网站技术改造升级，让广东省发布的文化发展战略相关政策性信息，能够及时有效地通过网络渠道传递渗透至广大受众群体中。

（四）文化形象信息传递秉承务实精神，拒绝虚假作为

调查显示，广东省普通民众对于市民参与文化形象构建与传播的评价是消极的，由此可以看出广东省政府在激励民众参与广东文化形象的构建与传播方面仍有提高的空间，应该采取措施进行改善。另外，进行文化形象的传播应该秉承真实的原则，不应该浮于表面，甚至弄虚作假，在激励民众参与的过程中应切实了解广东民众的需求，确保传播内容的全面性、准确性，提升可信度。

**四、传播反馈战略**

社会大众反馈战略的核心是将组织传播、人际传播、大众传播进行立体式的交叉，形成有效的反馈系统。在新时期下，广东省既可以运用传统的调查方式取得大众对于本省文化形象的意见和建议，也可以将传统的传播调查方式与最新的科学技术相结合，建立起立体式的文化形象反馈系统。调查数据显示，广东省民众对这一反馈系统还是比较满意的，大部分民众首选其反馈系统作为意见表达渠道。一部分群体通过拨打电话的方式反映自己的意见，还有一部分群体通过网络传播渠道对本省的文化及其发

展情况进行了解。就以上出现的几种情况，广东文化形象传播可以从三个方面进行规划。

（一）充分发挥大众媒介传播在信息反馈中占据的优势地位

问题发生与发展都有着一定的时间性和过程性，通过有效地疏导与仔细地收集，可将问题解决在发生的阶段。将社会大众传播媒介作为政府与大众沟通的纽带，可以让政府及时地掌握文化形象传播的问题，并采取相应措施解决。

（二）将通过电话解决问题作为其一项基础性工作，并制定相应的电话办公流程

事实上，目前广东省政府系统的电话办公流程与制度已经基本完善和规范，然而，制度依然是随着社会进步与发展而提升和改变的。因此，广东省政府应不断地寻求新的变化与升级，以便更好地为社会大众服务，使大众更好地参与到广东文化形象构建与传播中。

（三）建立健全广东文化形象传播的网络工作体制

网络沟通的重要作用在当今社会发展中日益凸显，大众也渐渐倾向于通过网络渠道进行有效的沟通与互动，这种趋势的发展应当引起广东省的注意和重视。形成完善、健全、高效、合理的互动网络工作体制是十分必要的，网络传播渠道应成为广东文化形象建设中的一项强大推动力。

## 第五节　广东文化形象传播的人际与组织传播战略

### 一、人际传播战略

政府是解决文化形象传播中的问题的主要力量。总体而言，广东文化

形象在人际传播中的表现是比较好的，民众对于政府有更多的兴趣和好感，也就更加愿意自主地去维护所在地区政府的文化形象。从各方面证实，人际传播对于广东文化形象的建设起到了重要的推动作用，但是，依然会存在部分群众认为政府所提供的信息并不是很全面，他们更愿意相信从人际传播中所获取的信息。这部分群众对于政府的传播依然存在很高的期许，所以广东省政府在其文化形象建设的整个过程中，需要在一些方面着重进行提升和完善。

实际上，人际传播的过程是一个复杂不易掌控的过程，人们不可以将其固有的战略方针应用在不断发展变化的人际传播过程中，而是要采取相应的传播战略，从传播者的立场出发，随传播者在人际传播中的形象做出改变，存在的问题也就得到了解决。① 所以，人际传播的作用也不容忽视，但在注重人际传播的同时政府需要注意以下四个方面。

（一）扩大政府文化信息传播的途径

着重分析社会大众接触媒介的方式，根据实际情况制定相适应的途径，组合战略方式，对市民社会大众获取信息的方式进行大数据的分析，若将其中占有大部分地位的方式把控住，文化形象的信息就可以较为全面地切入人际传播的途径中去。

（二）扩充广东文化信息内容

从调查的多方面观察，社会大众对广东文化信息传播的需求量还是有比较高的期许的，其原因主要是大众会将政府传播的准确信息当作个人生活、工作、事业等各方面的核心来源，然而事实上，社会大众并不能完整地得到他们原本期许的信息。就此广东省应该加强其传播力度并丰富其传

---

① 吕凌凌. 通过人际传播加强中国文化外交的思考［J］. 文化广场，2012（02）：72-75.

播内容，基于群众信息需求量的解析，整合与制定更为丰富的传播内容。

（三）提升传播中的技巧性

事实上，人际传播与学术或政治会议是有所区别的，所以在传播中要注意传播的内容和方式，让广大受众能够通过自己感兴趣的内容融入人际传播这个圈子中去，产生相应的话题并形成一定的讨论性，只有通过这样的信息传播流通，才能够通过人际传播达到提升文化形象建设的目标。

（四）增加信息反馈途径和沟通途径

在众多沟通渠道中，与信息传播者建立直接的沟通形式是重要的途径之一；收到较为全面的反馈意见和建议，最能直观体现社会大众与广东文化形象之间的联系。在过去，文化形象传播的主要方式是大众媒体，随着社会经济文化的不断发展与进步，人际传播这一途径在区域文化形象建设中的作用也日益凸显，越来越受到相关部门的重视。所以，拓展文化形象信息传播途径时，应不断增强对人际传播的影响强度，整体提升广东文化形象。其中，政府文化部门工作人员在广东文化形象构建与传播过程中起到了重要的作用，他们不仅在广东省改革创新之路上贡献着力量，同时在国际交往中有着较为丰富的社交经验，他们既是先进国家发展的代表，也是新时代发展的代表，让他们首先承担起广东文化形象的构建与传播使命是极为重要的。

广东省政府要求的政府文化部门工作人员应具备以下标准：一是必须具备高学历高知识、亲民爱民、专业性强、文明、守纪、廉洁、自律等条件；二是预备人员可以为普通的政府文化部门工作人员，也可以为政府里的高级管理层；三是将宣传定位于全国，将广东文化领域的先进人物事迹推向全国，通过知名的电视媒体节目推广广东省政府系统的文化工作先进代表人物；四是增强传播力度，运用多种语言进行宣传，除选择在全国各地区媒体进行宣传外，还可以在广东省内进行多项语言的宣传。

### 二、组织传播战略

将大众传播与人际传播相结合是广东文化形象组织传播方针策略的整体思路，让国际会展、国际会议等各种咨询的信息传播渗透到方方面面，让广东民众踊跃参与其中。为更好发挥组织传播作用，需要注意以下两点。

（一）建立和完善新闻信息发布的制度

在广东省内开展传媒界新闻信息发布活动，以新闻发布会作为政府连接社会大众的纽带，让社会大众通过新闻发布会制度更多地了解到广东文化新闻信息。广东省政府的新闻发布会可以通过多样传播形式实现，如制作电视专题节目，或者是在其他城市地区频道中进行播出，这不仅仅可以让广东省的社会大众在当地的电视频道中看到与广东文化相关的新闻发布会，也可以通过其他地区的电视频道及时准确地了解到广东省所需要传递的文化形象信息内容。

（二）加强文化宣传活动信息在受众群体间的渗透

在现实中，很多文体活动组织得非常热闹，也很有特色，然而由于前期宣传的闭塞或是信息沟通的问题，参与或观赏活动的群众并不是很多。所以，在日后文化形象宣传工作中，应该将政府组织的信息更快更迅速地传递和扩展到方方面面，让组织信息传递的效果更加显著。

组织传播不仅仅局限于内部信息的传播，更多的是在于内外部的信息交流。组织传播多数是以政府组织各种官方的活动为主的。事实上，过去的几年中，广东文化形象快速发展，在世界范围内得到了强有力的推广，这与广东省政府组织传播的活动是密不可分的。因此，政府通过组织传播活动，尤其是大中型规模的活动，能够及时准确地提升社会大众对于文化形象的了解与认可。广东省政府在文化形象建设中应加强各方面的建设，将不同渠道的多样信息进行汇总，形成强有力的优势。

# 参考文献

［1］李宗桂．广东文化的多维思考［M］．广州：花城出版社，2012.

［2］李宗桂．文明精神烛照的广东［M］．广州：广东人民出版社，2008.

［3］蒋祖缘，方志钦．简明广东史［M］．广州：广东人民出版社，1993.

［4］刘志文．广东民俗大观［M］．广州：广东旅游出版社，1993.

［5］濑川昌久．客家［M］．河合洋尚，姜娜，译．北京：社会科学文献出版社，2013.

［6］钱穆．中国文化史导论［M］．北京：商务印书馆，1994.

［7］冯天瑜，杨华．中国文化发展轨迹［M］．上海：上海人民出版社，2000.

［8］毛泽东．毛泽东选集［M］．北京：人民出版社，1991.

［9］孙中山．孙中山全集［M］．北京：中华书局，1985.

［10］刘集林．文化思想研究［M］．天津：天津人民出版社，2003.

［11］许学强，周一星，宁越敏．城市地理学［M］．北京：高等教育出版社，1997.

［12］王红梅．传播文化与信息社会［M］．呼和浩特：内蒙古教育出

版社，2003.

[13] 覃德清. 中国文化概论［M］. 桂林：广西师范大学出版社，2002.

[14] 黄淑娉，龚佩华. 文化人类学理论方法研究［M］. 广州：广东高等教育出版社，1996.

[15] 威尔伯·施拉姆，威廉·波特. 传播学概论［M］. 陈亮，周立方，李启，译. 北京：新华出版社，1984.

[16] 马克·波斯特. 第二媒介时代［M］. 范静哗，译. 南京：南京大学出版社，2000.

[17] 哈罗德·伊尼斯. 传播的偏向［M］. 何道宽，译. 北京：中国人民大学出版社，2021.

[18] 史蒂夫·莫滕森. 跨文化传播学［M］. 关世杰，胡兴，译. 北京：中国社会科学出版社，1999.

[19] 赵菁菁，赵来景，郭新月，等. 地域文化传播视角下的文化自信研究［J］. 文化创新比较研究，2022（03）.

[20] 胡大平. 地方认同与文化发展［J］. 苏州大学学报（哲学社会科学版），2012（03）.

[21] 方宝璋. 略论中华区域文化［J］. 文史知识，1996（02）.

[22] 肖蕾. 全媒体时代视觉传播对地域形象的构建［J］. 新闻研究导刊，2020（21）.

[23] 盛夏，潘倩. 论地域文化与特色城市形象塑造［J］. 北京城市学院学报，2016（01）.

[24] 葛剑雄. 中国的地域文化［J］. 贵州文史丛刊，2012（02）.

[25] 张淑华，李海莹，刘芳. 身份认同研究综述［J］. 心理研究，2012（01）.

[26] 闫娜. 我国城市文化形象的构建与对策研究［J］. 东岳论丛，

2011（12）．

　　［27］陈云松，吴青熹，张翼．近三百年中国城市的国际知名度：基于大数据的描述与回归［J］．社会，2015（05）．

　　［28］陈映．城市形象的媒体建构：概念分析与理论框架［J］．新闻界，2009（05）．

　　［29］田丰．实现文化自觉 全面提升岭南文化竞争力［J］．广东社会科学，2003（03）．

　　［30］李权时．岭南文化的本质特征和历史地位［J］．开放时代，1993（03）．

　　［31］郑静，刘彭祥．文化自信视角下广东革命文化的现实价值及传播路径探究［J］．湖北开放职业学院学报，2021（22）．

　　［32］夏宝君．基于受众认知的区域文化形象对外传播策略研究：以广东为例［J］．东南传播，2021（03）．

　　［33］张芸，张茹．提升地域文化传播力的媒介传播路径研究：以燕赵文化传播为例［J］．中国报业，2013（06）．

　　［34］岳雪．地域文化传播的致效因素研究［J］．新闻世界，2013（03）．

　　［35］黄新宇．文化与传播关系论［J］．山西财经大学学报，2012（S4）．

　　［36］沈清．广东精神刍议［J］．粤海风，2012（05）．

　　［37］陈忠暖，陈汉欣，冯越，等．新世纪以来广东文化产业的发展与演变：与国内文化大省的比较［J］．经济地理，2012（01）．

　　［38］孙宜君，王建磊．论新媒体对文化传播力的影响与提升［J］．当代传播，2012（01）．

　　［39］林之达．我国历史上极不平等传播关系中的传播策略：传播学

中国化新思路的再探索［J］. 西南民族大学学报（人文社科版），2005（01）.

［40］孙宜君，王建磊. 论新媒体对文化传播力的影响与提升［J］. 当代传播，2012（01）.

［41］卢华厚. 彰显地域文化传播力：河池电视台深度发掘地域文化［J］. 新闻战线，2011（08）.

［42］顾孝华. 论组织传播的意义［J］. 上海大学学报（社会科学版），2003（02）.

［43］刘彦武. 论当代中国先进文化的组织传播特色［J］. 中共四川省委党校学报，2005（12）.

［44］吴芳. 惠东县畲族的变迁及畲语的生存现状［J］. 文化遗产，2014（02）.

［45］罗媛元，赵维江. 岭南地域文化环境中的唐诗意象创造［J］. 暨南学报（哲学社会科学版），2008（05）.

［46］喻国明. 未来之路："入口级信息平台+垂直型信息服务"：关于未来媒介融合发展主流模式的思考［J］. 新闻与写作，2015（08）.

［47］胡正荣. 传统媒体与新兴媒体融合的关键与路径［J］. 新闻与写作，2015（05）.

［48］肖珺. 新媒体与跨文化传播的理论脉络［J］. 武汉大学学报（人文科学版），2015（04）.

［49］刘洋. 新媒体时代引发的民族文化传播思考［J］. 贵州民族大学学报（哲学社会科学版），2013（04）.

［50］李彬. 学术与政治：传播学哪儿去了：改革开放与中国传播学的发展与反思［J］. 青年记者，2019（01）.

［51］叶卫. 论文化传播与文化历史传承［J］. 黑龙江史志，2015（03）.

［52］教育部国家"十一五"规划教材《传播与文化概论》介绍［J］.云南师范大学学报（哲学社会科学版），2009（03）.

［53］梁琳琳，王宏俐.城市形象跨文化传播策略研究：以西安为例［J］.理论平台，2021（11）.

［54］纪晓宇.真实综艺秀：城市形象塑造与传播的新载体：以韩国综艺节目《无限挑战》为例［J］.今传媒，2015（08）.

［55］李珺.文化旅游类短视频助力古都城市形象提升的研究［J］.决策探索（下），2021（11）.

［56］肖蕾.全媒体时代视觉传播对地域形象的构建［J］.新闻研究导刊，2020，11（21）.

［57］宋玉书，刘学军.中国文化形象传播：如何建构21世纪的中国文化形象［J］.中国地质大学学报（社会科学版），2016（04）.

［58］陈永斌.当代中国国家文化形象的系统构建及其话语生成［J］.社会科学战线，2015（04）.

［59］姚云.中国文化形象的研究现状及版图［J］.湖北社会科学，2018（05）.

［60］刘京林.论组织传播和人际传播的中介作用：兼介维果茨基的社会文化历史理论［J］.湖南大众传媒职业技术学院学报，2007（09）.

［61］孙琳.我国大陆地区人际传播研究评析［D］.兰州：兰州大学，2007.

［62］王志平.60年来上海发展战略的演进［N］.文汇报，2009-06-01（07）.

［63］秦鸿雁.文化产业体制改革的广东轨迹［N］.南方都市报，2011-11-28（10）.